हिन्दी
निबन्ध
सौरभ

हिंदी निबंध सौरभ

श्यामचंद्र कपूर

ग्रंथ अकादमी, नई दिल्ली

प्रकाशक : **ग्रंथ अकादमी**
भवन संख्या–19, पहली मंजिल, 2, अंसारी रोड, दरियागंज, नई दिल्ली–110002
 / संस्करण : 2025 / मूल्य : चार सौ रुपए
मुद्रक : नरुला प्रिंटर्स, दिल्ली ISBN 978-93-83110-61-2

HINDI NIBANDH SAURABH
by Shri Shyam Chandra Kapoor ₹ 400.00
Published by **GRANTH AKADEMI**
Building No. 19, First Floor, 2, Ansari Road, Daryaganj, New Delhi-110002

विषय-सूची

1. सूरदास की कविता में वात्सल्य रस

सूरदास जी की प्रतिष्ठा का एकमात्र परिचायक महाकाव्य 'सूरसागर' है। सूरदास जी ने आचार्यों द्वारा गिनाए गए भावों और अनुभावों में ही बँधकर महाकाव्य की रचना नहीं की। उन्होंने दाम्पत्य रति के अतिरिक्त भगवद्-विषयक रति और वात्सल्य रति को भी रस की कोटि में पहुँचाया है और आचार्यों द्वारा प्रतिपादित शृंगार रस को रसराजत्व की प्रतिष्ठा दी है। यही तो सूर का सूरत्व है। यूँ तो कृष्ण-कथा पाँच सहस्र से अधिक वर्षों से विद्वानों के वर्णन का विषय रही है, किन्तु सूर ने उसमें वात्सल्य का सम्मिश्रण करके उसे अति सुन्दर, अनोखे रूप में जनता के सम्मुख प्रस्तुत किया है।

भगवान् की शील, शक्ति और सौन्दर्य—इन तीन विभूतियों में से सूर ने केवल सौन्दर्य का ही चित्रण किया है। उन्होंने केवल बाल्य और यौवन से सम्बद्ध जीवन की झाँकियाँ दिखाई हैं। तुलसी की भाँति समस्त जीवन का, विविध अवस्थाओं का और विभिन्न परिस्थितियों का चित्रण उन्होंने नहीं किया। यही कारण है कि सूर का वर्ण्य-विषय सीमित है क्योंकि इन्हीं दोनों अवस्थाओं से सम्बद्ध वात्सल्य और शृंगार रसों की मार्मिक अनुभूति सूर ने व्यक्त की है। उन्हें न समाज का ध्यान था, न लोक-मर्यादा से मतलब। जनता को उपदेश देने की प्रवृत्ति सन्त-कवियों में नहीं थी। वे तो एकान्तिक साधक थे। उनकी मथुरा तीन लोक से न्यारी थी, जिसमें कृष्ण, गोपियाँ, उनकी क्रीड़ाएँ, बाल-सुलभ चापल्य, नन्द और यशोदा का वात्सल्य, मुरली, रास, यमुना, वृन्दावन, कालिन्दी-तट के कुंज आदि ही सम्मिलित थे। प्रेम की सँकरी गली में सूर और उनके ब्रजनारी-वल्लभ श्याम के अतिरिक्त कोई अन्य समा ही कहाँ सकता था? सखा बनकर कृष्ण की लीलाओं को साक्षात् देख, संसार से सम्बन्ध त्याग कर ही वे प्रभु के इतने विश्वासपात्र बन सकते थे। उनके आराध्य का जीवन भी उतना सामाजिक नहीं था जितना तुलसी के राम का।

सूर व्यक्तिगत साधना के कायल थे। इसके अतिरिक्त, सूर का काव्य प्रगीतमूलक काव्य है, जिसमें प्रबन्ध-काव्य के महान् वन में उन्मुक्त रूप से विकसित होती हुई घटना-बल्लरियों और व्यापार-पादकों की शाखाओं का प्रसार नहीं खलता, बल्कि नियमित भाव-सुमन-वाटिका के मनोहारी दृश्य की रमणीयता मिलती है। वात्सल्य और शृंगार की जो रस-धारा उन्होंने प्रवाहित की, उसका प्रसार जितना कम है, गम्भीरता उतनी ही अधिक है। सूर ने वात्सल्य और शृंगार (माधुर्य) का बड़ा ही मर्मस्पर्शी अभिव्यंजन किया है, जिसमें संयोग और वियोग दोनों पक्षों के हृदयग्राही चित्रण हैं। इनका विशद् विवेचन निम्न प्रकार है :

वात्सल्य (संयोग)—नन्द के घर खेलते, डोलते, नाचते कृष्ण का एक चित्र देखिए—

बलि गहि बल रूप मुरारि।
पाइ पैजनि रटति रुनझुन, नचावति नन्द-नारि।
कबहूँ हरि को लाइ अँगुरी, चलन सिखावति ग्वारि।
कबहूँ हृदय लगाइ हित करि, लेति आँचर डारि।
कबहूँ हरि को चितै चूमति, कबहूँ गावति गारि।
कबहूँ लै पाछे दुरावति, हैयाँ नहीं बनवारि।
कबहूँ अँग भूषण न बनावति, राइ लौन उतारि।
'सूर' सुर नर सबै मोहे, निरखि यह अनुहारि।

वात्सल्य रस के समस्त तत्त्व इस पद में मिल जाते हैं। कृष्ण आलम्बन हैं, यशोदा आश्रय। कृष्ण की अनुपम छवि, रुनझुन करती हुई चाल, नाचना आदि उद्दीपन हैं। यशोदा का हरि को देखना, चूमना, आँचल में छुपाना आदि अनुभाव हैं और हर्ष संचारी भाव।

संसार के अनुभवों से दूर रहते हुए भी सूर ने सांसारिक सम्बन्धों का अप्रतिम वर्णन किया है। पुरुष होते हुए भी वे मातृ-हृदय से विभूषित थे और अन्धे होते हुए भी सूक्ष्मदर्शी एवं दूरदृष्टा थे। माँ के हृदय की कोमल कामनाओं का निम्नलिखित पद में कितना सुन्दर स्फुरण हुआ है—

जसुमति मन अभिलाष करे।
कब मेरो लाल घुटुरुवनि रेंगे, कब धरती पग द्वैक धरे।

बच्चे के विकास के प्रति माँ के हृदय में अदम्य उत्सुकता रहती है, किन्तु माँ का हृदय बड़ा शंकालु होता है। घर से निकलते ही उसके बच्चे पर न जाने क्या आपत्ति आ जाए? पर बच्चे तो बच्चे ही होते हैं। उनके हठ का क्या कहना! बाध्य होकर माँ को दाम नीति का सहारा लेना पड़ता है। देखिए कल्पित 'हाऊ' का कृष्ण को कैसा भय दिखाया जा रहा है—

खेलन दूरि जात कत कान्हा?
आज सुनो मैं 'हाऊ' आयो, तुम नहिं जानत नान्हा।
इक लरिका अबहीं भजि आयौ, रोवत देखौ ताहि।
कान तोरि लेत सबहिन के, लरिका जानत जाहि।

कृष्ण कुछ बड़े होते हैं, माखन-चोरी की आदत पड़ गई। नित्य घर-घर मटकी साफ होने लगी; अकेले ही नहीं, सखाओं का गिरोह भी साथ है। माखन-चोरी करते हुए पकड़े जाते हैं, तो कृष्ण कहते हैं—

बरबस मुख लपटायो।

कृष्ण और बड़े होते हैं तो सखाओं के साथ खेलने जाते हैं। वहाँ 'रुहटि' करते हैं और धौंस दिखाते हैं, तो श्रीदामा उनसे कहते हैं–

खेलत में को काको गुसैयाँ ?
हरि हारे जीते श्रीदामा बरबस ही कत करत रिसैयाँ ।
अति अधिकार जनावत याते अधिक तुम्हारे हैं कछु गैयाँ ।

2. बिहारी और उनकी कविता

बिहारी लाल का जन्म संवत् 1660 के लगभग ग्वालियर के पास बसुआ गोविन्दपुर गाँव में हुआ माना जाता है। ये जाति के चौबे थे। अनुमानतः संवत् 1720 तक ये वर्तमान रहे। इनका बाल्यकाल बुन्देलखंड में बीता और युवक होने पर ये अपनी ससुराल मथुरा में रहे।

बिहारी जयपुर के राजा महाराज जयसिंह के दरबारी कवि थे। जब महाराज अपनी नव-विवाहिता पत्नी में इतने आसक्त हो गए कि राजकाज से भी उदासीन रहने लगे तो बिहारी ने यह दोहा लिखकर उनके पास पहुँचा दिया–

नहिं पराग नहिं मधुर मधु, नहिं विकास एहि काल ।
अली कली ही सों बँध्यौ, आगे कौन हवाल ।।

इस दोहे ने जादू का काम किया। महाराज रंगमहल से बाहर आए और बिहारी को पुरस्कार स्वरूप एक अशरफ़ी देकर इसी प्रकार की सरल रचना करने का आदेश दिया। तभी से बिहारी को प्रति दोहा एक अशरफ़ी दी जाने लगी।

बिहारी ने केवल दोहे ही लिखे, जिन्हें 'बिहारी सतसई' के नाम से संग्रह किया। तुलसी के 'रामचरितमानस' को छोड़कर और कोई भी ऐसा काव्य हिन्दी-साहित्य में नहीं है जिसने 'बिहारी सतसई' जैसी लोकप्रियता प्राप्त की हो।

प्रेम-वर्णन—बिहारी स्वभाव से अत्यन्त रसिक थे, अतः इनकी कविता का प्रधान विषय प्रेम ही है, या प्रकृति, नीति और ज्योतिष सम्बन्धी दोहे भी मिलते हैं। शृंगार रस सम्बन्धी भी ऐसी कोई बात नहीं है, जिसका वर्णन इनके दोहों में न मिलता हो। शृंगार के दोनों पक्षों—संयोग और वियोग—पर महाकवि की लेखनी चली है। नायक-नायिका के मध्य जितनी भी यथार्थ और सम्भावित घटनाएँ घट सकती हैं, सब पर कवि की सूक्ष्म दृष्टि पहुँची है। मुग्धा की लाज और मनोज के हिंडोले पर झूलते कवि ने इस प्रकार व्यक्त किया है–

भौंहनु त्रासति, मुँह नटति, आँखिन सों लपटाति ।
ऐंचि छुड़ावत करु इँची, आगे आवत जाति ।।

बिहारी से पूर्व संस्कृत, प्राकृत और अपभ्रंश से होती हुई दोहा-पद्धति हिन्दी तक आ चुकी थी और पर्याप्त लोकप्रियता प्राप्त कर चुकी थी, अतः बिहारी ने अपने विषय

का प्रतिपादन करने के लिए इसी पद्धति को अपनाया। वैसे यह पद्धति कवि की कठोर कसौटी है, क्योंकि इसमें सफलता प्राप्त करने के लिए कवि में 'गागर में सागर' भरने की क्षमता होनी चाहिए। दोहे का गुण-वर्णन करते हुए रहीम कवि ने लिखा है–

दीरघ दोहा अरथ के, आखर थोरे आहिं।
ज्यों रहीम नट-कुण्डली, सिमिट कूदि कढ़ि जाहिं।।

कहने की आवश्यकता नहीं कि बिहारी के दोहे इस कसौटी पर पूर्ण रूप से सफल उतरते हैं।

बिहारी की अभिव्यंजना शैली में दो बातें मुख्य रूप से पाई जाती हैं–शब्द द्वारा पूर्ण भाव को बताने की चेष्टा और अभिधा की अपेक्षा व्यंजना की प्रधानता। इनका शब्द-चयन इतना सुन्दर और सार्थक है कि पाठक के सामने वर्णित विषय साकार हो जाता है। यथा–

कहत, नटत, रीझत, खिझत, मिलत, खिलत, लजियात।
भरे भौन में करत है, नैनन ही सौं बात।।

प्रेमी-प्रेमिका जन-समूह में अपनी 'भाषा' में किस प्रकार बात करते हैं, इसका वर्णन तो इस दोहे में है ही, साथ ही नायिका की समस्त चेष्टाएँ भी साकार कर दी गई हैं।

शृंगार रस के कवि को व्यंजना शक्ति का आश्रय अधिक लेना पड़ता है। बिहारी ने भी व्यंजना शक्ति का खूब छककर प्रयोग किया है और सफलता भी पाई है। कुछ उदाहरण देखिए–

नायिका अपने प्रिय से समागम के विषय में कहना चाहती है, परन्तु सबके सम्मुख कैसे कहे? अतः इस ढंग से कहती है–

धाम धरीक निवारिये, कलित, ललित अलिपुंज।
जमुना तीर तमाल-तरु, मिलत मालती-कुंज।।

देखने में तो यह दोहा साधारण-सा लगता है, परन्तु इसी के द्वारा नायिका ने नायक को समय, स्थान और प्रयोजन तीनों बातें बतला दी हैं।

अन्योक्तियों में तो बिहारी अपना सानी नहीं रखते। जिस कवि के एक दोहे ने महाराज जयसिंह की आसक्ति को तिरोहित कर दिया, उसका प्रतिद्वन्द्वी मिलना आसान नहीं है। जहाँ बिहारी ने अन्योक्ति अलंकार का प्रयोग किया है, वहाँ शब्दों का खिलवाड़ नहीं, भावों की गम्भीरता है। यथा–

स्वारथ सुकृत न श्रम बृथा, देखि बिहंग विचारि।
बाज पराये पानि पर, तू पंछीनु न मारि।।

इसमें महाराज जयसिंह के लिए उद्बोधन है, जो मुग़ल बादशाह की ओर से लड़ाइयाँ लड़ा करते थे। और भी–

इहीं आस अटक्यो रहतु, अलि गुलाब के मूल ।
ऐहैं फेरि बसन्त में, इन डारनु वे फूल ।।

इसी भाव को बिहारी ने अत्यन्त काव्यमय ढंग से सजीव शब्दों में इस प्रकार व्यक्त किया है–

या भव पारावार को, उदधि पार को जाय ।
तिय-छवि-छाया ग्राहिनी, ग्रसै बीच हो जाय ।।

बिहारी की भाषा चलती होने पर भी साहित्यिक है। उसमें पूर्वी और बुन्देलखंडी भाषा के प्रयोग मिलते हैं। बिहारी की भाव-अभिव्यक्ति-क्षमता अतुलनीय है। बिहारी ने अलंकारों का संयत प्रयोग किया है। रीतिकाल में बिहारी का बहुत ऊँचा स्थान है।

3. मेरी प्रिय पुस्तक—रामचरितमानस

'रामचरितमानस' व्यापक जीवनानुभूति काव्य है। महाराज दशरथ चक्रवर्ती सम्राट् हैं। उनके वैभव के सामने इन्द्र की अमरावती भी तुच्छ प्रतीत होती है। तुलसीदास जी ने जहाँ एक ओर इस वैभवशाली परिवार की सुख-समृद्धि का वर्णन किया है, वहाँ मुनियों के शान्त आश्रम और उनके संयम, धर्माचरण आदि का भी वर्णन किया है। जहाँ एक ओर उन्होंने निषादराज तथा केवट के परिवार की सेवा और सद्भाव का वर्णन किया है, वहाँ ग्राम-वधुओं के सौम्य, उदार और निश्चल स्वभाव का भी ; जहाँ एक ओर राक्षसों के दुराचरण का वर्णन है, वहाँ भीलनी के लोकोत्तर आतिथ्य का भी। इतना ही नहीं, उन्होंने देव, मनुज और दानव के स्वरूप का भी बड़ी सत्यता के साथ वर्णन किया है।

तुलसीदास ने जहाँ रामराज के वर्णन में उच्चादर्शों का वर्णन किया है, वहाँ कलिकाल के वर्णन में तत्कालीन मर्यादा-विहीन सामाजिक स्थिति का भी। उन्होंने विश्वामित्र, वशिष्ठ जैसे विद्वान्, सदाचारी तथा तपस्वी गुरुओं के वर्णन के साथ-साथ गाल बजाने वाले और दूसरों का धन हरने वाले पण्डितों का भी वर्णन किया है। उन्होंने सौभाग्यशाली पतिव्रता स्त्रियों की दुर्दशा के साथ विधवाओं के साज-शृंगार का भी वर्णन किया है। इसी प्रकार उन्होंने धन-लोभी गुरु, गुरु-अपमानरत शिष्य, उदरपूर्ति की साधिका विद्या, निम्न श्रेणियों के ज्ञानी बनने के ढोंग और ब्राह्मणों के आचरण का भी स्वाभाविक वर्णन किया है। उन्होंने अकाल और अन्नाभाव का जो वर्णन किया है, वह आज भी उतना ही स्वाभाविक है। रामायण में जहाँ राम, सीता और भरत जैसे आदर्श पात्र हैं, वहाँ रावण, सूर्पनखा तथा खर-दूषण जैसे पतित पात्र भी हैं। इस प्रकार हम देखते हैं कि तुलसीदास जी ने जीवन और जगत् के हर वर्ग का स्वाभाविक वर्णन किया है। रामचरितमानस में है लोकमंगल की भावना और आदर्शों की परिकल्पना। तुलसीदास जी एक ओर मोह-माया से ऊपर

और राम-भक्तिरत हैं, तो दूसरी ओर पर-दुःख से दुखी और लोकमंगल के आकांक्षी भी। उन्होंने रामचरित मानस के प्रारम्भ में ही अपना उद्देश्य लोकहित घोषित करते हुए लिखा है–

कीरति भँनिति भति भलि सोई।
सुरसरिरूप सब कर हित होई।।

लोकहित की भावना ही इस ग्रंथ का प्रेरणा-स्रोत है। राम उस वंश में पैदा हुए जो पूर्ण मर्यादित, धर्मशील, सत्यप्रतिज्ञ, बल-विद्या-सम्पन्न और वैभवशील है। जब विश्वामित्र यज्ञ की रक्षा के लिए राम-लक्ष्मण को माँगते हैं तो दशरथ उन्हें मुनि के साथ भेज देते हैं। राम वनवास के समय तो जैसे उनकी सत्यनिष्ठा निखर उठती है। यद्यपि वात्सल्य भाव से उनका मन विह्वल हो उठा तथा राम को वनवास देने और भरत को राजा बनाने के निश्चय पर वे अटल रहे। राम का अवतार मर्यादा की स्थापना के लिए हुआ था। वे मर्यादा की स्थापना में अन्त तक लगे रहे। उन्होंने लोकाचरण और धर्माचरण की रक्षा की। मानस में राम जैसे आज्ञाकारी पुत्र, दशरथ जैसे दृढ़-प्रतिज्ञ एवं सत्यनिष्ठ पिता, सीता जैसी सती और पति-परायणा पत्नी, भरत तथा लक्ष्मण जैसे आज्ञाकारी एवं निष्ठावान भाई का बड़ा ही सुन्दर चित्रण किया गया है। मर्यादा-विहीन एवं पाप-परायण समाज के सामने श्रद्धा-भक्तिपूरित काव्य की रचना करके तुलसी जी ने समाज को पतन के गर्त में गिरने से बचाया।

राम-कथा के वक्ता और श्रोता तीन हैं—याज्ञवल्क्य-भारद्वाज, शंकर-पार्वती और काकभुशुण्डि-गरुड़। याज्ञवल्क्य प्रयाग में, शंकर कैलाश पर्वत पर और काकभुशुण्डि नीलगिरि पर रहते हैं। ये तीनों भारत के उत्तर, दक्षिण और मध्य भाग में हैं। इस कथा में मानो सम्पूर्ण राष्ट्र की भौगोलिक, सांस्कृतिक और आध्यात्मिक एकता को ही गूँथ दिया गया है। राम ने अयोध्या से रामेश्वर तक की पैदल यात्रा की। उन्होंने वन्य जातियों का संगठन करके आततायियों का दमन किया। अन्त में रावण जैसे शत्रु को परास्त करके चारों ओर सुव्यवस्था की स्थापना की। इसमें भारत की एकता, शान्ति और सुव्यवस्था की ही भावना का संदेश निहित था।

रामचरितमानस के अनुसार राजा को प्रजा का पालक होना चाहिए और उसे अपने सहायकों को मित्र के समान समझना चाहिए। राम ऐसे राजा हैं जो 'प्राण प्राण के, जीवन जी के' हैं। राम के वनवास पर सारी प्रजा उनके वियोग में विह्वल होकर चल पड़ी थी। वह भरत के साथ राम को मनाने चित्रकूट तक गई। तुलसी के राम ऐसे राजा हैं जो प्रजा के हितकारी होने के साथ-साथ धर्म, अर्थ, काम और मोक्ष के साधक भी हैं।

इस काव्य में अपूर्व समन्वय दिखाई पड़ता है। निर्गुण और सगुण तथा ज्ञान और भक्ति के विरोध में बड़ा विवेकपूर्ण सामंजस्य स्थापित किया गया है। उत्तरकाण्ड में जहाँ ब्रह्मज्ञान को कष्टसाध्य और अनेक विघ्नों में प्रतिहत बताया गया है वहीं भक्ति को मणिद्वीप कहा गया है। शैवों और वैष्णवों के विरोध को शान्त करने के लिए राम को शिवभक्त बताया गया है।

रामचरितमानस में राम-भक्ति की ऐसी पावन गंगा बहाई गई है जिसमें नहाकर कोई भी व्यक्ति शान्ति और मोक्ष प्राप्त कर सकता है। इसलिए रामचरितमानस मेरी सबसे प्रिय पुस्तक है।

4. भक्तिकाल हिन्दी-साहित्य का स्वर्णयुग है

हिन्दी का आदिकाल अशान्ति और युद्ध में बीता। देश में मुसलमानों का राज स्थापित हो गया। वे भारत में ही बस गए, परन्तु यवनों और हिन्दुओं के हृदय में सामंजस्य नहीं था। एक साथ रहते हुए भी वे दूर-दूर थे। ऐसे समय में देश में सब ओर धर्म के महान् प्रचारक अवतरित हुए। रामानन्द, वल्लभाचार्य, चैतन्य महाप्रभु, निम्बकाचार्य तथा माधवाचार्य आदि महान् विभूतियों ने देश का समस्त वातावरण ही धार्मिक भावनाओं से पूर्ण बना दिया। फलतः उसका प्रभाव तत्कालीन कवियों पर भी पड़ा और उनके हृदय से भक्ति की कविता फूट पड़ी। भक्ति की प्रधानता होने के कारण ही उस काल को 'भक्तिकाल' कहते हैं। इस काल के कवियों ने निर्गुण एवं सगुण ईश्वर का वर्णन किया। वे दोनों प्रधान धाराएँ भी दो-दो शाखाओं में बँट गईं। इस प्रकार भक्तिकाल की कविता चार शाखाओं में विभाजित हो गई–

निर्गुण धारा– ज्ञानाश्रयी शाखा
प्रेमाश्रयी शाखा

सगुण धारा– राम-भक्ति शाखा
कृष्ण-भक्ति शाखा

ज्ञानाश्रयी शाखा के कवि 'सन्त' कहलाए। उन्होंने हिन्दुओं और मुसलमानों में सामंजस्य स्थापित करने के लिए निर्गुण को ही आधार मानकर कविता की। इस शाखा के सबसे प्रधान व प्रतिनिधि कवि कबीरदास थे। अन्य कवियों में रैदास, गुरु नानक, दादू दयाल, सुन्दरदास, मलूकदास, सहजोबाई, मुख्य हैं।

सन्त कवि प्रायः निम्न वर्ग में उत्पन्न हुए थे। उस समय उच्च वर्ग के हिन्दुओं में पाखण्ड अधिक था और वे निम्न वर्ग के हिन्दुओं पर अत्यधिक अत्याचार करते थे। इसीलिए उन कवियों ने एक सामाजिक क्रांति की चेष्टा की। वर्णाश्रम धर्म की अवहेलना की और जाति-पाँति के विरुद्ध आवाज उठाई। रूढ़िवाद और पाखण्ड के विरुद्ध उन्होंने बड़ी तीव्रता के साथ लिखा–चाहे वह पाखण्ड और रूढ़ि हिन्दू समाज में हो, चाहे मुस्लिम समाज में।

इस शाखा के कवि पढ़े-लिखे न थे। उनका ज्ञान प्रायः साधु-सत्संग और देशाटन के कारण था। ऐसी दशा में कला पक्ष की अवहेलना स्वाभाविक ही थी। इनकी रचनाओं में काव्य कम और सूक्तियाँ अधिक हैं। भाषा में पंजाबी, राजस्थानी और पूर्वी हिन्दी अधिक है। उर्दू-फारसी के शब्दों की भी भरमार है। इस प्रकार इस शाखा के कवि सुधारक अधिक और कवि कम थे। कबीर ही एक ऐसे सन्त थे जिन्हें कला पक्ष के

न होने पर भी रहस्यवाद तथा भाव पक्ष की तीव्रता के कारण उच्च श्रेणी के कवियों में गिना जाता है।

प्रेमाश्रयी शाखा के कवि मुसलमान थे। परन्तु इन्होंने हिन्दुओं की प्रेम कहानियाँ लेकर उनके द्वारा जीवात्मा तथा परमात्मा के मिलन का वर्णन किया है। ये लोग सरल स्वभाव के महात्मा थे। सूफी सिद्धान्तों के अनुयायी होने के कारण इनमें सादगी थी, और अन्य मुसलमानों के समान धार्मिक कट्टरता भी नहीं थी। इस शाखा के कवि 'सूफी कवि' कहलाते हैं। मलिक मोहम्मद जायसी इस शाखा के प्रधान और प्रतिनिधि कवि हैं। इनका 'पद्मावत' हिन्दी-साहित्य में प्रबन्ध-काव्य की दृष्टि से रामचरितमानस को छोड़कर, सर्वश्रेष्ठ माना जाता है। जायसी के अतिरिक्त इस शाखा के प्रसिद्ध कवि कुतबन, मंझन तथा उसमान हुए हैं। इन सभी कवियों ने अवधी भाषा में, दोहा-चौपाई में, मसनवी काव्य-शैली पर अपने प्रबन्ध-काव्य लिखे हैं। इस शाखा के कवियों ने मुसलमान होते हुए भी हिन्दू धर्म की बहुत-सी बातों को सहानुभूतिपूर्वक अपने काव्यों में स्थान दिया और हिन्दी-साहित्य को समृद्ध किया।

निर्गुण धारा भारतीय जनता को विशेष आह्लाददायिनी सिद्ध न हो सकी। सूर और तुलसी ने कृष्ण और राम को अवतार रूप में अपने काव्यों में लिया और समाज में एक नवीन जीवन का संचार किया। उस समय राम-भक्ति और कृष्ण-भक्ति की जो धारा बही, वह ऐसी स्थायी सिद्ध हुई कि अक्षुण्ण रूप से आज भी हिन्दी काव्य में प्रवाहित होती जा रही है।

राम-भक्ति शाखा में योग देने वाले कवियों की संख्या यद्यपि अधिक नहीं है, परन्तु हिन्दी के सर्वश्रेष्ठ कवि गोस्वामी तुलसीदास जी के कारण ही वह व्यापक और प्रभावशालिनी हो गई। तुलसीदास जी ने भगवान् राम के लोकरंजक एवं लोकरक्षक दोनों रूपों को काव्य के लिए चुना। राम के व्यापक चरित्र को काव्य का विषय बनाने से उनके काव्य में सभी रसों का सहज ही समावेश हो गया।

ये 'भक्त कवि' कहलाते हैं। भक्त कवि 'वैष्णव' थे और विष्णु भगवान् के साकार रूप के उपासक थे। इन्होंने मर्यादा के ऊपर बहुत ध्यान दिया। मर्यादा पुरुषोत्तम राम को इष्टदेव बनाने के कारण ऐसा करना स्वाभाविक भी था।

यद्यपि इस शाखा के प्रधान और प्रतिनिधि कवि गोस्वामी तुलसीदास जी ही थे, तथापि कुछ अन्य कवियों ने भी अपने काव्यों द्वारा इस शाखा को पल्लवित किया। इन कवियों में नाभादास जी अधिक प्रसिद्ध हैं। वे तुलसीदास जी के समकालीन थे, प्राणचन्द्र चौहान और हृदयराम ने रामचरित का नाटक के रूप में वर्णन किया। प्राणचन्द्र ने 'रामायण महानाटक' और हृदयराम ने 'हनुमन्नाटक' लिखा। रीवाँ के विश्वनाथ सिंह तथा रघुराज सिंह नरेश ने भी रामचरित सम्बन्धी काव्य लिखे। यद्यपि केशव ने रीति ग्रन्थ लिखने में ही प्रसिद्धि प्राप्त की है परन्तु 'रामचन्द्रिका' लिखकर उन्होंने भी राम-काव्य में योग दिया। यह धारा रीतिकाल में मन्द पड़ गई थी, परन्तु आधुनिककाल में राम-भक्ति के सम्बन्ध में कई श्रेष्ठ काव्य लिखे गये हैं।

कृष्ण-भक्ति शाखा—यह सबसे अधिक व्यापक हुई। वल्लभाचार्य के प्रधान शिष्य महात्मा सूरदास ने भगवान् कृष्ण के लोकरंजक रूप को लेकर उनके बाल रूप तथा उनकी यौवनकालीन लीलाओं का विशद् वर्णन अपने 'सूरसागर' में किया। इनके ही समय में अन्य सात कवियों ने भी वल्लभाचार्य तथा उनके पुत्र विट्ठलनाथ के पास रहकर कृष्ण-भक्ति काव्य लिखा। बाद में आठों कवियों को विट्ठलस्वामी ने 'अष्टछाप' नाम दिया। अष्टछाप के कवियों में सूरदास और नन्ददास ही सबसे प्रसिद्ध हैं।

इन कवियों के काव्य में सौन्दर्य का सुन्दर चित्रण है, भावों की सरलता छलक पड़ती है। इसी से बहुत-से मुसलमान कवियों ने भी इसी धारा में अवगाहन कर अपने को धन्य किया और हिन्दी काव्य को समृद्ध बनाया। रसखान ऐसे कवियों में सर्वश्रेष्ठ हैं। रसखान के सवैये हिन्दी-साहित्य की अमूल्य निधि हैं।

इस शाखा में योग देने वाली नारियाँ भी हुईं। मीरा इनमें सिरमौर है। मीरा की भावुकता और तल्लीनता बहुत ही कम कवियों में मिलती है। 'लोक-लाज' की चिन्ता न करके कृष्ण-भक्ति का जो राग मीरा ने अपने पदों में गाया, वह अमर है। इस प्रकार इस शाखा में एक से एक सरस, भावुक और भक्त कवि हुए।

भक्तिकाल का साहित्य सरस, जीवनदायी तथा विशाल है, अतः भक्तिकाल हिन्दी-साहित्य का स्वर्णयुग है।

5. राष्ट्रीय जागरण के अग्रदूत : भारतेन्दु हरिश्चन्द्र

आधुनिक हिन्दी-साहित्य के निर्माण के प्रारम्भिक वर्षों में जितना योगदान भारतेन्दु हरिश्चन्द्र ने दिया, उतना दूसरे किसी एक व्यक्ति ने नहीं। आपने अपनी बहुमुखी प्रतिभा से साहित्य के विभिन्न अंगों को समृद्ध किया। इसीलिए आपको 'आधुनिक हिन्दी-साहित्य का पितामह' भी कहा जाता है।

भारतेन्दु बाबू हरिश्चन्द्र का जन्म वाराणसी के एक समृद्धिशाली परिवार में सन् 1850 में हुआ। आपके पिता गोपालचन्द्र आस्थावान वैष्णव और ब्रज भाषा के कवि थे। उनका उपनाम गिरधरदास था।

भारतेन्दु हरिश्चन्द्र को पाँच वर्ष की अवस्था में ही माता के स्नेह से वंचित हो जाना पड़ा। भारतेन्दु जी की शिक्षा घर पर ही हुई। आपको पढ़ने का बहुत शौक था। घर पर ही आपने हिन्दी, अंग्रेज़ी, उर्दू, मराठी, गुजराती तथा संस्कृत पर अधिकार प्राप्त कर लिया था। 9 वर्ष की अवस्था में आपको पितृ-स्नेह से भी वंचित हो जाना पड़ा।

भारतेन्दु हरिश्चन्द्र ने बाल्यकाल से ही कविता करना शुरू कर दिया था। उम्र बढ़ने के साथ-साथ अपनी बहुमुखी प्रतिभा से साहित्य के भंडार को भरने लगे। आपने काव्य, उपन्यास, कहानी, नाटक, प्रहसन, निबन्ध आदि साहित्य के विभिन्न अंगों पर सफलतापूर्वक लिखा और 34 वर्ष की अल्पावस्था तक ही लगभग 150 ग्रन्थों की रचना की।

सफल साहित्यकार होने के साथ-साथ भारतेन्दु बाबू कुशल सम्पादक भी थे। आपने

'कवि-वचन-सुधा', 'भारतेन्दु मैगजीन' तथा 'बालबोधिनी' का योग्यतापूर्वक संचालन और सम्पादन किया। भारतेन्दु जी की अधिकांश रचनाएँ इन्हीं पत्रिकाओं में प्रकाशित हुईं।

भारतेन्दु बाबू का विवाह तेरह वर्ष की अवस्था में ही हो गया था। विवाह के बाद आपने सपरिवार पर्यटन किया और उसके बाद साहित्य के पठन एवं निर्माण में जुट गए। 18 वर्ष की अवस्था में आपने प्रसिद्ध नाटक 'विद्या-सुन्दर' की रचना की।

भारतेन्दु बाबू 20 वर्ष के हुए तो उनके छोटे भाई ने सम्पत्ति का बँटवारा कर लिया। अब तो भारतेन्दु जी को खुली छूट मिल गयी। उन्होंने कहा, "इस धन ने मेरे पुरखों को खाया है, मैं इसे खाऊँगा।" भारतेन्दु बाबू ने जैसा कहा, वैसा ही कर दिखाया। वे साहित्यिक तथा सार्वजनिक हित के अन्य कार्यों के लिए मुक्तहस्त से खर्च करने लगे। आपके सत्प्रयास से बहुत-सी संस्थाओं की स्थापना हुई। उनमें कवितावर्द्धिनी सभा, भगवद् तोषिणी, प्रदीप समाज, वैश्य हितैषिणी संस्था आदि प्रमुख हैं। भारतेन्दु बाबू ने हिन्दी-प्रचार का एक व्यापक आन्दोलन चलाया और अनेक सभाओं का आयोजन किया। उन्होंने कहा भी है–

निज भाषा उन्नति अहै, सब उन्नति को मूल।

भारतेन्दु की रचनाओं का काल 1857 की क्रान्ति के बाद का संधिकाल है। गोराशाही ने बर्बरतापूर्वक क्रांति का दमन कर दिया था और जनता आतंकित थी। ऐसी स्थिति में फिर से राष्ट्रीय चेतना को जाग्रत करना कठिन और जोखिम भरा काम था। शायद इसीलिए कुछ समाज-सुधारकों ने भी साम्राज्यवाद से मौन समझौता करके ब्रिटिश शासन की छत्रछाया में ही सुधार-कार्य आरम्भ कर दिया था। ऐसे लोगों का नेतृत्व मुसलमानों में सर सैयद अहमद खाँ और हिन्दुओं में राजा शिव प्रसाद 'सितारे-हिन्द' ने किया। इसके विपरीत, भारतेन्दु बाबू ने उस समय राष्ट्रीय चेतना को जाग्रत करना ही अपना लक्ष्य बनाया। उनका विचार था कि स्वाधीनता प्राप्त किये बिना देश पनप नहीं सकता। देश को जाग्रत करने के लिए आपने एक योजना प्रस्तुत की थी : "*जातीय संगीत की छोटी-छोटी पुस्तकें बनें और वे सारे देश में गाँव-गाँव में साधारण लोगों तक प्रचारित की जाएँ...... गीत बहुत छोटे-छोटे छन्दों में साधारण भाषा में बनें, वरंच गँवारी भाषाओं में और स्त्रियों की भाषा में विशेष हों।*" ऐसी रचनाओं के लिए भारतेन्दु बाबू ने जो विषय सुझाए थे, वे थे–'बालकों की शिक्षा', 'जन्म-भूमि के प्रति स्नेह', 'हिन्दुस्तानियों की वस्तु हिन्दुस्तानियों को व्यवहार करना', 'भारत की दुर्दशा'। उनकी इस योजना से स्पष्ट है कि देश के पुनर्जागरण के लिए वे कितने उत्सुक थे!

भारतेन्दु से पहले तक मध्यकालीन दरबारी कविता का ही बोलबाला था। काव्य की भाषा ब्रज थी। प्रारम्भ में स्वयं भारतेन्दु ने भी ब्रज भाषा में श्रृंगार रस की भावभीनी कविताएँ ही लिखीं, लेकिन बाद में उन्हें अहसास हुआ कि देश की नयी मानसिकता को प्रकट करने के लिए खड़ी बोली ही उपयुक्त माध्यम है। इसके पश्चात् उन्होंने खड़ी बोली में ही पद्य-रचना की। उन्होंने खड़ी बोली का जो रूप स्वीकार किया, उसमें संस्कृत और फारसी-अरबी के शब्द भी सम्मिलित थे। भाषागत कट्टरता उनमें नहीं थी।

भारतेन्दु बाबू के पास जो भी विपुल सम्पत्ति थी, उसे उन्होंने इतने खुले मन से खर्च किया कि शीघ्र ही वह समाप्त हो गयी। भारतेन्दु बाबू आर्थिक दुश्चिन्ताओं से घिर गये, और क्षयग्रस्त हो गये। इस भयंकर रोग ने केवल 34 वर्ष की अवस्था में इस बहुमुखी साहित्यिक प्रतिभा और लगनशील समाज-सेवी के प्राण ले लिये।

भारतेन्दु हरिश्चन्द्र की कृतियाँ : काव्य—होली, मधुकुल, प्रेमफुलवारी, प्रेमप्रलाप, सतसई शृंगार, भारत वीणा, सुमनांजलि आदि।

नाटक—सत्य हरिश्चन्द्र, चन्द्रावली, नीलदेवी, भारत-दुर्दशा, अंधेर नगरी, वैदिकी हिंसा हिंसा न भवति, सती प्रताप, प्रेम-योगिनी आदि।

निबन्ध और आख्यान—सुलोचना, लीलावती, परिहास आदि।

इसके अतिरिक्त आपने बहुत-सी पुस्तकों के अनुवाद भी किए।

6. जयशंकर प्रसाद

प्रसाद जी को छायावाद का प्रवर्तक कहा जाता है। इनका जन्म सम्वत् 1946 में हुआ था। किशोरावस्था में इन्हें अनेक प्रकार की कठिनाइयों का सामना करना पड़ा। इनका व्यक्तित्व विराट् सागर की तरह था, जो ऊपर से शान्त प्रतीत होता है परन्तु उसके भीतर वेदना की असंख्य लहरें मचलती रहती हैं। जैसे सागर के हृदय में ज्वाला छिपी रहती है, वैसे ही इनके हृदय में भी वेदना की ज्वाला निरन्तर प्रज्वलित रहती थी। इस महाकवि ने कामायनी, आँसू, लहर, महाराणा का महत्त्व आदि रचनाओं की मणिमाला से माँ सरस्वती के कण्ठ को सुशोभित किया। 'कामायनी' में प्रसाद जी की प्रतिभा का चरम उत्कर्ष लक्षित होता है। इस महान् ग्रन्थ में मानव-सृष्टि के इतिहास तथा मानव-मन की विकास-यात्रा को अभिव्यक्ति दी गई है। कवि ने इस ग्रन्थ में मनु और श्रद्धा की कथा के साथ-साथ मानव-मन की विविध स्थितियों का भी वर्णन किया है। 'कामायनी' के प्रारम्भ में मनु को चिन्ताग्रस्त व्यक्ति के रूप में प्रस्तुत किया गया है। ग्रन्थ की प्रारम्भिक पंक्तियों में मनु की स्थिति का वर्णन करते हुए कवि कहता है—

हिमगिरि के उत्तुंग शिखर पर
बैठ शिला की शीतल छाँह
एक पुरुष भीगे नयनों से
देख रहा था प्रलय प्रवाह।

कवि ने स्पष्ट किया है कि देवलोक में विलास की भावना ने मर्यादा की लक्ष्मण-रेखा का उल्लंघन कर दिया था, परिणाम हुआ देव-सृष्टि का विनाश। समुद्र की उफ़नती लहरों ने देवताओं और उनकी प्रियतमाओं को निगल लिया था। वासना की अधिकता व्यक्ति को अन्ततः विनाश-सागर में डुबो देती है। इसी तथ्य को देव-जाति के विनाश की घटना के माध्यम से कवि ने प्रतिपादित किया है। इस अपूर्व ग्रन्थ में कवि ने श्रद्धा के माध्यम

से नारी-जीवन की गरिमा को अभिव्यक्ति प्रदान की है। नारी पुरुष के चरणों में अपना सर्वस्व समर्पित कर देती है। स्वार्थ-समर्पण में ही उसे अपने जीवन का चरम सुख उपलब्ध होता है। श्रद्धा मनु से कहती है-

इस अर्पण में कुछ और नहीं
केवल उत्सर्ग छलकता है।
मैं दे दूँ और न कुछ भी लूँ
बस इतना सरल झलकता है।

प्रसाद जी ने नारी के कोमल अवयवों का उत्तेजक वर्णन नहीं किया, बल्कि उसके आन्तरिक गुणों पर अधिक बल दिया। श्रद्धा मनु को जीवन के राजपथ पर बढ़ने की प्रेरणा देती है। विनाश का तांडव नृत्य देखने के पश्चात् मनु का हृदय निराशा के अन्धकार से भर उठता है। श्रद्धा मनु के हृदय के अन्धकारमय दुर्ग को आशा के प्रकाश से भर देती है। वह उसे 'कर्म' करने के लिए प्रेरित करती है-

एक तुम, यह विस्तृत भूखण्ड,
प्रकृति वैभव से भरा अमन्द।
कर्म का भोग, भोग का कर्म
यही जड़ का चेतन आनन्द।

'कामायनी' में कवि ने आनन्दवादी दर्शन की मान्यताओं को भी काव्यात्मक अभिव्यक्ति प्रदान की है। मनु श्रद्धा की सहायता से अपना लक्ष्य प्राप्त करने में सफल होते हैं। वे जड़-चेतन में एक ही सत्ता के दर्शन करते हैं तथा शाश्वत आनन्द प्राप्त करते हैं।

समरस थे जड़ या चेतन,
सुन्दर साकार बना था।
चेतनता एक विलसती,
आनन्द अखंड घना था।

'लहर' शीर्षक संग्रह में प्रसाद जी की आत्माभिव्यक्ति देखते ही बनती है। 'लहर' के गीतों में प्रसाद जी ने अपने जीवन के मधुरतम एवं कोमल क्षणों को हृदयग्राही रूप में अंकित किया है। मिलन के सुख की विद्युत् कुछ क्षणों के लिए कवि के जीवन के आकाश में चमकी और उसके पश्चात् उसे वेदना के बादलों ने घेर लिया। कवि के शब्दों में-

उज्ज्वल गाथा कैसे गाऊँ, मधुर चाँदनी रातों की,
अरे खिलखिलाकर हँसते, होने वाली उन बातों की।
मिला कहाँ वह सुख जिसका मैं स्वप्न देखकर जाग गया।
आलिंगन में आते-आते मुसकाकर वह भाग गया।

कवि अपनी तन्वंगी प्रेमिका को बाहुपाश में जकड़ लेना चाहता है–

बेला बीत चली है चंचल बाहुलता से आ जकड़ा।

कवि की इच्छा पूरी नहीं हो पाती और उसके हृदय में वीणा से वेदना के स्वर झंकृत होने लगते हैं। कवि अपनी प्रेमिका को उपालम्भ देते हुए कहता है–

निधरक तूने ठुकराया क्यों
मेरी टूटी मृदु प्याली को
मेरे सूखे अधर माँगते
तेरे चरणों की लाली को।

प्रसाद जी के काव्य में राष्ट्रीय सांस्कृतिक चेतना का स्वर भी मिलता है। 'लहर' के कुछ प्रगीतों में दार्शनिक चिन्तन और राष्ट्रीय भावना को अभिव्यक्त किया गया है। 'शेरसिंह का सशस्त्र समर्पण' शीर्षक कविता में प्रसाद जी ने राष्ट्रीय भावना को ओजपूर्ण अभिव्यक्ति दी है। प्रसाद जी के नाटकों में भी बहुत-से गीतों में राष्ट्रीय चेतना के स्वर मुखरित हुए हैं।

अरुण यह मधुमय देश हमारा,
जहाँ पहुँच अनजान क्षितिज को मिलता एक सहारा।
सरस सामरस गर्भ विभा पर, नाच रही तरु शिखा मनोहर,
छिटका जीवन हरियाली पर मंगल कुमकुम सारा।।

प्रसाद जी की प्रतिभा साहित्य के अनेक क्षेत्रों में अभिव्यक्त हुई है। उन्हें हिन्दी का सर्वश्रेष्ठ नाटककार होने का गौरव प्राप्त है। चन्द्रगुप्त, स्कन्धगुप्त, अजातशत्रु, ध्रुवस्वामिनी आदि नाटकों में प्रसाद जी ने इतिहास और कल्पना का मणिकांचन योग प्रस्तुत किया है। इन नाटकों की कथावस्तु मुख्य रूप से इतिहास पर आधारित है, परन्तु कल्पना के इन्द्र-धनुषी रंगों के आलोक ने उसे मनमोहक रूप प्रदान किया है। इन नाटकों के नारी पात्र पुरुष पात्रों की अपेक्षा अधिक भव्य एवं दिव्य हैं।

प्रसाद जी उच्च कोटि के कहानीकार भी थे। उनकी कहानियाँ 'आँधी', 'छाया', 'प्रतिध्वनि' तथा 'आकाशदीप' आदि कहानी-संग्रहों के रूप में प्रकाशित हुई हैं। आकाशदीप, पुरस्कार, ममता, गुण्डा तथा बिसाती आदि कहानियाँ प्रसाद जी के कथा-साहित्य के अमिट हस्ताक्षर हैं। इनकी कहानियों में व्यक्ति-प्रेम और देश-प्रेम के संघर्ष का सुन्दर चित्रण किया गया है।

7. मैथिलीशरण गुप्त और उनकी काव्य-साधना

गुप्त जी का जन्म संवत् 1943 में चिरगाँव, झाँसी में हुआ। इनके पिता श्री रामचरण गुप्त परम वैष्णव थे। वे स्वयं भी एक अच्छे कवि थे। इस प्रकार पिता जी से ही कवित्व की प्रवृत्ति प्राप्त करके तथा आचार्य महावीर प्रसाद द्विवेदी जी से प्रोत्साहन प्राप्त करके

गुप्त जी काव्य-साधना के पथ पर अग्रसर हुए। गुप्त जी की शिक्षा किसी कॉलेज या यूनिवर्सिटी में नहीं हुई, परन्तु फिर भी स्वाध्याय तथा सरस्वती प्रेस ने इनकी प्रतिभा को निखार ही दिया। गुप्त जी को आस्तिक भावना तथा राम-भक्ति आदि घरेलू वातावरण से प्राप्त हुई तो राष्ट्रीय भावना राष्ट्र-जागरण के साथ समाज द्वारा उपलब्ध हुई। सन् 1964 में इनका निधन हो गया।

गुप्त जी की कविता का विषय प्रायः भारतीय संस्कृति का गौरव और उसके द्वारा राष्ट्र का जागरण ही रहा है। 'भारत-भारती' इनकी सर्वप्रथम लोकप्रिय रचना है। इस पुस्तक का विषय न कोई राजा-रानी है और न कोई प्रेम-कहानी। यह तो सीधे-सादे शब्दों में भारत की भारती (पुकार) ही है। कवि ने इस पुस्तक को अतीत, वर्तमान और भविष्य—तीनों खण्डों में विभक्त करके अपने भारत का गौरव-गान किया और सिद्ध किया कि संसार में विद्या तथा कला-कौशल का प्रचार भारत से ही हुआ और भारत के आदिमवासी आर्य ही हैं, वे कहीं बाहर से नहीं आये। कवि भारत के इस भाव गान में अपना गौरव अनुभव करता हुआ पुकार उठता है—

हाँ, बुद्ध भारतवर्ष ही संसार का सिरमौर है।
ऐसा पुरातन देश भी क्या विश्व में कोई और है ?
भगवान् की भवभूतियों का यह प्रथम भण्डार है।
विधि ने किया वर-सृष्टि का पहले यहीं विस्तार है।

इसी प्रकार अतीत भारत के गौरव का गान करके जब कवि भारत की दशा की ओर दृष्टि उठाता है तो इसकी करुण दशा देखकर उसका रोम-रोम चीत्कार कर उठता है। परन्तु क्या भारत की दीन-हीन दशा को देखकर वह निराश हो गया? क्या वह इसके भविष्य की उज्ज्वलता को भाँप नहीं सका? नहीं, ऐसा नहीं है। कवि ने एक अच्छे डॉक्टर की तरह इसका निदान कर जान लिया कि इसका मूल रोग अविद्या और फूट है, उनके समाप्त होते ही यह फिर समुन्नत हो सकता है। कवि आत्मा की नित्यता और उन्नति-अवनति के चक्र पर विश्वास रखता है। अतः वह समझता है कि जो गिरा है वह अवश्य उठेगा और भारत का भविष्य तो उज्ज्वल है ही। उसका विश्वास है कि—

उत्थान जिसका है नहीं, उसका पतन ही क्या भला?

गुप्त जी ने इसके बाद इतिहास से खोजकर अनेक रत्न निकाल कर उन्हें अपने कवित्व का चोंगा पहनाकर इस प्रकार से सामने रखा कि वे राष्ट्रीय चेतना, स्वदेश-गौरव तथा अस्तित्व-भावना के प्रचारक सिद्ध हुए। इसमें 'जयद्रथ-वध' देश-भक्ति के भावों का समन्वय और 'अनघ' चलता-फिरता गाँधीवाद का बौद्ध जातक के आधार पर तैयार किया हुआ चित्र है। इसी प्रकार 'गुरुकुल', 'पंचवटी', 'नहुष', 'कुणालगीत', 'काबा और कर्बला', 'द्वापर', 'यशोधरा', 'साकेत', आदि रचनाएँ गाँधीवाद की पोषक आस्तिकता को पनपाने वाली, भारतीय गौरव की प्रतीक तथा राष्ट्र-गान में सहायक हैं। 'रंग में भंग', 'शकुन्तला', 'किसान' इत्यादि कितनी ही उनकी अनुदित रचनाएँ भी लोकप्रिय हैं।

गुप्त जी की सारी कृतियों में 'यशोधरा' और 'साकेत' को काव्यत्व की दृष्टि से महत्त्वपूर्ण स्थान दिया जाता है। 'यशोधरा' में बुद्ध भगवान् की जीवन-कथा है, जिसका घात-प्रतिघात यशोधरा के जीवन पर होता है। नारी की व्यथा का कितना हृदय-स्पर्शी चित्र है—

अबला जीवन हाय तुम्हारी यही कहानी,
आँचल में है दूध और आँखों में पानी।

'साकेत' में हम लक्ष्मण-वधू उर्मिला की कहानी पढ़ते हैं। उर्मिला चिर-उपेक्षित है, जिस पर न तो वाल्मीकि ने और न ही तुलसीदास ने कलम उठाई है।

प्रबन्ध-काव्य की दृष्टि से 'साकेत' एक सुगठित काव्य है। गुप्त जी इसे महाकाव्य का रूप देना चाहते थे, परन्तु महाकाव्य के पूर्ण आदर्श को यह प्राप्त न कर सका, क्योंकि इसका क्षेत्र सीमित रहा और वह साकेत मात्र ही है। फिर भी इसमें प्रबन्ध-पटुता पर्याप्त है।

8. प्रकृति के सुकुमार कवि : सुमित्रानन्दन पन्त

प्रकृति हरियाली का सुनहरा रेशमी वस्त्र पहने, झरनों के झलमल हार से अलंकृत, ऐंचीले भू-चाप से सजी साकार सुमुखी ही के रूप जलद-पटल के झीने आवरण में अपना मुखचन्द्र दिखाती हुई दृश्यमान होती है। 'पल्लव' में पहुँचकर पंत जी की काव्य-प्रतिभा अधिक प्रौढ़ हो जाती है। इसमें कल्पना के उत्कृष्ट रूप, भाषा के भव्य प्रवाह, सुकुमार मृदुल शब्द-चयन के साथ सौन्दर्यानुभूति मिश्रित 'सत्यं शिवं सुन्दरम्' का सामंजस्य मिलता है। 'पल्लव' में 'परिवर्तन' शीर्षक कविता के अन्तर्गत उनकी अगाध विचारशीलता, गम्भीरता, दार्शनिकता एवं भावुकता के दर्शन होते हैं। नवोढ़ा विधवा के ऊपर अश्रुपात करके पंत जी लिखते हैं—

खुले भी न थे लाज के बोल, खिले भी चुंबन शून्य कपोल।
हाय रुक गया यहीं संसार, बना सिंदूर अंगार।
वातहत लतिका यह सुकुमार, पड़ी है छिन्नाधार।

'गुंजन' में कवि की विचारधारा विशेष चिन्तनशील एवं गम्भीरता धारण कर लेती है। संगीतपूर्ण सुमधुर ध्वनि के साथ मार्मिक अनुभूति के सरस चित्र इसमें विशेष रूप से मिलते हैं। इसमें गीत-काव्यत्व की मात्रा विशेष रूप से उभर आई है, कुछ-कुछ सांसारिक संघर्षों से टक्कर खाने से कवि की विचारधारा में नैराश्य एवं उदासी के भाव भी आ गये हैं। सच बात तो यह है कि वे 'पल्लव' से 'गुंजन' में अपने को सुन्दरं से शिवं की भूमि पर ले आते हैं। उनकी बहिर्मुखी प्रकृति सुख-दुःख से सामंजस्य स्थापित करके अंतर्मुखी बनने का प्रयत्न करती है। इसीलिए विवश होकर वे अपनी आंतरिक चेतना से कहते हैं—

तप रे मधुर मधुर मन !
विश्व वेदना में तप प्रतिपल
जग जीवन की ज्वाला में जल
बन अकलुष उज्ज्वल और कोमल
तप रे विधुर विधुर मन !

'युगान्त' और 'युगवाणी' में आकर कवि का कल्याणरूपी मन-विहग आकाश में उड़ान न भरकर ठोस धरती पर आता है, संसार की ओर पुनः उन्मुख होता है। जीवन के अधिक निकट पहुँचकर उसे कल्पना की दृष्टि से न देखकर वास्तविकता की दृष्टि से देखता है और तब उसे जीवन कहीं अधिक कठोर, कटु एवं भयावह दिखाई देता है। जीवन के संघर्षों से क्षुब्ध होकर भागने वाला कवि ऐहिक जीवन की आकांक्षाओं, निराशाओं एवं संवेदनाओं से प्रभावित होता है। कवि की कल्पनाजन्य 'सत्यं शिवं सुन्दरं' की भावना जन-जीवन एवं लोक-कल्याण की भावना में परिवर्तित हो जाती है तथा कवि के लोक-कल्याणकारी स्वर उड़ने लगते हैं–

युग प्रभात हो अभिनव
सत्य निखिल बन जाय कल्पना
मिथ्या जग की मिटे जल्पना
कला धरा पर रचे अल्पना
रुके युगों का जन रव।

समाज की ठोस भाव-भूमि पर उतर कर कवि की वाणी व्यक्त होती है–

जाति-पाँति की कड़ियाँ टूटें,
मोह द्रोह मद मत्सर छूटें।
जीवन के नव निर्झर फूटें,
वैभव बने पराभव।।

श्रमजीवी दलित वर्ग के हृदय में अपार श्रद्धा एवं दया की भावना उमड़ पड़ती है–

भारी है जीवन भारी पग।

पन्त जी रूढ़ियों के प्रति विद्रोह करते हैं–

झरे जाति कुल वर्ण पर्ण धन,
बँधे नीड़ जे रूढ़ि रीति छन।

स्वप्न-संसार के ऊपर उठकर उनके पग लोक-कल्याण की भाव-भूमि पर एक सुघड़ सृष्टि का निर्माण करते हैं–

युग कर्म शब्द, युग रूप शब्द, युग सत्य शब्द,
शब्दित कर भावी के सहस्त्र शत मूक शब्द,
ज्योतित कर जन-मन के जीवन का अंधकार,
तुम खोल सको मानव उर के तनःशब्द हार,
वाणी मेरी चाहिए, तुम्हें क्या अलंकार?

भाषा-शैली—छायावाद के प्रतिनिधि कवि होने के नाते पन्त जी की शब्दावली मधुर और मृदुल है। उनकी भाषा में भावुकता, कोमलता, लाक्षणिकता, मूर्तिमत्ता का स्पष्ट प्रभाव परिलक्षित होता है। पंत जी संस्कृत के छोटे-छोटे मधुर ध्वन्यात्मक शब्दों में लक्षणा का पुट देकर उसे अनूठा सौन्दर्य प्रदान करते हैं। पंत जी की भाषा में कोमलता एवं भावुकता होते हुए भी संस्कृत की अप्रचलित शब्दावली का स्पर्श है। वे कट्टर हिन्दीवादी हैं जो कि 'पानी' के स्थान पर 'वारि' पीकर 'पूँछन' लिखना अधिक पसंद करते हैं। उनकी रचनाओं में अंग्रेज़ी शैली का भी प्रभाव दिखाई पड़ता है। भाषा की अभिव्यंजनशीलता का गुण उन्होंने अंग्रेज़ी शैली से ही उधार लिया है। उनकी रचनाओं में चित्रमयी भाषा के विशेष प्रयोग मिलते हैं। मधुमय भाव, मर्म की पीड़ा के ह्रास, मांसल रंग, स्वरमयी वेदना, धूल की ढेरी में, अनजान, आदि विचित्र शब्दावली अंग्रेज़ी कवियों के अनुकरण स्वयं ही है। उनकी भाषा चित्रमयी होने के कारण अत्यन्त मनोहर है—

मारुत ने जिसकी अलकों में चंचल चुंबन उलझाया।
अंधकार का अलसित अंचल अब द्रुत ओढ़ेगा संसार।।

9. कवि गजानन माधव 'मुक्तिबोध' की भाव-भूमि

गजानन माधव 'मुक्तिबोध' हिन्दी काव्य-क्षेत्र में प्रयोगशीलता एवं प्रगतिशीलता की समन्वित चेतना से युक्त यथार्थोन्मुख अभिव्यक्ति के समर्थ कवि हैं। इनकी प्रगतिशीलता का सूत्र प्रकृति, रोमांस, मार्क्सवाद, प्रयोगवादी आस्था और विश्वास पर पग धरकर विकसित हुआ है। कवि का चिन्तन रोमाण्टिकता से प्रारम्भ होकर यथार्थ सामाजिक धरातल को लाँघकर नवीन सन्दर्भों के प्रति आश्वस्त है। फिर भी इन सबसे परे मुक्तिबोध का दृष्टिकोण प्रगतिशील है। इसके साथ ही कवि को किसी एक 'वाद' तक सीमित नहीं रखा जा सकता। भागीरथ मिश्र का मत है कि—"*मुक्तिबोध एक प्रगतिशील लेखक के रूप में हमारे सामने आते हैं। उनकी रचनाओं को पढ़कर लगता है कि उनको किसी घेरे में बाँधना अन्याय है। वे एक विचारक और विचारानुभूति के व्यक्ति थे, जिनके अन्तर्गत सहस्त्र संवेदनाओं की तरंगें उठती रहती थीं। वे रूढ़ि के विरोधी थे, क्योंकि बुद्धिवादी थे ; पर उत्तम परम्परा के पोषक भी थे, क्योंकि कवि थे।*"

डॉ० नामवर सिंह का अभिमत है कि—"*मुक्तिबोध उन कवियों में से हैं जिन्होंने सफलता का यह सरल पद छोड़कर इस युग की उलझनों में जान-बूझ कर अपने को डाला।*

उनकी कविताओं का केन्द्रीय विषय है—आज के व्यक्ति-मन का अन्तर्द्वन्द्व। सामाजिक अन्तर्द्वन्द्व की जो छाया व्यक्ति के जागरूक मन में प्रतिबिम्बित हो रही है उसके मार्मिक चित्रण का प्रयास मुक्तिबोध ने बार-बार किया है। इस तरह मुक्तिबोध आत्म-विश्लेषण के माध्यम से इस युग के सामाजिक संघर्ष को समझना चाहते थे। उनकी कविता में इसी आत्म-संघर्ष से छिटकी हुई चिनगारियों को चित्र-शृंखला मिलती है।" डॉ० हुकुमचन्द राजपाल का कथन है कि—"*मुक्तिबोध की सम्पूर्ण विषय-वस्तु और उनके सर्वाङ्गीण चिन्तन की काव्यगत प्रतिष्ठा को यदि एक वाक्य में समेटा जाए तो यह कहना पर्याप्त होगा कि उनकी रचनाएँ व्यक्ति-प्रधान अन्तर्मुखी दार्शनिकता, निराशा तथा समाजोन्मुख यथार्थबोध के सन्धिकाल पर खड़ी हैं।"* इसलिए अधिकांश समीक्षकों का मत है कि मुक्तिबोध काव्य में न तो अपनी वैयक्तिकता ही स्थापित कर सके हैं और न समाजवादी दृष्टि का पूर्ण उन्मेष ही उनमें लक्षित कर पाए हैं। फलतः एक अतिशय दुविधापूर्ण स्थिति में बिना किसी स्पष्ट स्थिति के मुक्तिबोध का काव्य संधि-स्थल पर खड़ा प्रतीत होता है।

मुक्तिबोध का काव्य जीवन की समस्या के केन्द्र-बिन्दु के इर्द-गिर्द चक्कर लगाता है। वैयक्तिक जीवन की समस्याएँ कविमन तक ही सीमित नहीं रह पातीं, वरन् समस्त मध्यवर्गीय समाज का प्रतिनिधित्व करती हुई प्रतीत होती हैं। कवि की स्पष्ट धारणा है कि उच्च वर्ग आर्थिक दृष्टि से समृद्ध होने के कारण मध्यवर्गीय समाज पर शारीरिक, मानसिक एवं बौद्धिक दृष्टियों से हावी बना है। जीवन की सबसे बड़ी विडम्बना यह है कि मध्यवर्गीय जीवन का विकास नहीं हो पाता—उसके जीवन की समस्त आकांक्षाएँ दमित रह जाती हैं। इस प्रकार कवि के सम्मुख अनेक ज्वलंत समस्याएँ हैं और उन समस्याओं को वे नव भाव-भूमि में अभिव्यक्त करना चाहते हैं। कवि के सम्मुख यदि एक ही समस्या हो तो वे विषय-चयन में एकरूपता अथवा एकता स्थापित कर सकते हैं। हमें इस संबंध में डॉ० मदान का यह कथन उचित प्रतीत होता है कि—"*कविता में कवि एक पैर रखता है और उन सबसे गुजरने की विकलता में थोड़ा गहरे में उतरना चाहता है जहाँ उसे शायद कुछ कहने को मिल जाए! अपने से बाहर आने की कोशिश में अपने से अलग होना चाहता है और यह एक तरह से कवि-व्यक्तित्व का संशोधन है। वह जीवन के गहरे में उतरकर कहानी को उपन्यास में बदल देना चाहता है और कविता के संसार में यह छोटी कविता को लम्बी कविता में बदलना कहा जा सकता है।"* यही कारण है कि कवि अपनी कविताओं में जहाँ स्वयं को सम्बोधित करके किसी का उद्घाटन करता है, वहाँ कवि की दृष्टि अत्यन्त व्यापक रही है। यथा—

मुझे भ्रम होता है कि प्रत्येक पत्थर में
चमकता हीरा है,
हर एक छाती में आत्मा अधीरा है,
प्रत्येक सुस्मिति में विमल सदानीरा है,
मुझे भ्रम होता है कि प्रत्येक वाणी में महाकाव्य पीड़ा है,

पल भर में सबसे गुजरना चाहता हूँ,
प्रत्येक उर में से तिर आना चाहता हूँ,
इस तरह खुद ही को दिए-दिए फिरता हूँ,
अज़ीब है ज़िन्दगी !

मुक्तिबोध को भाव-भूमि का सम्यक् निरूपण करने के लिए इनकी कविताओं को स्थूल विभाजन-दृष्टि से तीन भागों में बाँटा जा सकता है—

1. छायावादी रोमाण्टिक भाव से प्रभावित रचनाएँ।
2. दुःखवादी कविताएँ (महादेवी का प्रभाव)।
3. मार्क्सवाद से प्रभावित रचनाएँ—समाज एवं जीवन के यथार्थवादी धरातल पर रचित कविताएँ।

मुक्तिबोध की प्रत्येक कविता किसी विशिष्ट सन्दर्भ की परिचायक है। इसमें कवि-व्यक्तित्व और काव्य-व्यक्तित्व की प्रत्यक्ष अथवा अप्रत्यक्ष झलक अवश्य मिलती है। साथ ही प्रत्येक कविता अपने भाव एवं विषय की दृष्टि से स्वतन्त्र चिन्तन एवं समस्या का प्रस्तुतीकरण है ; वह चम्बल की घाटी में अँधेरे की भभकार उमड़ने से शुरू होती है तथा कवि टीलों के मध्य भ्रमण करता अनेक कल्पनाएँ करता है। भयावह वातावरण में कवि के अन्तस् में अनेक भाव प्रस्फुटित होते हैं। तदनुरूप वह अनेक कल्पनाएँ करता है—ऐसी स्थिति की निरन्तरता फ़ैंटेसी की पुष्टि करती है। केवल इसी कविता में भावों का प्रकटीकरण चित्रात्मक ढंग से किया गया है। यथा—

क्यों मेरी कविता है बिना घर
बिना छत गिरस्तिन,
जिसमें मेरा भाव
ज्वलन्त जागता
जिसे लिए हुए मैं
देख रहा ज़माने की गयी परिपाटियाँ
चम्बल की घाटियाँ।

मुक्तिबोध की भाव-भूमि दुःख, अवसाद तथा निराशा के फलस्वरूप आक्रोश वृत्तियों पर अवलम्बित है, परन्तु इसके कवि मसीही चेतना के नहीं हैं ; दुःख इनके प्रसाधन नहीं, जीवन हैं। ये दुःख पर अवलम्बित जीवन व्यतीत करने में स्वयं का गौरव समझते हैं। यही कारण है कि दुःख इनके जीवन में सत्य बनकर बस चुका है। यहाँ यह भी स्पष्ट है कि मुक्तिबोध को दुःख की पहचान सूक्ष्मता से हुई है। परन्तु इसके भोगी ये अकेले नहीं, वरन् अन्य प्राणी भी हैं। इनकी कुछ कविताओं में वैयक्तिक वेदना अथवा पीड़ा अवश्य प्रतीत होती है, परन्तु अधिकांश कविताओं में कवि को असंतोष के कारण प्रखर व्यंग्य दृष्टिगोचर होता है। यही कारण है कि आलोचक इनके दुःख-बोध को सहन करने के साथ व्यापक भी स्वीकारते हैं। स्पष्ट है कि मुक्तिबोध कवि-वेदना में स्वयं

को भले ही अकेला अनुभव करने लगें पर इससे इन्हें घबराहट कदापि नहीं होती। यथा—

जितना मैं लोगों की पाँतों को पाकर
बढ़ता हूँ आगे
उतना ही पीछे रहता हूँ अकेला
पश्चात् ···· पद हैं
मेरे ही विवेक रत्नों को लेकर
बढ़ रहे लोग अँधेरे में सोत्साह
किन्तु मैं अकेला।

10. राष्ट्रभाषा हिन्दी

भारत में हिन्दी का सम्मान सदा-सर्वदा से होता आया है। बीच में देश के परतन्त्र होने पर यहाँ उर्दू और अंग्रेज़ी का बोलबाला रहा, किन्तु आज स्वतन्त्रता-प्राप्ति के बाद फिर हिन्दी इस भार को सहर्ष वहन करेगी।

यह आश्चर्य का विषय है कि आज भी कुछ विचारक हिन्दी के राष्ट्रभाषा बनने का विरोध करते हैं। यहाँ संक्षेप में उन विचारकों के मत और उनकी समीक्षा प्रस्तुत करना अनुपयुक्त न होगा।

(क) अंग्रेज़ी वातावरण में पले हुए कुछ विचारक अंग्रेज़ी को ही राष्ट्रभाषा के पद पर देखना चाहते हैं। ऐसे विचारकों को तो विकृत ही समझना चाहिए।

(ख) गाँधी जी के कुछ अनुयायी भारत के प्रत्येक नागरिक के लिए हिन्दी और उर्दू दोनों भाषाओं का ज्ञान आवश्यक बतलाते हैं। वे इसके लिए स्विट्जरलैण्ड का उदाहरण प्रस्तुत करते हैं। वस्तुतः यह मत भी तर्कसंगत नहीं, क्योंकि एक तो सर्वगुण-सम्पन्न भाषा हिन्दी के रहते हुए एक और भाषा उर्दू का बोझ लादना युक्तियुक्त प्रतीत नहीं होता, और दूसरी भाषा के सम्बन्ध में भारत पर स्विट्जरलैण्ड का उदाहरण लागू नहीं हो सकता, क्योंकि वह हमारे देश की एक तहसील से भी छोटा है। भारत के सम्बन्ध में यहाँ रूस का उदाहरण लागू हो सकता है। जिस प्रकार वहाँ सभी प्रान्तों की अपनी-अपनी भाषा है, किन्तु अन्तर्प्रान्तीय व्यवहार के लिए एक भाषा (रशियन) को ही मान्यता दी गई है, उसी प्रकार भारत में भी प्रत्येक प्रदेश में अपनी भाषा के प्रचलन के साथ राष्ट्रभाषा के पद पर हिन्दी को ही प्रतिष्ठित करना श्रेयस्कर होगा।

(ग) प्रादेशिक भाषा के समर्थकों का एक वर्ग हिन्दी को मान्यता देने को एक राजनैतिक चाल समझता है। उसका कहना है कि हिन्दी के पक्षधर भारत पर साम्राज्य स्थापित करके सत्ता अपने हाथ में ले लेना चाहते हैं। वस्तुतः यह एक भ्रान्तिमात्र है। हिन्दी राष्ट्रभाषा हो, इससे हमारा तात्पर्य यह कभी नहीं कि प्रादेशिक भाषाएँ समाप्त कर दी जाएँ। स्पष्ट है कि प्रदेशों में प्रादेशिक भाषाओं के प्रचलन के साथ ही अन्तः प्रादेशिक व्यवहार के लिए हिन्दी को राष्ट्रभाषा का पद दिया गया है।

हिन्दी को राष्ट्रभाषा के पद पर सुशोभित करने के लिए अपने भी कुछ तर्क हैं—

(क) **व्यावहारिकता**—व्यवहार इस बात का साक्षी है कि जब दो भिन्न-भिन्न प्रदेशों के निवासी आपस में मिलते हैं, तो प्रायः हिन्दी ही उनके वार्तालाप का माध्यम होती है। साधुओं के अखाड़े इसका प्रबल प्रमाण उपस्थित करते हैं।

(ख) **हिन्दी की प्रादेशिक भाषाओं से घनिष्ठता**—यह तो एक सर्वमान्य बात है कि भारत की प्रायः सभी भाषाओं का विकास संस्कृत से हुआ है और हिन्दी संस्कृत की सबसे बड़ी पुत्री है। इसलिए हिन्दी बोलने वाले प्रायः सभी प्रादेशिक भाषाओं को थोड़ा-बहुत समझ लेते हैं और विभिन्न प्रादेशिक भाषाओं को बोलने वाले हिन्दी को थोड़ा-बहुत समझ लेते हैं।

एक बात मुसलमानों से ....

भारतीयता के प्रति विद्वेष की भावना अब शोभा नहीं देती। जब हिन्दी के राष्ट्रभाषा होने में ईसाइयों को, पारसियों को तथा अन्य जातियों को कोई विरोध नहीं, तो मुसलमानों को ही क्यों? उर्दू आपकी धर्म-भाषा है तो रहे, अपने घर की चारदीवारी में या मस्जिदों में आप उर्दू का प्रयोग करें, कोई आपत्ति नहीं, किन्तु राष्ट्रभाषा तो सबके लिए एक ही होनी चाहिए। राष्ट्र के प्रति सच्ची वफ़ादारी तभी सिद्ध होगी जब आप राष्ट्रभाषा को अपनाएँगे।

अब रही बात राष्ट्रलिपि की। असंदिग्ध रूप से देवनागरी ही इस स्थान पर आसीन हो सकती है। इसके लिए रोमन की सिफ़ारिश करना शोभनीय नहीं। यह तो उर्दू वालों का एक द्वेष-भाव मात्र है, क्योंकि वे समझते हैं कि अपूर्ण होने के कारण उर्दू तो राष्ट्रलिपि बन नहीं सकती तो हिन्दी भी क्यों बने।

टाइप-राइटर और प्रेस की असुविधा की बात अब समाप्त हो गई है, क्योंकि अब हिन्दी के टाइप-राइटर का 'की-बोर्ड' अंग्रेज़ी के टाइप-राइटर की भाँति छोटा और सुविधाओं से युक्त बन गया है। प्रेस में भी काफी सुधार हो चुके हैं।

हिन्दी राष्ट्रभाषा होने के अतिरिक्त एक बहुत बड़े भू-भाग की साहित्यिक भाषा भी है। इसलिए यह निर्विवाद सत्य है कि हिन्दी ही भारत की राष्ट्रभाषा है और देवनागरी यहाँ की राष्ट्रलिपि।

(ग) हम यह तो विचार कर चुके हैं कि देश की राष्ट्रभाषा हिन्दी हो और उसकी लिपि देवनागरी। किन्तु इसके साथ ही प्रश्न का दूसरा पहलू भी विचारणीय है कि—क्या भारत-संघ की समस्त प्रादेशिक भाषाओं—बँगला, असमिया, तेलुगू आदि की भी एक ही लिपि देवनागरी हो सकती है?

हिन्दी की अन्य प्रान्तीय भाषाओं से घनिष्ठता के सम्बन्ध में विचार करते हुए हम मान चुके हैं कि भारत की सभी भाषाओं का विकास संस्कृत से हुआ है। संस्कृत इस देश की धार्मिक एवं सांस्कृतिक भाषा है। संस्कृत में जितना वाङ्मय निर्मित हुआ है, प्रादेशिक भाषाओं में उसका चतुर्थांश भी नहीं है। आज भी भारत के सभी प्रदेशों में

संस्कृत पढ़ी जाती है और आदर से शास्त्रों का श्रवण होता है। उसकी लिपि भी देवनागरी है। अतएव देवनागरी लिपि से सभी परिचित हैं। ऐसी स्थिति में यदि प्रादेशिक भाषाओं की लिपि भी देवनागरी हो जाए तो साहित्य-निर्माण तथा अन्य व्यवहार में कोई भी कठिनाई नहीं होगी, बल्कि विभिन्न प्रदेशों के लोगों को एक-दूसरे को समझने का अवसर प्राप्त होगा। उदाहरण के लिए, बँगला का कोई गीत बंग लिपि में ही लिखा है तो बँगला लिपि को न जानने वाला उसको बिल्कुल ही नहीं समझ सकेगा, किन्तु वह अगर देवनागरी में लिखा होगा तो उसमें संस्कृत की मुख्यता के कारण अन्य भाषा-भाषी भी उसके भाव को पर्याप्त सरलता से समझ जायेंगे।

इस प्रकार भारत में एकात्मकता की भावना भी अधिक सुदृढ़ होगी और एक प्रदेश के लोग अन्य प्रदेश की प्रथाओं एवं विचारों से भी परिचित होंगे।

11. हिन्दी के विकास की समस्या

हिन्दी अपने गुणों से अपनी लोकप्रियता के बूते न जाने कब से सारे भारत का कंठहार बन चुकी थी—राष्ट्रभाषा का पद प्राप्त कर चुकी थी। भारत सरकार ने तो उसे सिर्फ़ 'दफ़्तरी' भाषा का पद दे दिया है।

'दफ़्तरी भाषा' के पद पर हिन्दी को प्रतिष्ठित किये जाने को ही हिन्दी-भाषियों ने अपनी विजय मान लिया। वे फूले नहीं समाये। वे अपना कर्त्तव्य भूल गये। उन्हें जो अपने घर में करना चाहिए, नहीं किया और वे हिन्दी की दिग्विजय की कल्पना में विभोर हो गए। फलतः उन्हें वह दिन देखना पड़ा है कि वे राजगोपालाचारी जैसे वरेण्य नेता की सहानुभूति खो बैठे। वे समझ नहीं पा रहे कि उन्हें क्या करना है—किस दिशा से किस प्रकार बढ़ना है? हमें भय है कि इस बौखलाहट में वे कहीं कुछ ऐसा न कर बैठें, जिससे हिन्दी के पथ में काँटे बिछ जाएँ। हम हिन्दी-विरोधियों को तर्कों से, तथ्यों से पराजित नहीं कर सकते। संदेह के वातावरण में तर्क और तथ्य सर्वथा व्यर्थ सिद्ध होते हैं।

स्वराज पाए इतने वर्ष हो गए, इन वर्षों में हिन्दी-भाषी राज्यों में हिन्दी-भाषियों ने हिन्दी के लिए क्या किया? क्या वे हिन्दी-भाषी राज्यों के सचिवालयों में, कचहरियों में, विश्वविद्यालयों में, शिक्षा-संस्थानों में और अपने दिन-दिन के काम-काज में हिन्दी को पूर्ण स्थान दिला सके? देवधर से जैसलमेर और जालन्धर से इन्दौर तक के इस विस्तृत व्यापक क्षेत्र से क्या वे अंग्रेज़ी को विदा दे सके? जब तक पटना, लखनऊ, जयपुर और भोपाल में हिन्दी पूर्ण रूप से प्रतिष्ठित न हो जाए, तब तक क्या हिन्दी-भाषियों के लिए कलकत्ता, हैदराबाद और बम्बई में हिन्दी प्रतिष्ठित करने की चिन्ता करना वांछनीय या शोभनीय है?

हिन्दी के विरोध में जो आवाज़ें इधर-उधर सुनायी पड़ रही हैं, उनका एकमात्र उत्तर यह है कि हम तुरन्त हिन्दी-भाषी राज्यों से अंग्रेज़ी को निकालकर बाहर करें और हिन्दी को पूर्ण रूप से प्रतिष्ठित करें। यदि हमने यह कर दिया, तो इसी प्रक्रिया में हम

हिन्दी को इतना समृद्ध, सम्पन्न और जनप्रिय बना सकेंगे कि विरोध की आवाज़ें आपसे आप मन्द होती जाएँगी ; लोगों का भ्रम दूर होता जाएगा ; हमारी सद्‌भावना तथा शुभकामना की छाया विरोधियों पर पड़कर रहेगी और हिन्दी को वह पद प्राप्त होकर रहेगा जिस पर उसे अधिष्ठित करने में हिन्दी-भाषियों की अपेक्षा उन अहिन्दी-भाषियों ने ही अधिक प्रयत्न किए हैं, जिनमें श्रीगोपालाचारी भी प्रमुख रहे हैं।

सबसे बड़ा प्रश्न हो गया है—राज-काज की भाषा के रूप में हिन्दी को स्थान दिलाने का। अत: सबसे पहले और सबसे अधिक प्रयत्न इस दिशा में होना चाहिए। स्वराज प्राप्त होने के बाद सबसे पहले बिहार, उत्तर प्रदेश और मध्य प्रदेश की सरकारों ने हिन्दी को राज्यभाषा के रूप में स्वीकार किया। बिहार सरकार ने 1950 में एक विधेयक द्वारा निर्णय किया कि सात वर्षों के अन्दर वह अपने सारे राज-काज हिन्दी में करने लगेगी। परन्तु ऐसा नहीं हो सका और उसे फिर तीन वर्ष का समय इसके लिए लेना पड़ा। अन्य हिन्दी-राज्यों में भी इससे अच्छी स्थिति नहीं है। यदि 1960 तक भी हम हिन्दी-राज्यों में इस काम को पूरा कर लेते, तो फिर हमें आज विरोध न सहना पड़ता।

हिन्दी-भाषियों को हिन्दी के लिए आन्दोलन करना है, तो हिन्दी-राज्यों में ही हमें ऐसा वातावरण बनाना है कि सभी हिन्दी राज्यों के सम्पूर्ण राज-काज हिन्दी में होने लगें। पारिभाषिक शब्द इतने बन चुके हैं कि हमें इस दिशा में कठिनाई नहीं हो सकती। जहाँ उपयुक्त शब्दों का अभाव हो, वहाँ अंग्रेज़ी भाषा के ही शब्द नागरी लिपि में लिख दिए जाएँ—फिर धीरे-धीरे उपयुक्त शब्द मिलते और बनते जायेंगे। सबसे बड़ा अभाव पारिभाषिक शब्दों का नहीं, दृढ़ इच्छा-शक्ति का है। हमने दु:ख के साथ देखा है कि हिन्दी-भाषी मंत्री या अधिकारी भी हिन्दी लिखने में, बोलने में अपनी हेठी समझते हैं। संसद् और विधानसभाओं के कुछ सदस्यों पर भी यह बात लागू है। हिन्दी-भाषी जनता उनसे माँग करे कि वे लोग इस कुप्रवृत्ति को छोड़ें। इसके लिए प्रदर्शन किए जाएँ। कचहरियों के, सचिवालयों के, विधानसभाओं के निकट हजारों-लाखों की संख्या में एकत्र होकर हिन्दी-प्रेमी यह बता दें कि वे अंग्रेज़ी को अपने राज-काज में चालू रखा जाना बर्दाश्त नहीं कर सकते। यही नहीं, ऐसे मिनिस्टरों, संसद् सदस्यों और विधायकों के निर्वाचन-क्षेत्र में मतदाताओं की बड़ी-बड़ी सभाएँ करके उन्हें निर्देश दिया जाए कि वे अंग्रेज़ी के मोह को छोड़ें—हिन्दी को अपनाएँ। हमारा विश्वास है कि यदि हिन्दी-भाषी जनता तुल जाए, तो फिर कोई कारण नहीं कि हिन्दी-राज्यों में राज-काज के हिन्दीकरण को तुरन्त नहीं सम्पन्न किया जा सकता।

12. भारत की भाषा-समस्या

कूटनीति के कुशल खिलाड़ी स्वार्थ-सिद्धि के लिए किसी सीधी-सादी बात को कितनी गम्भीर और पेचीदा बना देते हैं, भारत की वर्तमान भाषा-समस्या इसका एक जीता-जागता प्रमाण है। विगत अनेक वर्षों से यह देश इस समस्या के समाधान में संलग्न है।

पर हमारी भाषा-समस्या सुलझने की बजाय और उलझती जा रही है। हनुमान की पूँछ के समान बढ़ती जाने वाली इस समस्या का समाधान देश के विज्ञ शिक्षा-शास्त्री, भाषा-शास्त्री और बुद्धिजीवी ही ढूँढ़ सकते हैं, स्वार्थपरक राजनीतिज्ञों द्वारा यह कार्य सम्भव नहीं।

स्वतन्त्रता-प्राप्ति के पश्चात् हमने दो बड़ी भूलें कर दी हैं। उनमें से एक यह है कि हमने भाषाओं के आधार पर राज्यों का विभाजन कर दिया। परिणामस्वरूप राष्ट्र की अखण्डता तथा भावात्मक एकता को गहरी चोट लगी। दूसरी भूल यह है कि स्वतन्त्रता-प्राप्ति के तुरन्त पश्चात् राष्ट्र-प्रेम की उस आग के रहते ही हिन्दी को समस्त राष्ट्र की एक राष्ट्रभाषा या सम्पर्क भाषा के रूप में स्थापित करने के महान् उद्देश्य के साथ राष्ट्र के सभी राज्यों के बच्चों की शिक्षा का एक अनिवार्य विषय नहीं बनाया गया। यदि यह काम उस आवेश का लाभ उठाकर उस समय कर दिया गया होता तो आज समूचे राष्ट्र की नई पीढ़ी ने अंग्रेज़ी के स्थान पर हिन्दी में ही सारा कार्य करने की क्षमता प्राप्त कर ली होती और हिन्दी के विरोध में ये नारेबाजी और विरोध-प्रदर्शन देखने को न मिलते।

अंग्रेज़ी सत्ता का उद्देश्य राजनैतिक दृष्टि से ही नहीं, मानसिक दृष्टि से भी भारत को गुलाम बनाना था। वे भारतीय लोगों के एक ऐसे वर्ग का निर्माण करना चाहते थे जो शासक और शासितों के बीच व्याख्याताओं का काम कर सके ; एक ऐसे वर्ग का जो रंग-रूप और रक्त में भले ही भारतीय हो किन्तु रुचियों, मतों, नैतिकता एवं बौद्धिकता आदि में पूर्णरूपेण इंग्लिश हो। आज के शासक वर्ग, तथाकथित सुशिक्षित एवं अर्धशिक्षित साधारण जन की गतिविधियों को यदि हम ध्यानपूर्वक परखें तो इस निष्कर्ष पर पहुँचे बिना नहीं रहेंगे कि अंग्रेज़ अपने उद्देश्यों की प्राप्ति में सफल रहे। गाँधी जी ने "*शारीरिक दासता की अपेक्षा मानसिक दासता अधिक भयंकर एवं घातक है*"—इस तथ्य को भली भाँति समझ कर समस्त भारत को एक सूत्र में बाँधने के लिए राष्ट्रभाषा की आवश्यकता का अनुभव किया और उसके लिए भारत के अधिकतम राज्यों में बोली एवं समझी जाने वाली हिन्दी को उपयुक्त पाकर समग्र भारत की राष्ट्रभाषा के रूप में उसे प्रतिष्ठित किया। वस्तुतः आज वह राष्ट्रीय समग्रता एवं एकात्मकता की भावना क्रमशः लुप्त होती जा रही है। इसका परिणाम वर्तमान भाषा-समस्या है। यदि हम भारतीय समाज को आज आन्तरिक दृष्टि से भी सबल बनाने के इच्छुक हैं तो हमें सबसे पहले जन-मानस में भारतीयता की भावना भरने वाली सांस्कृतिक शिक्षा मातृभाषा के माध्यम से दिलाने की अविलम्ब व्यवस्था करनी चाहिए।

अंग्रेज़ों के राजकाल में भारत की सभी स्तरों की शिक्षा का माध्यम अंग्रेज़ी थी, किन्तु स्वतन्त्रता-प्राप्ति के पश्चात् क्रमशः शिक्षा के माध्यम का स्थान सभी स्तरों में राज्यभाषा या मातृभाषा लेने लगी है। शिक्षा का उद्देश्य बालकों को योग्य एवं बुद्धिमान नागरिक बनाना है और साथ ही उन्हें विश्व के समस्त ज्ञान-विज्ञान की अच्छी जानकारी प्रदान करना है। बालकों को उनकी मातृभाषा के माध्यम से शिक्षा प्रदान करने से वे

सरलता से और कम समय में अधिक जानकारी प्राप्त कर सकते हैं। गाँधी जी के शब्दों में–"*अंग्रेज़ी भाषा के माध्यम से शिक्षा में कम-से-कम सोलह वर्ष लगते हैं। यदि इन्हीं विषयों की शिक्षा मातृभाषा के माध्यम से दी जाए तो ज्यादा-से-ज्यादा दस वर्ष लगेंगे। विदेशी भाषा द्वारा शिक्षा पाने में दिमाग पर बोझ पड़ता है। यह बोझ हमारे बच्चे उठा तो सकते हैं लेकिन उसकी कीमत उन्हें चुकानी पड़ती है। माँ के दूध के साथ जो संस्कार और मीठे शब्द मिलते हैं, उनके और पाठशाला के बीच जो मेल होना चाहिए, वह विदेशी भाषा के माध्यम से शिक्षा देने से टूट जाता है।*" अतः हमें मातृभाषा का सम्मान करते हुए सभी स्तरों पर शिक्षा का माध्यम मातृभाषा कर देना चाहिए।

किन्तु भारत जैसे बहुभाषा-भाषी राष्ट्र में विभिन्न राज्यों के बीच सम्पर्क स्थापित करने के लिए एक सम्पर्क भाषा की भी तो आवश्यकता है। और वह हिन्दी ही हो सकती है, क्योंकि हमारे देश की भाषाओं में हिन्दी ही एक ऐसी भाषा है जिसको अधिकांश लोग जानते व समझते हैं। यह भ्रांत धारणा है कि हिन्दी के प्रचार से किसी प्रदेश की भाषा के विकास में बाधा पड़ेगी। प्रत्युत वैज्ञानिक दृष्टि से पहले से ही विकास-प्राप्त भाषाएँ एक-दूसरे के सम्पर्क में आकर आदान-प्रदान से और अधिक विकास प्राप्त करती हैं। अतः समग्र भारत में स्कूली शिक्षा के पाठ्यक्रम में हिन्दी को एक अनिवार्य विषय के रूप में बना देना, और इस प्रकार उसे सारे देश की सम्पर्क भाषा के रूप में स्थापित करना बहुत आवश्यक है। परन्तु अन्तर्राष्ट्रीय भाषा कही जाने वाली अंग्रेज़ी की शिक्षा को पाठ्यक्रम में अनिवार्य बनाने की बजाय अन्य भाषाओं के साथ एक ऐच्छिक विषय के रूप में रखा जाए, ताकि जो विद्यार्थी चाहे, उसकी शिक्षा प्राप्त कर ले। किन्तु इस पाठ्यक्रम को जनता तभी स्वीकार कर सकती है जबकि उसमें राष्ट्रीयता की भावना का पूरा जागरण हो।

हिन्दी को एक अनिवार्य विषय अथवा राष्ट्रभाषा के रूप में स्वीकार कर लिए जाने का यह अर्थ कदापि नहीं होगा कि इसकी दूसरी भाषाओं को समाप्त कर दिया जाएगा या उन्हें उन्नति करने का अवसर नहीं दिया जाएगा। राष्ट्रभाषा का उपयोग केवल केन्द्र के कामों के लिए और अन्तर्राष्ट्रीय एवं अन्तर्प्रान्तीय व्यवहार के लिए किया जाएगा। प्रादेशिक स्तर पर प्रदेश की भाषाओं की मान्यता वैसी ही बनी रहेगी। स्कूलों और कॉलेजों में, अदालतों और दफ़्तरों में, जिला स्तर पर या राज्य स्तर पर प्रान्तीय भाषाओं का ही उपयोग किया जायेगा। प्रादेशिक भाषाओं को हानि पहुँचाना हमारा उद्देश्य नहीं है, बल्कि हमारा तो यह दृढ़ विश्वास और धारणा है कि एक राष्ट्रभाषा बनने से और उसकी बहुमुखी उन्नति होने से अन्य भाषाओं को और आगे बढ़ने तथा उन्नति करने की प्रेरणा मिलेगी। स्कूली शिक्षा में हिन्दी को अनिवार्य बना देने पर राज्यों के लोगों को भी केन्द्रीय सेवाओं में पहुँचने के लिए किसी कठिनाई का सामना नहीं करना पड़ेगा। केन्द्रीय प्रशासन से यह आकांक्षा करना उचित एवं न्याय-संगत नहीं होगा कि वह सभी राज्यों से उनकी भाषाओं में पत्र-व्यवहार करे और अपनी सारी कार्यवाही भिन्न-भिन्न भाषाओं में करे, इसमें समय, शक्ति एवं राजस्व का अपव्यय होगा और यह पद्धति सुविधापूर्ण भी नहीं होगी। इस कारण

से भी समूचे भारत के शिक्षा-पाठ्यक्रम में मातृभाषा एवं हिन्दी को अनिवार्य स्थान देना आवश्यक हो जाता है।

केन्द्रीय एवं राज्य प्रशासन की भाषा के रूप में अंग्रेज़ी को स्वीकार करने का प्रश्न ही नहीं उठता, क्योंकि एक तो वह विदेशी भाषा है, अत: उसे स्वीकार करने की कल्पना-मात्र में दासता की भावना निहित रहती है। वह भारतीय भाषाओं की रचना एवं स्वरूप से सर्वथा भिन्न है, और साथ ही उसकी जानकारी भारत के केवल दो-तीन प्रतिशत लोगों को है। यदि उसे प्रशासन की भाषा बनाया जाए तो उसका परिणाम होगा दो-तीन प्रतिशत लोगों द्वारा शेष समूची भारतीय जनता का शोषण।

13. भारतीय साहित्य की मूलभूत एकता

भारत अनेक भाषाओं का देश है। इसके उत्तर-पश्चिमी भाग में पंजाबी, हिन्दी, उर्दू ; पूर्वी भाग में उड़िया, बँगला, असमिया ; मध्य-पश्चिमी भाग में मराठी, गुजराती ; दक्षिणी भाग में तमिल, तेलुगू, मलयालम भाषाएँ हैं। सब भाषाओं का अपना-अपना पृथक् और सम्पन्न साहित्य है। यदि उसे एकत्र रखा जाए तो विश्व के किसी भी देश के साहित्य की तुलना में वह किसी तरह भी कम नहीं ठहरता और इन भाषाओं के साथ यदि भारत की प्राचीन भाषाओं—संस्कृत, पालि, प्राकृत, अपभ्रंश भाषाओं—का साहित्य भी मिला लिया जाए, तो उसकी तुलना में विश्व के किसी भी देश का साहित्य नहीं ठहरता। उपर्युक्त सभी भारतीय भाषाओं का साहित्य अपने अलग-अलग रूप में व्यक्तित्व और अस्तित्व रखता है।

परन्तु ऊपर से दिखाई पड़ने वाला पृथकत्व आत्मा का पार्थक्य नहीं है। जिस तरह अनेक धर्मों, विचारधाराओं तथा जीवन-प्रणालियों के होते हुए भी भारतीय संस्कृति अविभाज्य है, उसी तरह अभिव्यक्ति की पृथक्-पृथक् शैलियाँ होते हुए भी भारतीय साहित्य की मूलभूत एकता अविभाज्य है।

भारतीय भाषाओं में उर्दू का जन्म 15वीं सदी में हुआ और तमिल, संस्कृत की तरह भारत की सबसे प्राचीन भाषा है। इन दोनों को छोड़कर, प्राय: सभी आधुनिक भारतीय भाषाओं का जन्म-काल एक है। नवीं तथा दसवीं सदी के आस-पास ही पंजाबी हिन्दी-गुजराती-मराठी-आसामी-उड़िया-तेलुगू-कन्नड़-मलयालम भाषाओं का प्रादुर्भाव हुआ।

आधुनिक भारतीय भाषाओं के विकास के चरण प्राय: एक समान हैं। आदि काल 14वीं सदी तक, मध्य काल 17वीं सदी के मध्य तक, उत्तर मध्य काल 19वीं सदी के अन्त तक और आधुनिक काल 20वीं सदी के प्रारम्भ से शुरू में होता है।

सभी आधुनिक भारतीय भाषाओं के विकास-क्रम में समानता का कारण है राजनैतिक एवं सांस्कृतिक विकास-क्रम की एकता। (क) राजपूत राजाओं में कोई सम्राट् तो नहीं हुआ, किन्तु सामन्ती शासन-व्यवस्था सर्वत्र समान थी। (ख) मुगल-शासन में लगभग

150 वर्षों तक उत्तर तथा दक्षिण भारत में घनिष्ठ राजनैतिक सम्पर्क रहा। (ग) अंग्रेज़ों ने आकर केन्द्रीय शासन-व्यवस्था करके इस एकता को और भी विस्तार दिया।

राजनैतिक एवं सांस्कृतिक परिस्थितियाँ और भी अधिक समान रहीं। पिछले हज़ार वर्षों में जो भी धार्मिक या सांस्कृतिक आन्दोलन चले, वे सारे देश में समान रूप से चले।

बौद्ध धर्म के ह्रास के युग में उसकी शाखाओं तथा शैव-शाक्त धर्म-संयोग से 'नाथ' सम्प्रदाय फैला जो तिब्बत से पूर्वी घाट, पश्चिमी घाट, महाराष्ट्र आदि तक सभी जगह फैला। निर्गुण सन्त मत, सूफी मत, आदि भी सर्वत्र फैले। दक्षिण में वैष्णव आंदोलन चला और राम-भक्ति, कृष्ण-भक्ति के रूप में सम्पूर्ण देश में प्रसारित हुआ। फिर मुस्लिम संस्कृति, ईरानी सभ्यता, मुगल-शासन, वैभव-विलास, साज-सज्जापूर्ण, दरबारी या नगर संस्कृति का विकास हुआ (रीतिकाल इसी की देन था)। इसके बाद यूरोपीय व्यापारियों के आने से पाश्चात्य शिक्षा के संस्कार और सभ्यता की चमक आई। विदेशी धर्म-प्रचारकों तथा शासकों ने पश्चिमी सभ्यता को फैलाना शुरू कर दिया।

फिर भी पश्चिमी सभ्यता के प्रभाव के साथ ही उससे संघर्ष आरम्भ हुआ। उससे पुनर्जागरण युग आया, राष्ट्रीय सांस्कृतिक चेतना फैली—फिर नीतिवाद तथा सुधारवाद के विरुद्ध प्रबल प्रतिक्रिया और रोमानी सौन्दर्य-दृष्टि से रोमांटिक साहित्य की रचना हुई। 1930 के बाद साम्यवादी विचारधारा द्वन्द्वात्मक भौतिकवाद साहित्य में पनपा—इसके बाद ईलियट आदि के प्रभाव से बौद्धिक कुण्ठाओं तथा स्वप्नों को शब्द देने का प्रयोग (प्रयोगवाद) आरम्भ हुआ।

साहित्य का विषय भी सभी भाषाओं का एक है, क्योंकि सबको विरासत में रामायण-महाभारत-पुरान-भागवत् तथा कालिदास-भावभूति-बाण-श्रीहर्ष-अमरूक-जयदेव आदि की अमर रचनाएँ एक समान मिली हैं। फिर प्राकृत तथा अपभ्रंश में लिखे जैन-बौद्ध ग्रन्थ सभी भाषाओं को एक समान उत्तराधिकार में प्राप्त हुए। इनके अतिरिक्त उपनिषद्-दर्शन-स्मृतिग्रन्थ भी एक समान मिले। इन्होंने सभी भारतीय भाषाओं में अद्‌भुत समन्वय बनाये रखा।

सभी भारतीय भाषाओं की काव्य-शैलियों तथा काव्य-रूपों में भी भारी समता है। महाकाव्य, खंडकाव्य, मुक्तक, कथा, आख्यायिका आदि तथा चरित्रकाव्य-प्रेमगाथा शैली, रास-पद शैली आदि सब में समान हैं। वर्ण-वृत्त तथा दोहा-चौपाई आदि देशी छन्द भी सबमें समान हैं। नवीन युग में पश्चिम से आये काव्य-रूपों तथा छन्दों को भी सभी भाषाओं ने समान रूप से ग्रहण किया।

यह स्पष्ट है कि विभिन्न भाषाओं में कहा जाने पर भी भारतीय साहित्य मूलतः एक ही है, इसकी मूलभूत एकता पर अनुसंधान होना चाहिए। सभी भाषाओं तथा साहित्यों के तुलनात्मक अध्ययन के बिना यह काम नहीं होगा। ऐसी परिस्थितियाँ निर्मित की जाएँ, जिससे यह अत्यन्त महत्त्वपूर्ण हो सके।

किसी भी एक भारतीय भाषा के साहित्य का लेखक यदि अपनी भाषा के साहित्य

तक ही सीमित रहेगा, तो वह अपने साहित्य की अनेक प्रवृत्तियों की सही व्याख्या नहीं कर पायेगा। उदाहरणत: मधुरा भक्ति—गुजराती, उड़िया, असमिया, तमिल, तेलुगू, कन्नड़, मलयालम सभी में समान है। हिन्दी में सूर आदि की गीति-परम्परा दक्षिण के साहित्यों और बँगला में सहज ही उपलब्ध है। सूर का वात्सल्य गुजराती कवि भीलण में पहले ही व्यक्त हो चुका था। इसी प्रकार कृष्ण की शृंगारिक धारा तथा राम-भक्ति की मर्यादा वाली कविता-धारा कश्मीर से कन्याकुमारी तक एक समान पाई जाती है। अत: अन्त: प्रादेशिक साहित्यों के तुलनात्मक अध्ययन से साहित्य में इतिहास की अनेक गुत्थियाँ सुलझ सकती हैं।

14. साहित्य का स्वरूप

"प्रगतिशील, अनुभूतिशील मानव की भावनाओं का लिपिबद्ध रूप साहित्य है", *"ज्ञान-राशि के संचित कोष का नाम ही साहित्य है"* अथवा *"सामाजिक मस्तिष्क अपने पोषण के लिए जो भाव-सामग्री निकालकर समाज को सौंपता है, उसी के संचित भण्डार का नाम साहित्य है"*, आदि विभिन्न उक्तियों में विद्वानों ने साहित्य की परिभाषा उपस्थित करने का प्रयास किया है। चिरकाल से वैचित्र्य के अजस्र स्रोत 'साहित्य' पर जो मत व्यक्त किए गए उनमें से किसी एक को भी अपने आप में पूर्ण नहीं माना जा सकता। फिर भी उन सबमें व्यक्ति, समाज तथा भाव—ये तीन तत्त्व ऐसे हैं जो सर्वत्र ही मिल जाते हैं।

'साहित्य भावः इति साहित्यम्' अर्थात् जिसमें हित की भावना निहित हो वही साहित्य है। वैसे तो प्रत्येक व्यक्ति अपने हित-अहित की बात भली प्रकार समझता है, किन्तु साहित्यगत हित उससे अलग होता है। व्यक्ति के संकुचित घेरे में जो साहित्य जन्म लेता है उसमें हित व्यक्तिगत होकर भी समष्टि की आशा-आकांक्षाओं का जीवन्त दीपक होता है। साहित्य को **'सर्वाङ्गीण जीवन की आलोचना'** भी माना जाता है, क्योंकि मानव-जीवन की अनुभूतियों को प्रेरित करके, उसके विकास-क्रम की घटनाओं का संरक्षण करके तथा उसकी भावनाओं को परिष्कृत करके जीवन की समग्रता स्पष्ट करने वाला साधन साहित्य ही है।

मानव अपने प्रारम्भिक जीवन में भय, आतंक, आश्चर्य, स्वार्थ आदि की जिन भावनाओं से ग्रस्त था, उसमें व्यक्तिगत, पारिवारिक, सामाजिक तथा धार्मिक आदर्शों, विचारों अथवा भावनाओं का निर्माण नहीं हुआ था। साहित्य ने ही उसमें विश्व-बन्धुत्व, मानवता, करुणा, उदारता, आदि गुणों का संचार किया। शारीरिक शक्ति के लिए आखेट, कृषि तथा औद्योगिक विकास के जो सोपान मानव ने पार किए, उनकी प्रेरक शक्ति यदि कोई थी तो साहित्य। साहित्य मानवीय सभ्यता का प्रेरक, परिचायक, प्रचारक तथा संरक्षक भी है। मानवीय मस्तिष्क को क्रियमाण रखकर उसे अनुकूल दिशा में चलने की सामर्थ्य देने वाला, सत् और असत् की पहचान करवाने वाला एकमात्र साधन साहित्य ही है।

साहित्य को आत्मा का सुमन भी कहा जाता है। जिस प्रकार वृक्ष का समस्त रस अथवा सौन्दर्य उसके एक पुष्प में सिमट कर वातावरण में उल्लास व्याप्त कर देता है, उसी प्रकार 'साहित्य' समाज के व्यापक जीवन के सार को समेट कर अनिर्वचनीय आनन्द के रूप में अभिव्यक्त करता है। इसे पाकर सहृदय व्यक्ति एक अनुपम, उज्ज्वल, नवीन और आनन्दमय स्थिति को प्राप्त होता है। कवीन्द्र रवीन्द्र लिखते हैं–

" भगवान् की आनन्दमयी सृष्टि अपने अन्दर से स्वयं उत्सृष्ट हो रही है। मानव-हृदय की आनन्द-सृष्टि उसी की प्रतिध्वनि है। भगवान् की सृष्टि के आनन्द-गीत की मधुर झंकार हमारी उर-वाणी को निरन्तर स्पंदित करती है। इसी मानव-संगीत का– भगवान् की सृष्टि के प्रतिघात में हमारे अन्दर सृष्टि के आवेग का विकास साहित्य है।"

"साहित्य का आधार जीवन है। इसी नींव पर साहित्य की दीवार खड़ी है।" मानने वाले स्वनामधन्य मुंशी प्रेमचन्द सत्य, सुन्दर और आनन्द के समन्वित रूप को साहित्य मानते हैं। उन्हीं के शब्दों में– *"सत्य से आत्मा का सम्बन्ध तीन प्रकार का है– एक जिज्ञासा का सम्बन्ध है, दूसरा प्रयोजन का सम्बन्ध है और तीसरा आनन्द का। जिज्ञासा का सम्बन्ध दर्शन का विषय है। प्रयोजन का सम्बन्ध विज्ञान का विषय है और साहित्य का विषय केवल आनन्द का विषय है। सत्य जहाँ आनन्द का स्रोत बन जाता है, वहीं वह साहित्य हो जाता है।"*

डॉ० श्याम सुन्दर दास लिखते हैं– *"साहित्य वह है जो हृदय में अलौकिक आनन्द की या चमत्कार की सृष्टि करे।"* कविवर प्रसाद जी के शब्दों में– *"साहित्यकार चित्रित करता है–समाज कैसा है और कैसा होना चाहिए। किन्तु साहित्यकार न तो प्रवचनकर्ता है और न ही इतिहासकार। दुःख से दग्ध जगत् का नैसर्गिक स्वर्ग से एकीकरण ही साहित्य है।"* साहित्य को जीवन का प्रतिबिम्ब भी मानते हैं। उपर्युक्त विवेचन से एक बात स्पष्ट हो जाती है कि सभी विद्वान् साहित्य को मानवीय भावनाओं के विकास अथवा परिष्कार का एकमात्र साधन तथा आनन्ददायक तत्त्व मानते हैं।

मानव अपने विचारों एवं मनोवेगों को प्रकट करने के लिए जब आतुर हो उठा था, उस समय वाणी ने ही उसकी आकुलता को शान्त किया था। कालान्तर में मानवीय भावनाओं के अनुरूप ही वाणी का विकास होता गया। यदि वाणी का अभाव होता तो मानव अपनी पूर्व स्थिति से आगे न बढ़ पाता। यही कारण है कि वाणी की भाँति साहित्य भी जीवन का एक महत्त्वपूर्ण अंग है।

इसमें कोई असत्य नहीं कि साहित्य जिस ओर चाहे जीवन के प्रवाह को मोड़ सकता है। विश्व का इतिहास इस बात का साक्षी है कि साहित्य के कारण ही अनेक राज्य-क्रान्तियों को सफलता मिली। मानवीय आदर्शों की स्थापना, युद्धों में विजय, रूढ़ियों का खण्डन, घृणा, द्वेष और संघर्ष के स्थान पर पारस्परिक सौहार्द, समन्वय और एकता की स्थापना, मानवीय अधिकारों की स्थापना, व्यक्ति स्वातन्त्र्य तथा भ्रातृत्व भाव, त्याग, अहिंसा और बलिदान के संदेश, पराजित मनोवृत्ति के स्थान पर विश्व-विजय अथवा विश्व-कल्याण का सन्देश–जहाँ कहीं भी देखें, साहित्य का स्थान सर्वोपरि है।

15. साहित्य

ज्ञान-राशि के संचित कोष का नाम ही 'साहित्य' है अथवा मानव की आत्म और अनात्म भावनाओं की अभिव्यक्ति को ही 'साहित्य' कहते हैं। वह किसी देश, समाज तथा व्यक्ति का सामयिक समर्थन नहीं है, अपितु वह सार्वदेशिक और सार्वकालिक गुणों से अनुप्राणित रहता है। वास्तव में देखा जाए तो मानवमात्र में जो प्रमुख कामनाएँ तथा अभिलाषाएँ हैं वे ही साहित्य की चिरसंचित निधि हैं। यदि साहित्य को 'विश्व-मानव का हृदय, कहें तो इसमें अत्युक्ति न होगी क्योंकि इसमें व्यक्तिगत हृदय की भाँति ही सुख-दुःख, आशा-निराशा, साहस-भय तथा उत्थान-पतन, उत्कर्ष एवं अश्रु-हास का स्पष्टरूपेण स्पन्दन रहता है। संसार के भिन्न-भिन्न राष्ट्रों में जातिगत, वर्गगत एवं धर्मगत चाहे कितनी ही बाहरी पृथकता क्यों न हो, आन्तरिक रूप से हमारी भावनाएँ तथा जीवन-मरण की समस्याएँ एक-सी हैं। प्रकृति को देखकर आश्चर्यान्वित होना, प्राकृतिक सौन्दर्य को देखकर पुलकायमान होना सभी के लिए समान है।

इसमें कोई सन्देह नहीं कि साहित्य का क्षेत्र अत्यन्त विशाल एवं विस्तृत है। मानव-जीवन की विशालता ही साहित्य-क्षेत्र की सीमा है। मानव-जीवन का उद्देश्य मात्र जीकर मरना ही नहीं, अपितु जीवन में सत्य की प्रतिष्ठा करना है। वस्तुतः सौन्दर्य की महत्ता सत्य में है। सत्य की प्राप्ति में जीवन का महत्त्व है। उस लक्ष्य-सिद्धि की साधना काव्य और काव्य की सार्थकता जीवन को सुसम्पन्न, सतत् प्रयत्नशील व चिरमंगलमय बनाने में है।

साहित्य की सीमाएँ अत्यन्त विस्तृत हैं, उसमें शास्त्र-विद्या, काव्य सभी का सन्निवेश हो जाता है। साहित्यकार में कवि के गुणों के अतिरिक्त अन्य भी अनेक गुणों का होना अनिवार्य है। जिस प्रकार समुद्र में से निकलने वाले रत्नों में अमृत की प्रधानता है, उसी प्रकार साहित्य में विभिन्न अंगों के काव्य की प्रधानता है। साहित्य में पुराण, दर्शन आदि सभी विधाओं का निचोड़ विद्यमान रहता है।

साहित्य के बारे में पाश्चात्य विद्वानों ने भी पर्याप्त मात्रा में विवेचन करने का प्रयत्न किया है। परन्तु उनके विचारों में किसी प्रकार का सामंजस्य उपलब्ध नहीं होता, प्रायः सभी विद्वानों ने अपने पृथक्-पृथक् विचार प्रस्तुत किए हैं, जिन विचारों का एक-दूसरे के साथ प्रत्यक्ष सम्बन्ध दिखाई नहीं देता।

कुछ विद्वानों के विचार प्रस्तुत किए जाते हैं—

1. फ़ोर्ड मेडक्स—"*साहित्य पुस्तकों की वह संसृष्टि है जिसे मनुष्य आनन्द-प्राप्ति के लिए पढ़ते हैं और पढ़ते ही चले जाते हैं।*"

2. एमर्सन—"*भव्य विचारों का संग्रह ही साहित्य है।*"

3. हडसन—"*साहित्य में केवल वे ही पुस्तकें सम्मिलित हैं जो अपने विषय एवं उनकी प्रतिपादन शैली के कारण साधारण तथा मानव के लिए उपयोगी और रुचिकर हैं।*"

इसी प्रकार अन्य विद्वानों ने भी साहित्य के सम्बन्ध में अपनी भिन्न-भिन्न सम्मतियाँ

प्रकट की हैं, परन्तु इन सम्मतियों पर सूक्ष्म मनन और चिन्तन में यह स्पष्ट हो जाता है कि साहित्य का उद्देश्य महान् और विशाल है। अब प्रश्न यह उठता है कि—उस साहित्य का मानव-जीवन के साथ क्या सम्बन्ध है?

"कला कला के लिए"—इस उक्ति के समर्थन में विद्वान् कला-साहित्य को मनुष्य की आनन्द-प्राप्ति का साधनमात्र ही स्वीकार करते हैं। कला-सृष्टि को ही साहित्य की चरम इति मानना और उसका जीवन से तनिक भी सम्बन्ध स्वीकार न करना कुछ विद्वानों के मत में उपयुक्त नहीं। वस्तुतः साहित्य और जीवन का आपस में इतना घनिष्ठ सम्बन्ध है कि एक-दूसरे को पृथक् नहीं किया जा सकता। वे तो एक-दूसरे के पूरक हैं, एक के अभाव में दूसरा अधूरा है। साहित्य के बिना जीवन में और जीवन के बिना साहित्य में नीरसता आ जाती है। जिस प्रकार सृष्टि और सृष्टिकर्ता, प्रकृति और पुरुष, तन्तु और पट, नदी और तट, कल्पना और बुद्धि एक-दूसरे से पृथक् नहीं किए जा सकते, उसी प्रकार जीवन और साहित्य का सम्बन्ध अविच्छिन्न है।

साहित्य और जीवन के अटूट सम्बन्ध का कारण है उसकी मूल स्रोतधारा—कल्पना। कुछ क्रिया-व्यापारों का नाम ही जीवन नहीं, अपितु जीवन तो प्रगतिशीलता को कहते हैं। जीवन में यह प्रगति ऊँचे आदर्शों तथा महान् दृश्य की कल्पना के द्वारा ही होती है। इस प्रकार कहा जा सकता है कि कल्पना ही जीवन की प्रेरक शक्ति है। जिस मनुष्य की कल्पना उच्च होगी उसका जीवन भी उतना ही उच्च होगा। जब किसी देश में ऐसी उच्च कल्पना-शक्ति वाले महान् पुरुष जन्म लेते हैं तो वह देश, वह राज्य, वह समाज एवं जाति उन्नति के शिखर पर पहुँचती है। दूसरी ओर साहित्य में भी कला होने के कारण कल्पना का होना अनिवार्य है। इस प्रकार एक ही तत्त्व से प्रेरणा ग्रहण करने वाले इन दो पदार्थों—साहित्य और जीवन—को पृथक्-पृथक् कैसे किया जा सकता है?

16. राष्ट्र-निर्माण में साहित्य का योगदान

जिस जाति का साहित्य जितना ही समृद्ध होगा, वह जाति उतनी ही शिष्ट एवं सुसंस्कृत होगी। इतना ही नहीं, साहित्य वह दर्पण है जिसमें किसी जाति का चरित्र और उसकी सम्पन्नता प्रतिबिम्बित होती है। साहित्य में जीवन के विविध पक्षों को व्यावहारिक रूप में प्रभावित करने की क्षमता है। साहित्य से समाज का विकास होता है, परन्तु साथ ही यह भी नितान्त सत्य है कि समाज ही साहित्य का विकास करता है। अपने ही देश और अपनी ही जाति का साहित्य जीवन के विकास में सहायक होता है। ज्ञानवर्धन के लिए अन्यान्य देशों के साहित्य का अध्ययन करना उपयोगी हो सकता है, किन्तु अपना साहित्य माता की तरह पालन-पोषण और विकास करने वाला होता है। अतः अपने साहित्य की सेवा माता के ही समान की जानी चाहिए। ज्ञान-राशि के संचित कोष का नाम 'साहित्य' है। कोई भाषा चाहे कितनी ही विकसित क्यों न हो, यदि उसका अपना साहित्य नहीं है, तो वह रूपवती भिखारिन है। मानव-जीवन में साहित्य का अत्यन्त महत्वपूर्ण स्थान है। कारण यह है कि साहित्य के अन्दर मानव-जीवन ही प्रतिबिम्बित रहता है। साहित्य

मानव के ज्ञान का भण्डार है। अपने मूल रूप से मानव जिन विचारों और भावों को परम्परा से संचित करता आया है, वे ही भाषा में लिपिबद्ध होकर साहित्य के रूप में संचित होते हैं।

साहित्य के रसास्वादन से मस्तिष्क का पोषण होता है। साहित्य रूपी भोजन यदि मस्तिष्क को न प्राप्त हो तो धीरे-धीरे मस्तिष्क निष्क्रिय हो जाता है। मस्तिष्क को यदि स्वस्थ और क्रियाशील रखना हो तो साहित्य का निरन्तर अध्ययन करना चाहिए। विकृत साहित्य मस्तिष्क को दूषित बना देता है। दूषित साहित्य से समाज को बड़ी हानि होती है। जहाँ समाज ही साहित्य का जन्मदाता है, वहाँ साहित्य भी समाज को प्रेरणा देता है और समाज के नवीन रूप को जन्म देता है। जो समाज जितना ही समृद्ध एवं विकसित होगा, उसका साहित्य भी उतना ही समृद्ध एवं विकसित होगा।

समाज पर युग की भाव-धाराओं का प्रभाव पड़ता है। साहित्य में उसका लेखा-जोखा रहता है ; किन्तु साहित्य नई प्रेरणा देकर समाज का निर्माण भी करता है। संसार के इतिहास का अध्ययन करने से विदित होता है कि जातियों की सामाजिक व राजनैतिक आदि परिस्थितियों में साहित्य ने विचित्र एवं आश्चर्यजनक परिवर्तन किये हैं। समाज में परिवर्तन लाने की जो शक्ति साहित्य में है वह तलवार, बम तथा गोलों में भी नहीं है। यूरोप में साहित्य ने धार्मिक रूढ़ियों को जड़ से उखाड़ दिया, राज्य-क्रांति और जातीय स्वातन्त्र्य के बीज बोये। साहित्य ने गिरे हुए राष्ट्रों का पुनरुत्थान किया। साहित्य ने पोप का प्रभुत्व कम किया। फ्रांस में साहित्य ने ही प्रजा की सत्ता स्थापित की। पदाक्रांत इटली का उत्थान साहित्य ने ही किया। सार यह है कि विश्व में साहित्य ने ही सब प्रकार से सामाजिक एवं राजनैतिक परिवर्तन किये। जो जाति अपने साहित्य की रक्षा अथवा नवीन साहित्य का सृजन नहीं करती, वह अज्ञानान्धकार के गर्त में गिर जाती है और एक दिन उसका नाम भी नक्शे से मिट जाता है। जो व्यक्ति साहित्य का समर्थक होकर भी उसकी सेवा, अभिवृद्धि तथा रक्षा नहीं करता, जिसे साहित्य के प्रति अनुराग नहीं है, वह समाज-द्रोही, देश-द्रोही और जाति-द्रोही है। यही नहीं, वह आत्म-द्रोही या आत्महंता भी है।

साहित्य—रूप में या कुरूप में—सबमें सौंदर्य की खोज करता है। साहित्य का कार्य है मनुष्य के लिए अलौकिक आनन्द की सृष्टि करना। इसके लिए वह सुन्दर वस्तुओं का वर्णन करता है किन्तु असुन्दर वस्तुओं का वर्णन भी उसे करना होता है। वह सब तत्त्वों का आकर्षक रूप में वर्णन करता है। यदि वह केवल सुन्दर का ही वर्णन करे, तो वह कृत्रिम हो जाए। यदि जीवन में सुख हैं, अच्छे दृश्य हैं, अच्छे मनुष्यों से सम्पर्क होता है तो जीवन में दुःख भी हैं, बुरे दृश्य भी हैं और बुरे मनुष्यों से भी सम्पर्क होता है। साहित्य में उन सबका वर्णन रहता है। साहित्य में नौ रस माने गए हैं, उन सभी का वर्णन आप सबको आनन्द प्रदान करता है। साहित्यकार वीभत्स का भी रसपूर्ण वर्णन करता है। इसीलिए भारतेन्दुकृत 'श्मशान-वर्णन' में वीभत्स रस हमारे हृदय को कोमल बनाने और आदर्श की भावना को जगाने में सहायक होता है। इससे स्पष्ट है कि साहित्य का मानव-जीवन से अभिन्न सम्बन्ध है।

17. प्रेमचन्द

प्रेमचन्द दरिद्रता में पले और दरिद्रता में ही समाप्त हो गए, फिर भी वे भारत के सर्वश्रेष्ठ साहित्यकार थे। उनकी प्रत्येक रचना के मूल में आर्थिक विषमताओं का ही हाथ है। उनकी प्रत्येक घटना इसी विषमता को लेकर आगे बढ़ती है। सेवासदन, गबन, कर्मभूमि, निर्मला और गोदान—इन सबमें मूल रूप से वही आर्थिक एवं नैतिक समस्याएँ हैं। 'निर्मला' में दहेज प्रथा ने ही अनमेल-विवाह की स्थिति पैदा की, धनाभाव के कारण ही मुंशी तोता राम के परिवार में संघर्ष चलते हैं। 'गबन' के नायक रमानाथ और 'गोदान' के होरी को अपने जीवन में इसी आर्थिक समस्या से जूझना पड़ता है। इस प्रकार प्रेमचन्द ने जिस अभिशाप को स्वयं अपने जीवन में देखा और भोगा था, उसी को उन्होंने अपने साहित्य में प्रमुख स्थान दिया।

प्रेमचन्द ने न तो अतीत के गुण गाए और न ही भविष्य की मोहक कल्पनाओं का अपने पाठकों के सामने भ्रमजाल फैलाया। उन्होंने देखा कि भारतीय समाज की दुरावस्था के कारण बाह्य बन्धन नहीं, समाज की भीतरी विषमताओं के बन्धन ही हैं। अतः उन्होंने समाज की ऐसी विषमताओं पर कठोर कुठाराघात किया। अपने किसी उपन्यास अथवा कहानी में प्रेमचन्द वर्तमान से दूर नहीं गए। वे अपने समय के सच्चे और ईमानदार कलाकार बने रहे। साहित्य यदि अपने समय के समाज का प्रतिबिम्ब है तो प्रेमचन्द का साहित्य इस परिभाषा से दूर नहीं। अपने समय का प्रभाव उन पर पूरी तरह हावी था। आर्य समाज के सामाजिक और सांस्कृतिक आन्दोलनों को तथा गाँधी जी के हरिजनोद्धार और राजनैतिक आन्दोलनों को उन्होंने अपने उपन्यासों में स्थान दिया। 'कर्मभूमि' और 'रंगभूमि' में तो इन राजनैतिक आन्दोलनों के बड़े स्पष्ट चित्र हैं। 'रंगभूमि' का सूरदास गाँधीवादी विचारधारा का ही प्रतिनिधि है।

प्रेमचन्द पावन प्रेम के उपासक थे। उनके मन का पवित्र प्रेम मानसिक कलुषता को दूर करता है और मानव-जीवन में नई ज्योति प्रदान करता है। वह प्रेम ही मनुष्य को सेवा और त्याग की ओर बढ़ाता है। जहाँ सेवा और त्याग नहीं, वहाँ प्रेम भी नहीं। प्रेमचन्द के पात्रों के लिए प्रेम का अर्थ त्याग और सेवा है। जहाँ सेवा और त्याग नहीं, वहाँ प्रेम की प्रधानता नहीं, बल्कि वासना का प्राबल्य है।

प्रेमचन्द ने बहुत विस्तृत क्षेत्र का चित्रण किया है। उनके साहित्य में निम्न और मध्य श्रेणी के ही पात्रों की प्रधानता है और इनके चित्रण में इन्हें सफलता भी मिली है। यथार्थवाद यदि हमारी आँखें खोल देता है तो आदर्शवाद ऊँचा उठा कर किसी मनोरम स्थान पर पहुँचा देता है। जहाँ आदर्शवाद में गुण हैं, वहाँ इस बात की शंका भी है कि हम ऐसे चरित्रों को न चित्रित कर बैठें, जो सिद्धान्तों के मूर्तिमात्र हों। किसी देवता की कामना करना मुश्किल नहीं है, लेकिन उस देवता में प्राण-प्रतिष्ठा करना मुश्किल है।

प्रेमचन्द की कहानियों और उपन्यासों में यथार्थ और आदर्श के समन्वय से सच्ची प्राण-प्रतिष्ठा की गई है। मानवीय दुर्बलताएँ उनके पात्रों में भी मिलती हैं, परन्तु ऐसी

दुर्बलताएँ ही तो मानव को मानव बनाती हैं, अन्यथा निर्दोष चरित्र तो देवताओं में ही मिल सकता है।

प्रेमचन्द का साहित्य उस ग्रामीण जनता का साहित्य है, जिसका जीवन अंध-विश्वास और अज्ञान में बुरी तरह पिस रहा है। उन्होंने इस जीवन को बहुत निकट से देखा था। गाँवों के किसानों को उनसे अधिक कोई नहीं जानता, उन्होंने स्वयं देखा था– *ऐसा एक आदमी भी नहीं जिसकी रोनी सूरत नहीं, मानो उनके प्राणों की जगह वेदना ही बैठी कठपुतली की तरह हमें नचा रही हो···· जीवन में न कोई आशा है न कोई उमंग।* इस जीवन का चित्र प्रेमचन्द के साहित्य में मिलेगा। इसी चित्र को उन्होंने, बिना किसी 'वाद' की ओर देखे, अपने उपन्यासों में चित्रित किया है। यही कारण है कि प्रेमचन्द अपने पात्रों को एक ऐसा सजीव रूप देते हैं कि पाठक की सहानुभूति उन्हें सहज में ही प्राप्त हो जाती है।

प्रेमचन्द को पुरुष-पात्रों के चरित्र-चित्रण में जितनी सफलता मिली, उतनी नारी-पात्रों के चरित्र-चित्रण में भी मिली। 'कर्मभूमि' के नारी-पात्रों में सकीना, सुखदा, नीना, 'गोदान' में झुनिया, मालती और 'निर्मला' में निर्मला का चरित्र इन उपन्यासों के पुरुष-पात्रों से कुछ कम नहीं है। प्रेमचन्द के साहित्य में समाज के हर वर्ग के पात्रों का चरित्र अपने-अपने अनुरूप समान स्थान पाता गया है। उपन्यासों के अतिरिक्त प्रेमचन्द ने 300 कहानियाँ भी लिखीं, जो अब तक अप्रतिम हैं।

भाषा की दृष्टि से प्रेमचन्द एक महान् कलाकार थे। इस दृष्टि से तुलसी और भारतेन्दु के बाद प्रेमचन्द ही ऐसे लेखक हुए हैं, जिन्होंने इतनी सरल हिन्दी लिखी। इनसे पूर्व हिन्दी लेखक बँगला का पूरा अनुकरण करते रहे थे।

18. महर्षि दयानन्द और हिन्दी

अहिन्दी-भाषी होते हुए भी महर्षि दयानन्द पहले व्यक्ति थे जिन्होंने हिन्दी को सम्पूर्ण देश की भाषा बनाने का क्रियात्मक प्रयत्न किया था। पहले वे संस्कृत में भाषण किया करते थे और संस्कृत में ही ग्रन्थ-रचना करते थे, पर बाद में सन् 1873 में ब्रह्म-समाज के नेता श्री केशवचन्द्र सेन (जो स्वयं अंग्रेज़ी का प्रयोग करते थे) के परामर्श से अंग्रेज़ी सीखनी स्वीकार न कर उन्होंने हिन्दी में भाषण देना और हिन्दी में ही ग्रंथ-रचना का कार्य आरम्भ कर दिया। गुजराती पर भी उनका सम्पूर्ण अधिकार था, पर कभी उन्होंने गुजराती का अनावश्यक प्रयोग नहीं किया, कोई ग्रंथ गुजराती में नहीं लिखा। यहाँ तक कि गुजरात और बम्बई में पहुँच कर भी उन्होंने हिन्दी (जिसे वे आर्यभाषा कहते थे) का ही प्रयोग किया। दयानन्द का हिन्दी प्रयोग ऐतिहासिक दृष्टि से महत्त्वपूर्ण है।

महर्षि दयानन्द का मत था कि हिन्दी द्वारा समस्त विशृंखलित भारत को एकता के सूत्र में पिरोया जा सकता है। दयानन्द ने बम्बई में आर्य समाज का संगठन करते हुए आर्य समाज के पाँचवें नियम में संस्कृत और आर्यभाषा हिन्दी का पुस्तकालय स्थापित

करना तथा 'आर्य प्रकाश' नामक हिन्दी पत्र निकालना समाज के लिए आवश्यक ठहराया। लाहौर के संगठन संस्कार में एक उपनियम बनाकर सब आर्य समाजियों के लिए हिन्दी सीखना आवश्यक कर दिया।

राष्ट्रभाषा के प्रति अगाध निष्ठा—मथुरा में सन् 1874 में संस्कृत के प्रकाण्ड विद्वान् दयानन्द को हिन्दी में बातचीत करते हुए देखकर जवाहर दास जी ने कहा कि आपको संस्कृत में ही बोलते रहना चाहिए। परन्तु दयानन्द ने उनको समझा दिया कि लोकभाषा में उपदेश देने से अधिक मनुष्यों का हित होता है। हरिद्वार में एक दिन दयानन्द अपने आसन पर बैठे कुछ समझा रहे थे, बीच में एक सज्जन ने निवेदन किया—''यदि आप अपनी पुस्तकों का अनुवाद करा कर फ़ारसी में छपवा दें, तो पंजाब आदि प्रांतों में जो लोग नागरी अक्षर नहीं जानते, उनको आर्य धर्म को जानने में बड़ी सुविधा हो जाए।'' महर्षि दयानन्द ने उत्तर दिया—''अनुवाद तो सिर्फ़ विदेशियों के लिए हुआ करता है। नागरी के अक्षर थोड़े ही दिनों में सीखे जा सकते हैं। आर्य भाषा का सीखना कोई कठिन काम नहीं है। फ़ारसी और अरबी शब्दों को छोड़कर इस देश की सभ्य भाषा ही आर्यभाषा है। यह अति कोमल और सुगम है। जो इस देश में उत्पन्न होकर अपनी भाषा को सीखने में कुछ परिश्रम नहीं करता, उससे और क्या आशा की जा सकती है। उसमें धर्म के प्रति लगन है, इसका भी क्या प्रमाण है? आप तो अनुवाद की सम्मति देते हैं, परन्तु दयानन्द के नेत्र तो वह दिन देखना चाहते हैं कि जब काश्मीर से कन्याकुमारी तक, अटक से कटक तक नागरी अक्षरों का ही प्रचार होगा। मैंने आर्यावर्त-भर में भाषा का एक सम्पादन करने के लिए ही अपने ग्रन्थ आर्यभाषा में लिखे और प्रकाशित किये हैं।''

सहयोगियों से निरंतर आग्रह—हिन्दी को समादरित करने के लिए उन्होंने स्वयं ही हिन्दी का प्रयोग नहीं किया, वरन् इसके प्रचार-प्रसार के लिए वे अत्यन्त सतर्क थे। 14 अगस्त 1882 को दयानन्द ने लाला कालीचरण जी को पत्र में लिखा कि—आप लोग जहाँ तक हो सके, आर्यभाषा को राजकार्य में प्रवृत्त कराने हेतु शीघ्र प्रयत्न कीजिए।

दयानन्द व्यवहार में नागरी लिपि के प्रयोग के विषय में अत्यन्त सतर्क थे। उन्होंने 20 नवम्बर 1878 को श्यामजी कृष्ण वर्मा को पत्र लिखा कि—*''अंकों को बाँधकर अंग्रेज़ी और नागरी में लिखना।''* उनके इस आदेश का एक बार पालन न करने पर उन्होंने दुबारा लिखा कि—*''अबकी बार भी वेदभाषा के लिफाफे के ऊपर देवनागरी नहीं लिखी गई। जो कहीं ग्राम में अंग्रेज़ी पढ़ा न होगा तो अंक वहाँ कैसे पहुँचते होंगे और ग्रामों में देवनागरी पढ़े बहुत होते हैं, इसलिए तुम बाबू हरिश्चन्द्र चिंतामणि जी से कहो कि अभी इस पत्र के देखते ही देवनागरी जानने वाला मुंशी रख लेवें।''* इस प्रकार हिन्दी का प्रयोग वे जन-सामान्य के लिए आवश्यक समझते थे।

महाराजाओं को भी हिन्दी की प्रेरणा—दयानन्द ने राजस्थान में वहाँ के महाराजाओं को हिन्दी में काम करने की प्रेरणा दी। उदयपुर के महाराणा श्री सज्जन सिंह के लिए दिनचर्या आदि नियम लिखते हुए उन्होंने सातवें नियम में लिखा, *''सदा सनातन*

वेदशास्त्र आर्य राजपुरुषों की नीति पर निश्चित रहकर इनकी उन्नति तन-मन-धन से सदा किया करें। उनके विरुद्ध भाषाओं की प्रवृत्ति उन्नत न करें व करावें।" साथ ही उन्होंने उदयपुर के महाराणा को प्रेरणा दी कि न्यायालयों में सारा काम हिन्दी भाषा में हो। उन्होंने कानून की पुस्तकों में अरबी के कठिन शब्दों के पर्यायवाची हिन्दी के उपयोगी शब्द बता दिये। आधुनिक संदर्भ में स्वामी जी के इस कार्य का बहुत अधिक महत्त्व है।

यह उल्लेखनीय्र है कि वे सरल शुद्ध भाषा लिखने के पक्ष में थे। अपने लेखक ज्वालादत्त को उन्होंने कई बार शुद्ध और सरल भाषा लिखने का आदेश दिया। यद्यपि यह तथ्य है कि भाषा में क्रमिक विकास होता है, इसलिए आज हिन्दी पूर्वापेक्षा काफी विकसित हुई है। 19 अगस्त 1883 को समर्थ दास जी को एक पत्र में उन्होंने लिखा कि–*"ज्वालादत्त भाषा भी अच्छी नहीं बनाता। कहीं अपनी ग्रामीण भाषा लिख देता है।"* अपने वेद भाष्य के सम्बन्ध में उन्होंने कहा कि–*"मैंने इसका पूरा ध्यान रखा है कि संस्कृत और आर्यभाषा दोनों का सरल प्रयोग करूँ ताकि उसे सभी समझ सकें।"*

अन्य भाषाओं के प्रति आदर भाव–यहाँ यह भी उल्लेखनीय है कि दयानन्द हिन्दी के पक्षपाती होते हुए भी किसी भाषा से द्वेष नहीं करते थे। वे अंग्रेज़ को अंग्रेज़ी में तथा मुसलमान को फ़ारसी में पत्र लिखवाते थे। पर साथ ही उनसे यह आशा करते थे कि वे उन्हें हिन्दी में पत्र लिखें। उन्होंने अनेक विदेशी मित्रों को नागरी सीखने की प्रेरणा दी। विशेष रूप से एच०एस० आल्का और मेडम लेवदस्की को हिन्दी सीखने पर बल दिया। एक पत्र में उन्होंने लिखा–*"यह सुनकर कि आपने नागरी पढ़नी आरम्भ कर दी, मन बहुत प्रसन्न हुआ।"*

दयानन्द भारतवर्ष के प्रत्येक व्यक्ति के लिए नागरी सीखना तो आवश्यक समझते ही थे, पर साथ ही अन्य प्रान्तीय लिपियों के सीखने पर भी बल देते थे। उन्होंने 'सत्यार्थ प्रकाश' के 'द्वितीय समुल्लास' में लिखा है कि–*"जब पाँच-पाँच वर्ष के लड़का-लड़की हों तब देवनागरी अक्षरों का अभ्यास करावें, अन्य देशीय (प्रादेशिक) भाषाओं के अक्षरों का भी।"* 'सत्यार्थ प्रकाश' के 'चतुर्थ समुल्लास' में उन्होंने वैश्य (व्यापारी) के लिए देशों (सभी प्रदेशों) की भाषा जानने पर बल दिया है।

दयानन्द का ऋषि बोधोत्सव दिवस मनाते हुए हमें राष्ट्रीय एकता की प्रतीक हिन्दी के प्रचार-प्रसार का संकल्प लेना चाहिए।

19. साहित्य और समाज

"'साहित्य' शब्द से 'मिलने' के भाव का बोध होता है। वह केवल भाव-भाव का, भाषा-भाषा का, ग्रन्थ-ग्रन्थ का मिलन नहीं, अपितु मानव के साथ मानव का, अतीत के साथ वर्तमान का, दूर के साथ निकट का अत्यन्त अंतरंग मिलन भी है। जो कि साहित्य के अतिरिक्त किसी अन्य विधा में मिलना सम्भव नहीं है।" –रवीन्द्रनाथ ठाकुर

साहित्य और समाज का सम्बन्ध अत्यन्त घनिष्ठ है। साहित्यकार समाज का ही एक अंग होता है। वह समाज में ही जन्म लेता है, समाज में ही रहकर वह चिन्तन और

मनन करता है। समाज से प्रभाव ग्रहण करके ही वह साहित्य-रचना करता है। साहित्यकार समाज की भावनाओं को अभिव्यक्ति प्रदान करता है। वस्तुतः समाज के अभाव में साहित्य की कल्पना ही नहीं की जा सकती। डॉ० गुलाब राय ने जीवनधारा की आनन्दमयी अभिव्यक्ति को साहित्य की संज्ञा दी है। साहित्यकार अपने युग का प्रतिनिधि होता है, वह सामाजिक गतिविधियों का सूक्ष्म पर्यवेक्षण करता है और अपने सामाजिक अनुभवों को अभिव्यक्ति प्रदान करता है।

साहित्य के द्वारा साहित्यकार अपने समाज का यथार्थ चित्र प्रस्तुत करता है इसीलिए साहित्य को समाज का दर्पण कहा गया है। डॉ० गुलाब राय ने साहित्य और समाज के सम्बन्ध को स्पष्ट करते हुए कहा है–*"साहित्य मनुष्य-जाति के सामाजिक सम्बन्धों को और भी दृढ़ बनाता है क्योंकि उसमें मनुष्य-जाति का सम्मिलित हित रहता है, सम्मिलित हित और आनन्ददायिनी शक्ति के कारण ही साहित्य संरक्षणीय बनता है।"*

समाज और साहित्य के सम्बन्ध के विषय में डॉ० श्यामसुन्दर दास के विचार दृष्टव्य हैं–*"सामाजिक मस्तिष्क अपने पोषण के लिए जो भाव-सामग्री निकालकर समाज को सौंपता है, उसके संचित भण्डार का नाम साहित्य है। अतः किसी जाति के साहित्य को हम जाति की सामाजिक शक्ति या उसका सभ्यता-निर्देशक कह सकते हैं, वह उसका प्रतिरूप, प्रतिच्छाया या प्रतिबिम्ब कहला सकता है। जैसी उसकी सामाजिक अवस्था होगी, वैसा ही उसका साहित्य होगा।*

मनुष्य की सामाजिक स्थिति के विकास में साहित्य का प्रधान योग रहता है....।"

साहित्यकार समाज को दिशा प्रदान करता है। समाज में बहुत-से लोग घटिया प्रवृत्ति के होते हैं। वे समाज को कोढ़ग्रस्त कर देते हैं। साहित्यकार इस वर्ग का विरोध करता है। साहित्यकार जनता के हृदय से अज्ञानान्धकार दूर करता है तथा उसकी सुप्त आत्मा को जाग्रत करता है। साहित्यकार अपने साहित्य के द्वारा क्रान्ति को जन्म दे सकता है। महान् साहित्यकार जन-समाज के हृदय-परिवर्तन की क्षमता रखता है।

अनेक विद्वान् यह स्वीकार करते हैं कि साहित्य का समाज से विशेष सम्बन्ध नहीं होता। ये विद्वान् *'कला कला के लिए'* के सिद्धांत में आस्था रखते हैं। वस्तुतः साहित्य समाज से कहीं-न-कहीं अवश्य जुड़ा रहता है। महान् साहित्यकारों का साहित्य देश-कालातीत हो जाता है। कालिदास, तुलसी, सूर, कबीर, टालस्टॉय तथा शेक्सपीयर आदि ऐसे ही साहित्यकार हैं जिनके साहित्य का सम्बन्ध पूर्ण मानव-समाज से है।

अनेक साहित्यकार प्रलोभन अथवा भय के वश में होकर ऐसे साहित्य का निर्माण भी करते हैं जो समाज के लिए हितकारी नहीं होता। कई साहित्यकार विशिष्ट राजनैतिक दलों अथवा नेताओं के हाथों बिक जाते हैं। वे उनकी प्रशंसा करना तथा समाज को गुमराह करना ही अपना एकमात्र कर्त्तव्य समझते हैं। कुछ साहित्यकार अपने साहित्य के यथार्थवादी चित्रण के नाम पर उद्दाम काम-वासना का चित्रण करते हैं। यथार्थवाद के नाम पर स्त्री-पुरुष के शारीरिक सम्बन्धों का नग्न-चित्रण उचित नहीं कहा जा सकता। इस प्रकार का साहित्य समाज को विनाश-पथ की ओर ले जाता है।

साहित्यकार समाज को सही दिशा देने का प्रयास करता है, वह सामाजिक अन्ध-विश्वासों एवं बुराइयों पर तीखा प्रहार करता है। सामाजिक रूढ़ियों एवं आडम्बरों को दूर करने में उसका महत्त्वपूर्ण योगदान होता है। हिन्दी में कबीर, नानक तथा रैदास आदि के साहित्य ने जन-समाज को बहुत अधिक प्रभावित किया। कबीर के पद भटके हुए मानव को सही दिशा की ओर उन्मुख करते हैं। कबीर ने अपने समय के आडम्बर-प्रिय तथा धार्मिकता का ढोंग करने वाले व्यक्तियों को फटकारते हुए कहा–

मुखड़ा क्या देखे दरपन में,
तेरे दया धरम नहीं मन में।
ऐंठी धोती पाग लपेटी तेल चुआ जुलफ़न में,
गली-गली की सखी रिझाई दाग लगाया तन में।

सन्त कवियों नें मूर्ति-पूजा का प्रबल विरोध किया था। उन्होंने साकारवादियों को फटकारते हुए कहा–

चारि भुजा के भजन में, भूलि पड़े सब सन्त।
कबिरा सुमिरै तासु को, जाकी भुजा अनन्त।।

हिन्दी में तुलसीदास तथा सूरदास आदि कवियों ने समाज में भक्ति-भावना का प्रबल प्रचार किया। तुलसी के 'रामचरितमानस' ने उत्तर भारत की जनता को विशेष रूप से प्रभावित किया। तुलसीदास ने हिन्दू-जाति को नवजीवन प्रदान किया। 'रामचरितमानस' पराधीन हिन्दू-जाति के लिए संजीवनी बूटी सिद्ध हुआ। इससे जन-समाज के हृदय में धर्म के प्रति आस्था एवं निष्ठा उत्पन्न हुई। मीरा के पदों का भी समाज पर गहरा प्रभाव पड़ा। मीरा के पद जन-समाज का हृदय स्पर्श करने में समर्थ रहे। भक्त कवियों की भक्ति-भावना का समाज पर गहरा प्रभाव पड़ा।

युग के अनुरूप साहित्य में भी परिवर्तन होता रहता है। हिन्दी में आदिकाल से सम्बन्धित साहित्य अपने समय के वातावरण को सजीव रूप में प्रस्तुत करने में समर्थ है। आदिकाल के साहित्य से ज्ञात होता है कि तत्कालीन राजा किस प्रकार युद्धों के प्रति रुचि रखते थे। शरणागत की रक्षा के लिए वे किस प्रकार अपना शीश तक बलिदान कर सकते थे। सुन्दर नारियों को प्राप्त करने के लिए वे अपने प्रतिद्वन्द्वी राजाओं से युद्ध करने के लिए तत्पर हो जाते थे। आदिकालीन साहित्य यह स्पष्ट करता है कि उस समय, "*जाकी बिटिया सुन्दर देखी, ता पर जाय धरी तलवारि*" की स्थिति थी। भक्तिकालीन साहित्य तत्कालीन जनता की धार्मिक अभिरुचि को स्पष्ट करने में समर्थ है। निर्गुण तथा सगुणमार्गी कवियों की रचनाओं का समाज पर गहरा प्रभाव पड़ा। रीतिकालीन साहित्य अपने युग की विलासिता को चित्रित करने में सफल रहा है। रीतिकालीन साहित्य से यह ज्ञात होता है कि उस समय जन-समाज विलासिता के विनाशमय पथ पर अग्रसर हो रहा था। राधा-कृष्ण के नाम पर कवियों ने अपनी विलास-भावना को प्रदर्शित किया। रीतिकाल के साहित्य का अध्ययन करने पर उस काल की सामाजिक मनोभावनाओं का

सुन्दर परिचय मिलता है। उस युग में रसिक युवक नवयौवनाओं के सौन्दर्य-उपवन में भ्रमर की तरह गुंजार करते थे। नायिकाएँ चन्द्र-ज्योत्स्ना में अभिसार के लिए जाती थीं।

जुवति जोन्ह में मिलि गई, नैकु न परत लखाइ।
सौंधे के डोरे लगी, चली अली सँग जाइ।।

रसिक नवयुवकों की दृष्टि तन्वंगी नायिकाओं के उन्नत उरोजों एवं पुष्ट नितम्बों पर ही केन्द्रित रहती थी। 'रति' सुख को ही वास्तविक मोक्ष माना जाता था।

आधुनिक युग का साहित्य भी वर्तमान समाज की दशा उभारने में सक्षम है। वर्तमान युग में अधिकांश व्यक्ति विभिन्न प्रकार की कुण्ठाओं की दीवारों में बन्दी हैं। राजनीति का स्वरूप अत्यन्त भ्रष्ट हो गया है। जन-समाज में असुरक्षा की भावना बढ़ रही है। समाज में अनैतिकता बढ़ती जा रही है। आधुनिक साहित्य में इन सभी स्थितियों का अंकन मिलता है। कवि मुक्तिबोध की एक कविता में वर्तमान सामाजिक स्थिति का अंकन इस प्रकार हुआ है–

मुझे भ्रम होता है कि प्रत्येक पत्थर में
चमकता हीरा है।
हर एक छाती में आत्मा अधीरा है,
प्रत्येक सुस्मित में विमल सदानीरा है,
मुझे भ्रम होता है प्रत्येक वाणी में महाकाव्य पीड़ा है।

साहित्य और समाज का अटूट सम्बन्ध है। साहित्य का लक्ष्य मानव-कल्याण है और मानव समाज की इकाई है। इस प्रकार स्पष्ट है कि साहित्य और समाज के सम्बन्ध को चुनौती नहीं दी जा सकती।

20. आधुनिक समाज पर फ़ैशन का प्रभाव

आधुनिक समाज में फ़ैशन की प्रवृत्ति निरन्तर बढ़ती जा रही है। आधुनिक नवयुवक तथा नवयुवतियाँ फ़ैशन की अन्धी दौड़ में समान रूप से भाग रहे हैं। पुरानी पीढ़ी के व्यक्ति नई पीढ़ी की नित्य परिवर्तनशील वेश-भूषा के प्रति क्षोभ प्रकट करते हैं। स्त्रियाँ स्वभाव से ही श्रृंगार-प्रिय होती हैं, परन्तु आधुनिक समाज में स्त्रियों के साथ पुरुष भी इस क्षेत्र में शीघ्रता से अग्रसर हो रहे हैं। इस सन्दर्भ में एक प्रश्न यह उभरता है कि जन-समाज में फ़ैशन के प्रति निरन्तर बढ़ती हुई रुचि का क्या कारण है? वस्तुतः प्रत्येक व्यक्ति के मन में स्वयं को दूसरों के समक्ष सुन्दर एवं आकर्षक रूप में प्रस्तुत करने की भावना विद्यमान रहती है। फ़ैशन से मनुष्य का व्यक्तित्व तराशे हुए हीरे के टुकड़े की तरह निखर उठता है। इसके अतिरिक्त व्यक्ति-मन में नवीनता के प्रति एक विशेष आग्रह रहता है। फ़ैशन के द्वारा व्यक्ति के मन को सन्तुष्टि मिलती है। समाज में जो व्यक्ति परम्परा-प्रिय होने के कारण फ़ैशन से घृणा करते हैं उन्हें सामाजिक सम्मान से

वंचित रहना पड़ता है। समाज ऐसे व्यक्तियों को 'लकीर के फकीर' की संज्ञा देता है। गुण-सम्पन्न होने पर भी ऐसे व्यक्तियों को उपेक्षा की दृष्टि से देखा जाता है। फ़ैशन के प्रति अरुचि प्रकट करने वाले लोग प्रायः हीनता की भावना सें ग्रस्त होते हैं।

फ़ैशन का सम्बन्ध सम्पूर्ण मानव-समाज से है। विश्व के सभी देशों के लोग प्रचलित फ़ैशन के अनुसार स्वयं को आकर्षक रूप में प्रस्तुत करने का प्रयास करते हैं। संस्कृति एवं जलवायु का भी फ़ैशन से गहरा सम्बन्ध होता है। पाश्चात्य देशों में फ़ैशन की होड़ बहुत तीव्र है। फ्रांस में स्त्रियाँ प्रायः नित्य ही नवीन फ़ैशन के वस्त्र धारण करती हैं। पाश्चात्य देशों में आजकल हल्के परिधानों की परम्परा में एक नया फ़ैशन चला है जिसे 'स्ट्रिंग' कहा जाता है। पाश्चात्य महिलाओं ने इस नूतन परिधान के प्रति विशेष रुचि प्रदर्शित की है, एक डोर से बँधा यह त्रिकोणी परिधान पर्याप्त लोकप्रियता प्राप्त कर चुका है। अमरीकी समाज में इसे 'मिनी बिकनी' की संज्ञा दी गई है। इस परिधान का आकार भारत के साधुओं द्वारा पहनी जाने वाली कोपीन के समान है। केलीफोर्निया से न्यूयार्क तक नवयौवनाओं ने इस परिधान के प्रति गहरी रुचि प्रदर्शित की है। पाश्चात्य देशों की शृंगार-प्रिय रसिकाएँ अपनी साँचे में ढली गौर वर्णी देह को अधिकाधिक प्रदर्शित करना चाहती हैं, इसलिए इस लघु परिधान को वहाँ की नवयौवनाओं ने सहज भाव से अपना लिया है।

फ़ैशन का सम्बन्ध केवल आधुनिक युग से ही नहीं है, बल्कि आदिम काल से ही फ़ैशन के प्रति मानव का झुकाव रहा है। प्राचीन समय में मानव हड्डियों की माला धारण करके सन्तुष्टि अनुभव करता था। समय का रथ-चक्र घूमता रहा और इसके साथ ही फ़ैशन का रूप भी बदलता रहा। प्राचीन मूर्तियों को देखकर यह बात ज्ञात होती है कि हज़ारों वर्ष पहले भी भारतीय नारियाँ विभिन्न प्रकार के केश-विन्यास करती थीं। प्राचीन युग में 'स्नान-चूर्ण' एवं 'गन्दोदक' से केशों को साफ किया जाता था। अजन्ता-एलोरा की गुफाओं में बने भित्ति-चित्रों में रमणियों के सुदर्शन जूड़ों को देखकर आज भी कला-पारखी मुग्ध हो उठते हैं। प्राचीन ग्रंथों में उल्लेख मिलता है कि स्त्रियाँ अपने पतियों को रिझाने के लिए सोलह शृंगार करती थीं। 'अंतराग' के प्रयोग से गत यौवनाएँ भी स्वयं को किशोरियाँ समझने लगती थीं। 'तमाल पत्र', 'अगरु', 'उरगसार', 'धूपचूर्ण', 'पीत चन्दन', 'सिंह चन्दन', 'तमरचूर्ण', 'पुण्डरीक चूर्ण' तथा 'चन्दन चूर्ण' आदि के प्रयोग से स्त्रियाँ अपने आस-पास के वातावरण को दिव्य सुगन्ध से परिपूर्ण कर देती थीं। भारत में बने वस्त्र विदेशों में भी निर्यात होते थे। पारदर्शी वस्त्रों में नारियों के अंग-प्रत्यंग आभा विकीर्ण करते थे। एक रोम लेखक के अनुसार- *"रोम की स्त्रियों को भारतीय वस्त्रों के प्रति एक अनोखा मोह था, इसका एक कारण यह भी था कि बनी हुई हवा के जाले पहने वे अपने सौन्दर्य का प्रदर्शन कर सकती थीं।"* मध्यकाल में स्त्रियाँ विभिन्न प्रकार से नख-सज्जा भी करती थीं।

आधुनिक युग में नवयुवक तथा नवयुवतियाँ पश्चिमी देशों में प्रचलित फ़ैशनों की नकल करना गौरव की बात समझते हैं। विदेशी फ़ैशन की बढ़ती हुई होड़ भारतीय संस्कृति

के लिए घातक सिद्ध हो रही है। नवयौवनाएँ फ़ैशन का अर्थ अंग-प्रदर्शन करना ही समझने लगी हैं। पाश्चात्य सभ्यता की रतौंधी से अन्धी हो चुकी भारतीय रमणियाँ आयातित 'जापानी शिज़ोन', 'बैमबर्ग', 'जोर्जट' धारण करना गौरव की बात समझती हैं। 'मैक्सफेक्टर' की आइ-ब्रो पेंसिल के बिना वह अपनी भौंहों का शृंगार करने में स्वयं को असमर्थ पाती हैं। स्त्रियों की लहराती श्यामल केश-राशि को देखकर मन में सहज ही यह प्रश्न उठता है कि यह केश-राशि व्यक्तिगत सम्पत्ति है अथवा दुकान से खरीदी हुई वस्तु है। डॉ० सरोजनी प्रीतम के शब्दों में—

घनी कजरारी केश राशि देखकर
बोले उनसे "प्रिय,
डाई इस्तेमाल करती हो कब से?"

पाश्चात्य देशों के फ़ैशन का भारतीयों के मानस पर गहन प्रभाव होता है। अमरीका और इंग्लैंड में प्रचलित होने वाले फ़ैशन कुछ समय के पश्चात् प्रायः भारत में प्रचलित हो जाते हैं। 'स्कर्ट', 'स्लैक्स', 'बेल-बॉटम', 'फ़्लेयर' तथा 'जीन्स' आदि परिधान भारतीयों पर विदेशी फ़ैशन के प्रभावस्वरूप ही प्रचलित हुए हैं। आजकल शहरों में नवयुवक तथा नवयुवतियाँ जीन्स जैसे परिधान को समान रूप से अपनाए हुए हैं। विदेशी पत्रिकाओं में फ़ैशन सम्बन्धी लेख भी प्रकाशित होते रहते हैं। इन परिधानों को भारत के तथाकथित आधुनिक लोग अपनाकर गौरव का अनुभव करते हैं। वर्तमान युग की किशोरियाँ प्रायः पुरुषों जैसी वेश-भूषा धारण करके अपने अहम् को सन्तुष्ट करती हैं। पिछले दिनों नवयुवकों तथा नवयुवतियों ने पठानी सूट को समान रूप से अपनाया था। आजकल अधिकांश नवयुवतियाँ नवयुवकों जैसे केश रखना पसन्द करती हैं। वेश-भूषा तथा हेयर स्टाइल की समानता के कारण कई लोग नवयुवतियों को भ्रम से नवयुवक समझ लेते हैं। फ़ैशन पर चलचित्रों का भी बहुत अधिक प्रभाव पड़ता है। आजकल के नवयुवक तथा नवयुवतियाँ शाहरूख खान, आमिर खान, संजय दत्त, माधुरी दीक्षित, जूही चावला आदि को ही अपना आराध्य देवता मानते हैं। ये अभिनेता तथा अभिनेत्रियाँ चलचित्रों में नवीन फ़ैशन की वेश-भूषा धारण करके आते हैं। युवक तथा युवतियाँ इन्हीं अभिनेताओं तथा अभिनेत्रियों जैसी वेश-भूषा धारण करना अनिवार्य समझते हैं।

फ़ैशन का स्वास्थ्य पर भी कुप्रभाव पड़ता है। अधिक चुस्त कपड़े पहनने से शरीर में विभिन्न प्रकार के रोग हो सकते हैं। शैम्पू तथा डाई का प्रयोग केशों के स्वाभाविक सौन्दर्य को नष्ट कर देता है। इण्टीमेट का प्रयोग करने वाले व्यक्ति की शक्ति शीघ्र ही शिथिल हो जाती है। लिपस्टिक का अधिक प्रयोग होंठों के स्वाभाविक सौन्दर्य को नष्ट कर देता है तथा इससे फेफड़ों का रोग होने की सम्भावना भी रहती है। क्रीम, पाउडर तथा रूज़ आदि का अधिक प्रयोग भी स्वास्थ्य के लिए घातक सिद्ध होता है। आधुनिकाएँ धूम्रपान करना एवं मदिरापान करना भी फ़ैशन के अन्तर्गत समझती हैं। धूम्रपान कैंसर जैसे भयानक रोगों को जन्म देता है।

21. नारी और नौकरी

प्रश्न उठता है कि--नारी को नौकरी के क्षेत्र में क्यों आना पड़ा? पुरुष की दासी कहलाने वाली नारी व्यक्तिगत स्वतन्त्रता को खो बैठी थी। पुरुष जब चाहता था उसे अपनी वासनाओं की पूर्ति का माध्यम बनाकर उसके सामने दो रोटी के टुकड़े फेंक देता था। जैसे नारी के रूप में जन्म लेना ही उसका अपराध था। लेकिन बीसवीं शताब्दी के आरम्भ में शिक्षा ने उसके मन और बुद्धि की शताब्दियों से बन्द खिड़कियों को खोल दिया। उसमें चेतना का उजाला एक प्रश्न-चिह्न बनकर आ गया कि—आखिर कब तक तुम इस तरह उपेक्षिता बनी रहोगी ?

वस्तुतः आज हमारे पारिवारिक जीवन में भी क्रांतिकारी परिवर्तन हो रहे हैं। आज हमारी आवश्यकताएँ पहले की अपेक्षा कहीं अधिक बढ़ गई हैं। पहले एक व्यक्ति कमाता था तो सारे परिवार का निर्वाह हो जाता था, लेकिन आज अक्सर यही सुना जाता है कि परिवार में सब कमाते हैं फिर भी पूरा नहीं पड़ता। नौकरी करने वाली नारी परिवार को निश्चित ही आर्थिक दृष्टि से योगदान देकर अपने पुरुष होने का परिचय दे रही है। आज अनेक परिवार ऐसे भी मिल जाएँगे जहाँ घर में पिता अधिक वृद्ध हो जाने के कारण नौकरी करने में असमर्थ है, कोई बड़ा लड़का भी नहीं है। ऐसी स्थिति में नारी नौकरी करते हुए अपने परिवार की दीवारों को टूटने से बचा लेती है। नारी और नौकरी के विषय पर ऊषा प्रियंवदा कृत 'पचपन खम्भे लाल दीवारें' उपन्यास भी है। इसकी नायिका सुषमा एक कॉलेज में लैक्चरार-कम-होस्टल वार्डन है। वह नौकरी करके अपने छोटे भाई-बहिनों को पढ़ाती-लिखाती भी है।

नौकरी करने के कारण आज नारी में स्वाभिमान की भावना आ गई है। अब हीनता की ग्रन्थि का 'ट्यूमर' उसे परेशान नहीं करता। आज से कुछ वर्ष पहले की इस कहावत को उसने बदलकर रख दिया है—

A dog, a wife, and a walnut tree,
More you beat them better they be.

इस वास्तविकता से भी इन्कार नहीं किया जा सकता कि नौकरी करने के कारण उसमें अधिक व्यवहार-कुशलता आ गयी है। आज जब वह एक कार्यालय में बैठकर तरह-तरह के लोगों से मिलती है, उनके चेहरों को पढ़ती है तो उसमें ज़िन्दगी को समझने की शक्ति भी प्रबल हो जाती है। नौकरी ने उसे स्वाभिमान के साथ जीना सिखा दिया है। इसीलिए अब वह खिसियानी बिल्ली की तरह खम्भा नहीं नोंचती।

इतना ही नहीं, नौकरी करने के कारण वह आज देश और जाति का उत्थान भी कर रही है। एक डॉक्टर बनकर वह केवल पैसे ही कमाकर ही घर नहीं लाती, अपितु अनेक रोगियों को मौत के मुँह से निकालकर उन्हें नवजीवन भी प्रदान करती है। इसी प्रकार एक पुलिस इन्स्पेक्टर, एक सैनिक और एक इंजीनियर के रूप में नारी देश के निर्माण में जो भूमिका प्रस्तुत कर रही है उसे कोई नकार नहीं सकता।

—

22. मद्य-निषेध

आधुनिक समाज में सुरापान का भयंकर रोग अत्यन्त तीव्रता से फैलता जा रहा है। भारतीय समाज युग-युगान्तरों से इस अभिशाप से ग्रस्त रहा है, परन्तु वर्तमान युग में मद्य-पान को व्यक्ति जीवन की अनिवार्य आवश्यकता समझने लगा है। प्राचीन युग में देवता सोमरस का पान करते थे परन्तु 'सोम' और 'सुरा' पर्यायवाची हैं, यह निश्चित रूप से नहीं कहा जा सकता। संस्कृत के स्मृति एवं नीति-ग्रन्थों में मदिरापान का विरोध किया गया है। मदिरा को 'महापातक' की संज्ञा दी जाती है।

सुरापान प्राचीन काल से आधुनिक काल तक किसी-न-किसी रूप में प्रचलित रहा। आधुनिक युग में पुरुष-समाज के साथ-साथ नारी-समाज में भी मद्यपान का फ़ैशन बढ़ता जा रहा है।

मनुष्य खुशियाँ मना रहा हो या विषाद में डूबा हुआ हो, वह मदिरा पीना अनिवार्य समझता है। उत्सवों में तो शराब का प्रयोग पानी की तरह किया जाता है। शराब के सरकारी ठेकों पर सभी तरह के लोग उपस्थित रहते हैं। पंक्तिबद्ध लोग शराब की बोतल की प्रतीक्षा में इतने व्यग्र रहते हैं, जैसे प्रेमी अपनी प्रेमिका के लिए शराब। की बोतल को ग्रहण करके मदिरासेवी व्यक्ति का हृदय खिल उठता है।

शराब पीना स्वास्थ्य के लिए अत्यन्त हानिकारक है। शराब में अल्कोहल होता है, जो स्वास्थ्य का विनाश करने में अत्यन्त समर्थ है।

शराब पीने से बहुत-से व्यक्तियों को केंसर हो जाता है। कहा जाता है कि पहले व्यक्ति शराब पीता है और कुछ समय के पश्चात् शराब व्यक्ति को पीना प्रारम्भ कर देती है। वस्तुत: इस तथ्य की सत्यता में सन्देह नहीं किया जा सकता कि शराब व्यक्ति का खून पी लेती है। व्यक्ति का शरीर धीरे-धीरे शक्तिहीन होता चला जाता है और एक दिन ऐसी स्थिति आती है जब मदिरा से व्यक्ति यह महसूस करने लगता है कि उसकी शिराओं में रक्त नहीं, बल्कि शराब बहती है। शराब वस्तुत: एक धीमा विष है। शराब पीने वाला व्यक्ति धीरे-धीरे मौत की अँधेरी घाटियों की ओर बढ़ने के लिए विवश हो जाता है।

बहुत-से लोग महँगी शराब नहीं पी सकते, इसलिए वे सहजता से उपलब्ध होने वाली कच्ची शराब का सेवन करते हैं। इस प्रकार की शराब बहुत सस्ते दामों पर उपलब्ध हो जाती है। कई बार कच्ची शराब के स्थान पर ज़हरीली शराब भी बेची जाती है। ज़हरीली शराब बेचने वाले मौत के सौदागर शराब के रूप में मौत का व्यापार करते हैं। पिछले दिनों बंगलौर में तीस से अधिक व्यक्ति ज़हरीली शराब पीकर मृत्यु का शिकार बने। मृतकों में लगभग एक-तिहाई संख्या स्त्रियों की भी थी। दिल्ली तथा हरियाणा में भी ऐसी घटनाएँ कई बार हो चुकी हैं, परन्तु हमारी पंगु शासन-व्यवस्था पर इसका कोई असर नहीं होता।

भारत सरकार को लगभग 400 करोड़ रुपये की आय शराब की बिक्री से प्राप्त

होती है। आन्ध्र प्रदेश, उत्तर प्रदेश तथा कर्नाटक में प्रत्येक राज्य सरकार को लगभग 50 करोड़ की आय इसी मद से प्रतिवर्ष होती है। इसीलिए इस पर कोई कठोर प्रतिबन्ध नहीं लगाया गया। परन्तु शराब की हानियों को देखते हुए सरकार ने 2 अक्तूबर 1975 को शराब पर प्रतिबन्ध लगाने का कार्यक्रम प्रस्तुत किया, जिसका उद्देश्य था—

1. शराब खोरी सम्बन्धी प्रचार को स्थगित करना।
2. सार्वजनिक स्थानों, जैसे—होटलों, रेस्टोरेंटों, क्लबों या समारोहों में शराब पीने पर प्रतिबन्ध लगाना।
3. मज़दूरों को शराब पीने से बचाने के उद्देश्य से औद्योगिक संस्थानों, सिंचाई तथा अन्य विकास-सम्बन्धी प्रोजेक्टों के समीप शराब के ठेके खोलने पर प्रतिबन्ध।
4. सड़कों पर शिक्षा-संस्थानों के समीप तथा गाँव और शहरों के आवासीय क्षेत्रों में शराब की दुकानें खोलने पर रोक लगाना।
5. विभिन्न क्षेत्रों के वेतन-दिवस के अनुरूप ही उन क्षेत्रों में उस दिन शराब की दुकानें बन्द रखना।
6. नशे में गाड़ी चलाने पर ड्राइवरों के लाइसेंस कैंसिल कर देना।
7. शराबबन्दी के नियमों को पहले की अपेक्षा कठोर बनाना।

इसी प्रकार कुछ अन्य नियम भी बनाये गये, परन्तु उनका पालन कराने में सख्ती नहीं की गई। देश में शराब और ज़हरीली शराब का प्रचलन बढ़ता गया। जनता सरकार ने नशाबन्दी के लिए कठोर कदम उठाये थे तथा चार वर्षों में सम्पूर्ण नशाबन्दी का लक्ष्य रखा था। वास्तव में नशाबन्दी करने के लिए शराब के विरोध में अधिक प्रचार-प्रसार करना चाहिए, तभी मद्य-निषेध की सम्भावना हो सकती है। केवल कानून बनाने से इस रोग से देश को मुक्त करना असम्भव है। परन्तु वर्तमान सरकार इस दिशा में कठोर कदम नहीं उठा रही।

23. निर्धनता : एक अभिशाप

बुभुक्षितः किं न करोति पापम् ।
क्षीणा नराः निष्करुण भवन्ति ।।

अर्थात् भूख मनुष्य को कोई भी पाप करने को विवश कर सकती है। धन से हीन व्यक्ति दयाहीन हो जाता है। उसे कर्त्तव्य-अकर्त्तव्य का बोध नहीं रहता। यही दशा आज के युग के समाज की है। सम्पूर्ण भारत एक दूषित वातावरण के असीम सागर से बाहर निकलने के लिए गोते लगाता प्रतीत होता है। हम स्वयं को गरीबी के एक ऐसे दुष्चक्र में फँसा हुआ अनुभव कर रहे हैं, जहाँ से निकलने की कोई राह दृष्टिगत नहीं हो रही है।

देश के 50 प्रतिशत से अधिक लोग गरीबी के अभिशाप से ग्रस्त हैं। अधिसंख्य लोगों के पास दिन में एक समय खाने के लिए भी अन्न नहीं, पहनने के लिए वस्त्रों

का तो प्रश्न ही अलग है। यह गरीबी का दानव सुरसा की तरह निरन्तर अपना भयंकर मुख फैलाता जा रहा है। लगभग हर भारतीय स्वयं को ऐसे चक्र-व्यूह में घिरा अनुभव कर रहा है जहाँ से निकलने की राह उसे मालूम नहीं है। यदि यह कहा जाए कि आज का औसत भारतीय एक सजीव शव है जो किसी तरह अपने ज़िन्दा रहने का दिखावा कर रहा है तो भी शायद गलत न होगा। अन्न के अभाव में असंख्य दरिद्र नारायण पशुओं से भी हीन जीवन बिता रहे हैं। लगता है हर भारतीय एक कटे हाथ-पैर वाला व्यक्ति है। निराशा और पीड़ा की काली चादर में सिमटा हर व्यक्ति कराह रहा है। कराहट की यह ध्वनि ही तो हमारे जीवन के अस्तित्व का प्रमाण है।

भारत में लगभग 50 लाख बँधुआ मजदूर हैं। इन मज़दूरों की दशा पशुओं से भी हीन है। वस्तुतः बँधुआ मज़दूर प्राचीन युग में प्रचलित दास़ प्रथा का ही संशोधित संस्करण है। ज़र्मीदार, महाजन और उद्योगपति इन मज़दूरों का खून चूसते रहते हैं। यदि कोई बँधुआ मज़दूर मर जाता है तो उसके बदले में उसकी स्त्री को गुलामी करनी पड़ती है। पिछले दिनों कुछ बँधुआ मज़दूरों को मुक्त कराया गया, परन्तु उनके पास जीविका-उपार्जन का कोई अन्य साधन नहीं है। भारत में भिखारियों की संख्या बहुत अधिक है। ये भिखारी निर्धनता के अमिट हस्ताक्षर हैं। निर्धनता की इन सजीव प्रतिमाओं को देखकर महाकवि निराला ने लिखा है—

पेट पीठ दोनों मिलकर हैं एक
चल रहा लकुटिया टेक
मुट्ठीभर दाने को
भूख मिटाने को
मुँह फटी पुरानी झोली को फैलाता।

हमारे समाज में एक तरफ बिरला तथा टाटा जैसे पूँजीपति हैं, जिनके पास ग्यारह अरब से भी अधिक की सम्पत्ति है तथा, दूसरी ओर, ऐसे व्यक्ति भी हैं जो अन्न के अभाव में तड़प-तड़प कर मर जाते हैं। इस विषमता को चित्रित करते हुए दिनकर ने लिखा है—

श्वानों को मिलता दूध, वस्त्र, बच्चे भूखे अकुलाते हैं,
माँ की छाती से चिपक ठिठुर जाड़ों की रात बिताते हैं।
नारी के लज्जावसन बेच कर ब्याज चुकाये जाते हैं,
मालिक तब तेल-फुलेलों पर पानी-सा द्रव्य बहाते हैं।

कभी भारत को 'सोने की चिड़िया' कहा जाता था। परन्तु आज भारत 'भीख का कटोरा' है जिसमें विदेशी सरकारें श्रद्धानुसार भीख डाल देती हैं। स्वतन्त्रता-प्राप्ति के लिए भारत को बहुत बड़ी कीमत चुकानी पड़ी। भारत का सम्पूर्ण रक्त तो मुस्लिम और अंग्रेज़ शासक पी गए, शेष रह गया केवल एक कंकाल।

देश को स्वावलम्बी बनाने के लिए हमारे राष्ट्र-नेता कमर कसकर जुट गए।

राष्ट्र-नायक पं० जवाहरलाल नेहरू ने 'आराम हराम है' के नारे से देश के नवयुवकों का आह्वान किया जिससे कि राष्ट्र को पहले की भाँति समृद्धिशाली और उन्नत बनाने के लिए हम सब अपना दिन-रात एक कर दें। नेहरू जी के महाप्रयाण के बाद राष्ट्र की बागडोर भारतरत्न स्व० लाल बहादुर शास्त्री ने सँभाली। उन्होंने 'जय जवान जय किसान' का मंत्र भारतीय जन-मानस में फूँका जिससे सम्पूर्ण भारत में जागृति की नई लहर फैल गई। परन्तु यह भारत का दुर्भाग्य था कि मृत्यु की काली छाया ने उन्हें शीघ्र ही ढँक लिया।

इस रिक्तता की पूर्ति के लिए विधाता ने श्रीमती इन्दिरा गाँधी के रूप में बहुमुखी प्रतिभा से युक्त एक ऐसा सूक्ष्मदर्शी राष्ट्र-नेता दिया जो अपने जीवन के अन्त तक मझधार में फँसी नैया को किनारे लगाने में एकाग्रता से संलग्न रहीं। श्रीमती गाँधी ने राष्ट्र के पुनर्निर्माण के लिए समाजवाद का रास्ता चुना था। उन्होंने देश से गरीबी का अभिशाप नष्ट करने के लिए 'गरीबी हटाओ' का नारा बुलन्द किया।

भारत में गरीबी की इस भयानक समस्या का प्रमुख कारण हमारी सैकड़ों वर्षों की पराधीनता रही है। विदेशियों ने हमारी आर्थिक स्थिति को जर्जर बना डाला। इस समस्या के मूल में दूसरा महत्त्वपूर्ण कारण देश की तीव्र गति से बढ़ती हुई जनसंख्या है। तीसरा प्रमुख कारण, जिसने हमारी अर्थ-व्यवस्था को बुरी तरह झकझोर डाला है, वह तीन युद्ध हैं जो हमें विवशता में चीन तथा पाकिस्तान से लड़ने पड़े हैं।

देश को आर्थिक दृष्टि से सुदृढ़ बनाने के लिए वर्तमान सरकार द्वारा जो कार्यक्रम अपनाए जा रहे हैं, वे देश के लिए एक वरदान हैं। हमारा कर्त्तव्य है कि देश की प्रगति के लिए अपनाए गए इन कार्यक्रमों को सफल बनाने में भरपूर सहयोग दें, इसी से देश की सर्वांगीण उन्नति सम्भव है।

24. दहेज का अभिशाप

संसार में हर जाति और हर देश के अपने-अपने रीति-रिवाज़ हैं, जिनका उस जाति और देश के लोगों को पालन करना पड़ता है। उन रीति-रिवाज़ों का पालन अच्छी तरह करने से व्यक्ति की शोभा बढ़ती है और न करने या भली भाँति न करने पर निन्दा होती है।

भारत में भी अनेक प्रकार के सामाजिक रीति-रिवाज़ प्रचलित हैं। ये रीति-रिवाज़ समय-समय पर समाज के विचारक नेताओं द्वारा प्रचलित किये जाते हैं। परन्तु समय बीतते-बीतते उनमें कई प्रकार की बुराइयाँ आ जाती हैं। दहेज-प्रथा भी ऐसा ही एक रिवाज़ है।

भारत में वैदिक काल से लेकर आज तक कन्या को 'पराया धन' माना जाता रहा है। जब वह जवान होती है तो पिता किसी योग्य वर के हाथों में उसका 'दान' कर देता है। हर 'दान' के साथ कुछ 'दक्षिणा' भी होती है। अत: यह रिवाज़ चला कि पिता कन्या के साथ गाय, स्वर्ण, वस्त्र, धन आदि भी दे। यह इसलिए कि नए वर-वधू नया घर बसाएँगे, उनकी यथाशक्ति सहायता हो सके।

इस तरह दहेज की प्रथा चली। इस प्रथा में कन्या के पिता की 'इच्छा' और 'शक्ति' या 'सामर्थ्य' प्रधान थी। किन्तु समय बीतते-बीतते लड़के या उसके घर वालों का यह अधिकार हो गया कि वे 'ठहरावनी' करें अर्थात् ठहराएँ कि कन्या का पिता कन्या के विवाह में क्या खर्च करेगा और कितना धन-माल लड़के वालों को 'दहेज' में देगा।

इस प्रकार यह दहेज प्रथा कन्या वालों के लिए अभिशाप बन गई। बेचारे कन्या के पिता कन्या के जन्म-काल से ही चिन्ताग्रस्त रहने लगे, अपना पेट काटकर पैसा जमा करने लगे, ताकि दहेज दे सकें। जब मेहनत से काम न चला, तो हर तरह की बेईमानी, रिश्वतखोरी, भ्रष्टाचार, मिलावट, काला बाजारी, चोर बाजारी, जमाखोरी, तस्करी (स्मगलिंग) आदि सामाजिक-आर्थिक बीमारियाँ देश में खूब पनपने लगीं।

पूँजीपति, बड़े अधिकारी, मन्त्री और तस्कर लाखों रुपये दहेज देकर वाहवाही लूटने लगे और भोले-भाले, साधारण जन का जीना मुश्किल हो गया।

मुग़लकाल में दहेज प्रथा दुगुनी हुई, अंग्रेज़ी युग में इस सुरसा के मुँह के विस्तार का कोई अन्त न रहा।

होता यह है कि लड़के वाला दहेज माँगता है, लड़की वाला तंग होता है। यदि कई लड़कियाँ हुईं तो उसका जीते-जी मरण है। बेचारा कर्ज़ उठाता है, जिसे उम्र भर उतारता रहता है। कई लोग मकान बेच देते हैं या गिरवी रख देते हैं। कई भावुक लड़कियाँ अपने माता-पिता को कष्ट से बचाने के लिए आत्म-हत्या कर लेती हैं। कई घर से भाग जाती हैं। कई सुन्दर, पढ़ी-लिखी बुद्धिमती और कार्य-कुशल होने पर भी दहेज के अभाव में कुँआरी ही रह जाती हैं। कई लड़कियाँ विवाह के बाद सताई जाती हैं कि मायके से धन लाएँ। न लाने पर उन्हें जला दिया जाता है। यदि फिर भी न मरें, तो जीवन भर उनसे घृणा की जाती है या उन पर अत्याचार किये जाते हैं, उन्हें दीन-हीन और तुच्छ समझा जाता है।

अब समय आ गया है कि हम दहेज-प्रथा रूपी राक्षसी का अन्त कर दें। इसने हज़ारों घर बर्बाद किए हैं, लाखों लड़कियों को रुलाया है और करोड़ों लोगों को बेईमान बनाया है। यदि दहेज प्रथा मिट जाये तो रिश्वतखोरी, मिलावट, कम तौलना, माल छिपाना, चोर बाजारी करना, डाका आदि पाप स्वयं मिट जायेंगे। यदि आज नवयुवक-नवयुवतियाँ यह प्रण कर लें कि न हम दहेज लेंगे, न देंगे—तो हमारा समाज इस राक्षसी प्रथा से छुटकारा पा सकता है।

25. भ्रष्टाचार और उसे दूर करने के उपाय

भ्रष्टाचार के वशीभूत होकर मानव राष्ट्र के प्रति कर्त्तव्य भूलकर अनुचित रूप से अपनी जेबें गरम करता है। भ्रष्टाचार रूपी वृक्ष का रूप ही अनोखा है। इसकी जड़ें ऊपर की ओर तथा शाखाएँ नीचे की ओर बढ़ती हैं। इसकी विषाक्त शाखाओं पर बैठकर ही मानव मानव का रक्त चूस रहा है। इसी घिनौनी प्रकृति के कारण हमारे प्रयोग की

हर वस्तु मिश्रणमयी बना दी गई है। उस पर से शुद्धता का वातावरण इस प्रकार गायब हो गया है कि जिस प्रकार गधे के सिर से सींग। ऊपर से जमाखोरी की भावना ने तो गज़ब ही ढा दिया। वह आज के मानव को निश्चिंत नहीं बैठने दे रही है। वह अधिक पैसे बटोरने के चक्कर में हर प्रकार का घिनौना कृत्य करने के लिए तैयार है। भारत सरकार ने इस विष को रोकने के लिए ऐसा इंजेक्शन तैयार किया है जिसका प्रभाव कुछ ही दिनों में इसे समूल नष्ट कर डालेगा। किन्तु इसे दुष्ट प्रवृत्तियों के सूत्र पर लगाना होगा, जिनका उल्लेख यहाँ पर किया जा रहा है।

जनसंख्या की वृद्धि—प्रथम जनगणना के अनुसार हमारे राष्ट्र की जनसंख्या 36 करोड़ के आस-पास थी जो 1991 की जनगणना के अनुसार 84.39 करोड़ हो गई। इस अनुपात में जीविकोपार्जन के साधनों की कमी के कारण आज भारतीय समाज में भ्रष्टाचार, मिलावट व जमाखोरी का बोलबाला है।

स्वार्थ-सिद्धि—आज मानव-जीवन में विश्व-बंधुत्व की भावना का ह्रास हो रहा है। अपनी स्वार्थ-सिद्धि के लिए एक मानव दूसरे मानव की गर्दन पर छुरी फेरने के लिए तैयार है, बेशक उसकी भावना से आदर्शवाद का गला ही क्यों न घुट जाए!

भौतिकता की वृद्धि—आज के इस यांत्रिक युग में प्रत्येक मानव भौतिक साधनों को जुटाने में नेत्र मूँदकर लगा हुआ है। वह हर तरह से भ्रष्ट तरीकों को अपनाकर काला धन इकट्ठा करता जा रहा है।

महँगाई—मानव की स्वार्थपरता ने महँगाई जैसे जोंक को जन्म दिया है। इस जोंक ने मध्यम-वर्गीय परिवार की शान्ति को चूस लिया है। उसका हर छोटा-बड़ा सदस्य समाज में प्रतिष्ठा बनाए रखने के लिए तथा उदरपूर्ति के लिए भ्रष्ट साधनों को अपना रहा है। इससे कदाचित् वह महँगाई की जोंक को निर्जीव करने में बेशक सफल हो जाए, पर मन में शान्ति नहीं ला सकता।

झूठी मान-मर्यादा—कुछ झूठी मान-मर्यादा को दर्शाने के लिए हम अपनी आय के साधनों में भ्रष्ट विधियों को अपना लेते हैं। इससे बढ़िया वस्त्र, रुचिकर भोजन और आमोद-प्रमोद के साधन तो बेशक उपलब्ध हो जाते हैं, परन्तु हृदय में भय व अशांति घर कर जाते हैं जो स्वास्थ्य और प्रतिष्ठा के लिए हानिकारक हैं।

फ़ैशनपरस्ती—यह विषैली नागिन है। इसको पालने के लिए भी भ्रष्ट विधियों से पैसा जुटाना पड़ता है। घर में चाहे बच्चों को दो जून भरपेट रोटी न मिले, उन्हें तन ढँकने के लिए चाहे वस्त्र नसीब न हों, पर इस विषैली नागिन के लिए दूध जुटाना पड़ता है।

शिक्षा का अभाव—आज भारतीय समाज में शिक्षितों की संख्या 55 प्रतिशत के लगभग है। अधिकांश भारतीय जनता अशिक्षा का शिकार है। वह सफल कार्य-विधि को अपनाने में असमर्थ है। अत: विचार-शक्ति न होने के कारण वह भ्रष्ट साधनों में ही अपने कल्याण के साधन खोजती है, जो उसे रसातल तक पहुँचा देते हैं।

सामाजिक कुरीतियाँ—बड़े-बड़े प्रीतिभोज और दहेज प्रथा आदि सामाजिक

कुरीतियों के बन्धनों से घिर कर भी मानव भ्रष्ट मार्गों को अपनाता है। इनकी पूर्ति के लिए भ्रष्ट तरीकों से पैसा जुटाता है।

आज भ्रष्टाचार की जोंक सपरिवार हमारे राष्ट्र का रक्त चूसने में संलग्न है। इसने हमारी प्रगति की राह में रोड़ा अटका दिया है।

26. भारतीय गाँव

भारत में बड़े नगर दो सौ के लगभग ही हैं और कस्बे कुछ हज़ार ही हैं, किन्तु इसकी लगभग 95 करोड़ आबादी का 75 प्रतिशत भाग गाँवों में ही बसा हुआ है, जिनकी संख्या दस लाख के लगभग है।

गाँव हैं क्या?—नगर के ठाठ-बाट और कोलाहल से दूर शान्ति और सादगी का जीवन बिताने वाले लोगों के कुछ घरों का समूह ही गाँव है। गाँवों में अधिकांश मकान कच्चे होते हैं। ये लकड़ी, सरकंडे, बाँस, खपरैल आदि से बने होते हैं। कहीं एक-दो ही घर उन लोगों के पक्के होते हैं, जिनकी स्थिति कुछ अधिक अच्छी कही जा सकती है। ये घर प्रायः किसी धनाढ्य, जमींदार, सैनिक अधिकारी, सेठ या पटवारी आदि के होते हैं।

गाँवों के चारों ओर खेतों का दृश्य अत्यन्त रमणीक होता है। गाँवों का वातावरण प्रायः स्वास्थ्यप्रद है। शुद्ध पवन, खुली धूप, मनोहर प्रभात तथा शोभायमान सायंकाल—ये सब ग्राम-जीवन को आनन्दमय बनाते हैं। प्रकृति की अपूर्व छटा गाँवों में ही देखने को मिलती है। धान या गेहूँ के खेत, फूली सरसों के खेत, ऊँचे-ऊँचे गन्नों के खेत आदि देखकर चित्त आह्लादित हो जाता है।

गाँववासी स्वस्थ, सबल, सीधे-सादे, अल्पशिक्षित, कठोर परिश्रमी तथा प्रायः हँसमुख होते हैं। अधिकांश लोग किसान होते हैं। कुछ लोग दूसरों के खेतों में काम करते हैं, जो कृषि-मज़दूर कहलाते हैं। इसके अतिरिक्त, गाँवों में कुछ बढ़ई, मोची, दुकानदार, चौकीदार, अध्यापक तथा पंचायत के कर्मचारी भी होते हैं। गाँवों में कुछ ऐसे लोग भी होते हैं, जो आधुनिक सभ्यता की अनेक बातों का विरोध करते हैं।

गाँवों में पशुपालन भी एक मुख्य व्यवसाय है। गाय, भैंस, बकरी और बैल तो दूध तथा कृषि के लिए पाले ही जाते हैं। इनके सिवा घोड़े, गधे, खच्चर, ऊँट और सूअर भी पाले जाते हैं। मुर्गे-मुर्गियाँ, बत्तखें, तोते, कबूतर और मोर भी पाले जाते हैं।

गाँवों वाले भय के वातावरण से मुक्त नहीं होते। अशिक्षित ग्रामीणों को तो हर कोई दबाता रहता है। जंगली तथा दूसरे गाँव के पशु आकर खेतों को खराब न कर दें, इसका भय उन्हें सदा सताता रहता है। पुलिस, पटवारी, बी०डी०ओ० आदि धौंस जमाने के अलावा सीधे-सादे गाँव वालों से उनकी उपज की वस्तुएँ प्रायः मुफ़्त ही प्राप्त करते रहते हैं।

गाँव वाले छोटी-छोटी बातों पर परस्पर लड़ते भी देखे जाते हैं। नहर के पानी की

बारी, खेतों की मेड़ आदि के सवाल पर लाठी तथा गोली तक चल जाती है। छोटी-छोटी बातों को लेकर झगड़े चल पड़ते हैं, मार-पीट होती है और कचहरियों में मुकदमे की नौबत आ जाती है।

गाँवों में सफाई की ओर प्रायः ध्यान नहीं दिया जाता। सड़कें प्रायः कच्ची होती हैं, जिनमें जगह-जगह पर गड्ढे होते हैं। वर्षा में ये गड्ढे पानी से भर जाते हैं और इनमें मलेरिया आदि के मच्छर बहुतायत से पैदा होते हैं। गाँव वाले दवा-दारू की ओर प्रायः तभी ध्यान देते हैं, जब रोग बढ़ जाता है।

स्वतन्त्रता-प्राप्ति के बाद सरकार की ओर से तथा कुछ समाजसेवी संस्थाओं की ओर से ग्राम-सुधार का आन्दोलन चलाया गया, जिसके परिणामस्वरूप गाँवों वालों को विभिन्न प्रकार की खादों का प्रयोग करना आ गया। उन्होंने खेती करने की नई विधियाँ सीखीं। लोग पशुपालन, मुर्गीपालन, मछलीपालन का धन्धा करने लगे और सफाई, शिक्षा आदि में भी उनकी रुचि बढ़ी है। प्रायः गाँव-गाँव में स्कूल खुलने लगे। चौपालों में समाचार-पत्र आने लगे। कहीं-कहीं रेडियो और ट्रांजिस्टर की व्यवस्था भी की गई है। बिजली आने से कई गाँवों की काया ही पलट गई है। अब कई जगह ट्रैक्टरों से खेती होने लगी है। सरकार द्वारा अच्छे दामों पर अनाज की खरीद से गाँव वालों को काफी आर्थिक लाभ हुआ है।

फिर भी अभी सरकार को बहुत कुछ करना है। तभी हमारे गाँवों का सुधार हो सकेगा।

27. संस्कृति और समाज

'संस्कृति' शब्द का निर्माण 'सम' उपसर्ग, 'कृ' धातु और 'क्तिन' प्रत्यय के योग से हुआ है। इस प्रकार व्युत्पत्ति की दृष्टि से 'संस्कृति' शब्द का अर्थ समाज और जीवन की वह स्थिति अथवा अवस्था है जिसका संस्कार या परिष्कार हो चुका हो। वस्तुतः 'संस्कृति' शब्द की कोई निश्चित परिभाषा नहीं दी जा सकती, परन्तु इसके लक्षणों के विषय में कुछ-न-कुछ अवश्य कहा जा सकता है। डॉ० रामधारी सिंह 'दिनकर' के शब्दों में—"*संस्कृति ज़िन्दगी का एक तरीका है और यह तरीका सदियों से जमा होकर उस समाज में छाया रहता है जिसमें हम जन्म लेते हैं। इसलिए, जिस समाज में हम पैदा हुए हैं अथवा जिस समाज से मिलकर हम जी रहे हैं उसकी संस्कृति हमारी संस्कृति है, यद्यपि अपने जीवन में हम जो संस्कार जमा करते हैं वह भी हमारी संस्कृति का अंग बन जाता है और मरने के बाद हम अन्य वस्तुओं के साथ अपनी संस्कृति की विरासत भी अपनी सन्तानों के लिए छोड़ जाते हैं। इसलिए संस्कृति वह चीज मानी जाती है जो हमारे सारे जीवन को व्यापे हुए है तथा जिसकी रचना और विकास में अनेक सदियों के अनुभवों का हाथ है।*" पं० जवाहरलाल नेहरू ने 'संस्कृति' शब्द के सम्बन्ध में अपने विचार इस प्रकार व्यक्त किए हैं—"*संस्कृति का अर्थ मनुष्य का भीतरी विकास है, उसकी नैतिक*

उन्नति है, एक-दूसरे के साथ सद्‌व्यवहार है और दूसरों को समझने की शक्ति है।" काका कालेलकर के अनुसार–"*हज़ारों-लाखों वर्षों के पुरुषार्थ से मनुष्य-जाति ने जो कुछ पाया है वही उसकी संस्कृति है।"* सृष्टि के आरम्भ से आज तक मानव सभ्यता के राज-मार्ग पर निरंतर बढ़ता रहा है और इस विकास-यात्रा के परिणामस्वरूप उसे जो कुछ भी उपलब्ध हुआ है, उसे 'संस्कृति' की संज्ञा दी जा सकती है। मानव ने दर्शन, कला, साहित्य आदि के क्षेत्र में जो कुछ भी उपलब्धि की है उसे उसकी संस्कृति और विरासत माना जा सकता है। संस्कृति मानवता की विजय-यात्रा की ओर संकेत करती है। जीवन के शाश्वत् मूल्यों के साथ संस्कृति का गहरा सम्बन्ध होता है। सत्य, दया, न्याय, प्रेम, करुणा, अहिंसा आदि गुणों से ही मानव-समाज सुसंस्कृत कहलाता है।

समाज और संस्कृति का गहन तथा अटूट सम्बन्ध है। समाज के अभाव में संस्कृति की् कल्पना भी नहीं की जा सकती। समाज ही संस्कृति का जन्मदाता है और कालान्तर में संस्कृति ही समाज को दिशा देती है। विभिन्न देशों की संस्कृतियाँ अलग-अलग प्रतीत होती हैं। परन्तु तात्त्विक दृष्टि से उनमें विशेष अन्तर नहीं होता। प्राकृतिक और भौगोलिक कारणों से विभिन्न क्षेत्रों की संस्कृतियाँ अलग-अलग प्रतीत होती हैं, परन्तु जीवन के शाश्वत् मूल्यों की दृष्टि से सम्पूर्ण मानव-जाति की संस्कृति एक ही है। सत्य, अहिंसा, प्रेम आदि शाश्वत् मूल्य ही समाज को सही दिशा देते हैं। आचार्य नरेन्द्र देव ने संस्कृति और समाज के सम्बन्ध को स्पष्ट करते हुए कहा है–"*मनुष्य सामाजिक प्राणी है, क्योंकि समाज में रहने से ही उसके गुणों का विकास होता है। अतः समाज में कई बातों में समानता उत्पन्न होती है, समूहों का विस्तार होता रहता है। और एक समय आता है जब राष्ट्रीयता की प्रबल भावना से प्रेरित होकर एक देश की भौगोलिक सीमा के भीतर रहने वाले सभी लोग कुछ बातों में अपनी समानता और एकता अनुभव करते हैं। एकता की भावना देश की सीमा का भी अतिक्रमण करती है और 'एक विश्व' की भावना की ओर अग्रसर होती है।"* संस्कृति को संजीवनी शक्ति कहा जा सकता है। महान् विचारक इमरसन के अनुसार–"*कोई भी राष्ट्र अपनी सांस्कृतिक विरासत के अभाव में उस अनाथ बच्चे की भाँति होता है जिसे भरण-पोषण के लिए कुछ नहीं मिल पाता–अर्थात् जिसे जननी के दूध रूपी उस सांस्कृतिक विरासत का लाभ उठाने का सुअवसर नहीं मिल पाता जिससे उसे संजीवनी शक्ति मिलती है।"* समाज को यदि हम एक विराट् उपवन की संज्ञा दें तो उस उपवन में खिले फूलों को हम 'संस्कृति' कह सकते हैं।

सभ्यता और संस्कृति का भी गहरा सम्बन्ध होता है। कुछ लोग सभ्यता और संस्कृति को भिन्न-भिन्न मानते हैं। किन्तु इसमें सूक्ष्म अन्तर है। सभ्यता मानव की भौतिक उपलब्धियों की ओर संकेत करती है, जबकि संस्कृति का सम्बन्ध शाश्वत् तत्त्वों से है। मोटर, महल, हवाई जहाज, रॉकेट, अच्छे वस्त्र आदि स्थूल वस्तुएँ मानव-सभ्यता से सम्बन्धित हैं, परन्तु पोशाक पहनने तथा भोजन करने में जो कला है वह संस्कृति की चीज है। प्रत्येक सभ्य प्रतीत होने वाले व्यक्ति को सुसंस्कृत नहीं कहा जा सकता। क्योंकि महल में रहने वाला व्यक्ति भी स्वभाव से पशु हो सकता है। डॉ० रामधारी सिंह 'दिनकर' के शब्दों में–"*हर*

सुसभ्य आदमी सुसंस्कृत ही होता है, ऐसा नहीं कहा जा सकता, क्योंकि अच्छी पोशाक पहनने वाला व्यक्ति भी तबीयत से नंगा हो सकता है और तबीयत से नंगा होना संस्कृति के खिलाफ़ बात है। और यह भी नहीं कहा जा सकता कि हर सुसंस्कृत आदमी सभ्य भी होता है, क्योंकि सभ्यता की पहचान सुख-सुविधा और ठाठ-बाट हैं। मगर, बहुत-से लोग ऐसे भी हैं जो सड़े-गले झोंपड़ों में रहते हैं, जिनके पास काफी कपड़े भी नहीं होते और न कपड़े पहनने के अच्छे ढंग ही उन्हें मालूम होते हैं, लेकिन फिर भी उनमें विनय और सदाचार होता है, वे दूसरों के दुःख में दुखी होते हैं।''

संस्कृति का निर्माण कुछ दिनों अथवा महीनों में नहीं हो सकता, बल्कि संस्कृति हज़ारों-लाखों वर्षों की विकास-यात्रा का परिणाम होती है। असंख्य युगों की साधना के पश्चात् मानव-समाज ने साहित्य, संगीत, नृत्य एवं मूर्ति-कला आदि के क्षेत्र में जो उन्नति की है ; अध्यात्म, दर्शन तथा ज्ञान-विज्ञान के क्षेत्र में जो प्रगति की है, उसका सम्बन्ध हमारी संस्कृति से जुड़ा हुआ है। *''आदिकाल से हमारे लिए जो लोग काव्य और दर्शन रचते आये हैं, चित्र और मूर्ति बनाते आये हैं, वे हमारी संस्कृति के रचयिता हैं। आदि काल से हम जिस-जिस रूप में शासन चलाते आये हैं, पूजा करते आये हैं, तथा मन्दिर और मकान बनाते आये हैं, नाटक और अभिनय करते आये हैं, बरतन और जेवर तथा दूसरे सामान बनाते आये हैं, कपड़े और जेवर पहनते आये हैं, शादी और श्राद्ध करते आये हैं, पर्व और त्यौहार मनाते आये हैं तथा परिवार, पड़ोसी, संसार से दोस्ती करते आये हैं, या दुश्मनी का जो भी सलूक करते आये हैं, वह सब हमारी संस्कृति का ही अंश है।''*

28. समाचार-पत्रों की सामाजिक निर्माण में भूमिका

न खींचो कमान न तलवार निकालो।
जब तोप मुकाबिल हो तो अखबार निकालो ।

अकबर 'इलाहाबादी' का यह शेर समाचार-पत्रों के सामाजिक निर्माण में विशिष्ट योगदान की ओर संकेत करता है। चाय के प्याले से भी कम कीमत में पाठक के सामने दुनिया के समाचार सिमट आते हैं। स्वीडन में समाचार-पत्रों के सर्वाधिक पाठक हैं। वहाँ प्रत्येक हज़ार में से छः सौ बारह लोग अखबार खरीद कर पढ़ते हैं। यदि किसी सुबह अखबार न मिले तो बहुत-से लोगों को सुबह के नाश्ते में आनन्द ही नहीं आता। रूस का 'प्रावदा', अमरीका का 'वाशिंगटन पोस्ट', चीन का 'पीपल्स डेली', इंग्लैंड का 'डेली टेलीग्राफ़', पाकिस्तान का 'इमरोज' और भारत का 'नवभारत टाइम्स' अखबारों की दुनिया में विशेष सुर्खियों में हैं। 'प्रावदा' की ही 90 लाख से अधिक प्रतियाँ रोज़ाना बिकती हैं। यह विश्व का सबसे अधिक बिकने वाला अखबार है।

भारत में समाचार-पत्रों का आरम्भ 1780 में 'बंगाल गजट' से हुआ था जिसके सम्पादक श्री जेम्स ऑगस्टस किक्की एक प्रतिभाशाली और निर्भीक पत्रकार थे। हिन्दी के प्रथम समाचार-पत्र का श्रेय उदन्त मार्तण्ड को दिया जाता है। राजा राममोहन राय

ने उर्दू का सर्वप्रथम 'मिराइतुल अखबार' निकाला। आज हिन्दी का 'नवभारत टाइम्स', अंग्रेज़ी का 'टाइम्स ऑफ़ इण्डिया', बँगला का 'अमृत बाजार पत्रिका', गुजराती का 'संदेश' और पंजाबी का 'अजीत' भारतीय पत्रकारिता को प्रतिपल और गौरवान्वित रखने में संकल्पित हैं। प्रश्न यह उठता है कि—आखिर समाचार-पत्रों में ऐसी क्या उपयोगिता छिपी है जो हमारे दैनिक जीवन का एक अभिन्न अंग बन चुके हैं?

समाचार-पत्र स्वतन्त्र अभिव्यक्ति का एक सशक्त माध्यम हैं। वह युग बीत गया जब ख़िलाफ़त करने वाले की ज़ुबान पर ताला लगा दिया जाता था। अगर मैं कहूँ कि समाचार-पत्र ने आरी बनकर अभिव्यक्ति की घुटन की बेड़ियों को काट दिया है तो कोई अतिशयोक्ति नहीं होगी। उर्दू का एक प्रसिद्ध शेर है—

चाहे जुबां काटो या तलवार चलाओ,
मेरे विचारों को बेड़ी पहना सकते नहीं ।

विषमतापूर्ण परिस्थितियों में जीने वाले मनुष्य में शासन-तन्त्र की विसंगतियों के प्रतिक्रियास्वरूप अनेक प्रश्न उठते हैं जिनका उत्तर उसे समाचार-पत्र के माध्यम से मिल सकता है। अमरीका के राष्ट्रपति जैफ़र्सन ने कहा था— *''मैं समाचार-पत्र-विहीन व्यवस्थित शासन में रहने के स्थान पर समाचार-पत्र-सम्पन्न अव्यवस्थित शासन-व्यवस्था में रहना अधिक पसन्द करूँगा।''*

''समाचार-पत्र प्रजातन्त्र का प्रहरी है।'' नवभारत टाइम्स के भूतपूर्व सम्पादक अक्षयकुमार जैन के इस कथन का इतिहास साक्षी है। जब कभी देश का सत्तारूढ़ दल प्रजातन्त्र के नाम पर तानाशाह बनने का प्रयास करता है तब समाचार-पत्र में उसे उछाला जाता है; कटु जन-प्रतिक्रियाएँ होती हैं; आगामी चुनाव में उस दल-विशेष को अपना भविष्य धूमिल नजर आने लगता है और तब उसे शासन के घोड़े की लगाम को मोड़ना ही पड़ता है। अमरीका में 'वाटरगेट काण्ड' प्रजातन्त्र में समाचार-पत्रों की भूमिका की दृष्टि से इतिहास बन चुका है। राष्ट्रपति निक्सन ने अप्रजातान्त्रिक पैंतरों का सहारा लेकर अपने विपक्षी को अमरीका के इतिहास में सबसे अधिक मतों से पराजित कर दिया। जनता इस निर्णय पर चकित थी। सबसे अधिक चकित था अमरीका का महान् पत्रकार एण्डरसन। उसने अपने ही इस कथन को सार्थक सिद्ध कर दिया कि— *''पत्रकारिता उस कुत्ते की घ्राण-शक्ति के समान है जो हमें उन अलमारियों तक ले जाता है जिनमें बड़े-बड़े नेताओं और उद्योगपतियों के कंकाल छिपे हुए हैं।''* भारत में भी 1977 और 1979 के क्रान्तिकारी परिवर्तन में समाचार-पत्रों की विशेष भूमिका थी।

प्रसिद्ध लेटिन मुहावरा है— *''हमें खाने के लिए रोटी और पढ़ने के लिए अखबार चाहिए।''* इस मुहावरे का तात्पर्य है—आज जब दुनिया वैज्ञानिक साधनों के कारण एक-दूसरे के निकट आ गयी है, प्रत्येक मनुष्य जानना चाहता है कि कहाँ क्या घटित हो रहा है। आजकल लोग समाचार-पत्रों में लन्दन में हो रही हिंसा, भारत के एपल और बंगलौर में ज़हरीली शराब से मरने वाले लोगों के विविध सूत्रों को प्रतिपल जानना चाहते हैं।

आकाशवाणी के संक्षिप्त समाचार उनकी भूख को नहीं मिटाते। इसके लिए समाचार-पत्र के ब्यौरेवार समाचार उनको अधिक रुचिकर लगते हैं। आपने देखा होगा कि घर में समाचार-पत्र के आते ही उसके पृष्ठ माता, पिता, पुत्र और पुत्री में बँट जाते हैं तब आप उनकी उत्सुक नजरों में झाँकिए, कितनी जिज्ञासाएँ तृप्त होती हुई दिखाई देंगी।

विज्ञापनों और व्यापार पृष्ठ के कारण व्यापार की दुनिया भी समाचार-पत्र से जुड़ चुकी है। एक विज्ञापन को लाखों लोग पढ़ते हैं। व्यापारियों को इससे व्यापार-वृद्धि में सहायता मिलती है।

समाचार-पत्र मनोरंजन का भी साधन हैं। कुछ पाठक रहस्यपूर्ण सनसनीखेज अपराध-सम्बन्धी समाचारों को पढ़ने में विशेष रुचि लेते हैं। प्राय: ट्रेन में सफर करते हुए हम कुछ ऐसा पढ़ना चाहते हैं जिससे ज्ञान भी बढ़े और मनोरंजन भी हो जाए।

अत: कहा जा सकता है कि समाचार-पत्र राष्ट्र के निर्माण में अनेक दृष्टियों से रेखांकित करने योग्य भूमिका निभा सकते हैं। लेकिन शर्त एक है-"उनकी स्वतन्त्रता पर आँच न आए।"

29. यदि मैं प्रधानाचार्य होता !

यदि मैं किसी विद्यालय का प्रधानाचार्य होता तो विद्यालय में मेरी वही स्थिति होती, जो इंजन की रेलगाड़ी में होती है। निस्सन्देह विद्यालय का मुखिया होने के नाते मेरा कार्य पर्याप्त कठिन होता। जटिलताएँ और चुनौतियाँ पग-पग पर मेरा मार्ग रोकती हुई दिखाई देतीं। विद्यालय का प्रशासक होने के नाते मुझे संस्था के सदस्यों का नेतृत्व करना पड़ता। नेता होने के नाते मुझे एक आदर्श व्यक्ति बनना पड़ता और शासकोपयोगी गुणों से सम्पन्न होना पड़ता।

यदि मैं प्रधानाचार्य होता तो सबसे पहले मैं अपने लिए उच्च जीवन-दर्शन का ध्येय निश्चित करता। शिक्षा के प्रति मेरा दृष्टिकोण रचनात्मक होता, और व्यापक भी। विद्यालय में मेरा उद्देश्य छात्रों की सेवा करना होता, जिसमें स्वार्थ, पक्षपात और साम्प्रदायिक विचारों को कोई स्थान न होता।

यदि मैं प्रधानाचार्य होता तो अपने विद्यालय को आदर्श विद्यालय बनाने का प्रयत्न करता। मेरा उद्देश्य होता बालकों को आदर्श नागरिक बनने की शिक्षा देना, क्योंकि आज के बालक ही कल के नेता होते हैं। इस उद्देश्य की पूर्ति के लिए मैं अपने सब सहयोगी अध्यापकों का सहयोग प्राप्त करता।

यदि मैं प्रधानाचार्य होता तो दूसरों को मुँह से बोलकर तब तक कुछ न कहता, जब तक कि उनके सम्मुख स्वयं कुछ करके न दिखाता। मुझे विश्वास है कि मेरी देखा-देखी मेरे सहयोगी अध्यापकों में भी उत्साह की लहर दौड़ जाती। यह देखकर बालकों को मुझसे प्रबल प्रेरणा मिलती।

मैं अध्यापकों और विद्यार्थियों पर अपने आदेश लादने की बजाय उनका हृदय जीतने

का यत्न करता। छात्रों से मैं पूछता कि उनके दैनिक जीवन में क्या-क्या कठिनाइयाँ हैं? इन सब तथ्यों के प्रकाश में मैं अपनी नीति का निर्माण करता। इस प्रकार सम्पूर्ण विद्यालय में आत्म-विश्वास और सन्तोष की भावना दृढ़ हो जाती।

यदि मैं प्रधानाचार्य होता तो विद्यालय में अनुशासन स्थापित करने की बहुमुखी योजना बनाता। मैं जानता हूँ कि विद्यार्थी अनुशासन को तभी भंग करते हैं, जब उनकी आकांक्षाएँ पूर्ण नहीं होतीं। विद्यालय के अनेक कार्यों में मैं विद्यार्थियों का सहयोग प्राप्त करता। अनेक कार्य तो मैं विद्यार्थियों को सौंप देता। उनकी अपनी कार्यकारिणी समिति होती। वे अपनी सरकारी समिति बनाते, अपने चुनाव करते, अपनी सहकारी दुकान चलाते। विलम्ब से आने वाले छात्रों के लिए दण्ड-विधान करते। विद्यार्थी ही ऐतिहासिक यात्राओं की योजना बनाते और वे ही उसे चलाते। वर्ष में दो-चार दिन के लिए तो मैं विद्यालय का प्रधानाचार्य और अध्यापक भी विद्यार्थियों को बना देता। इन दिनों विद्यार्थी ही विद्यालय का सारा कार्य चलाते। इस प्रकार उत्तरदायित्व निभाते-निभाते विद्यार्थी स्वयं को विद्यालय का अंग मानने लगते। मेरा विश्वास है कि इस प्रकार मैं अनुशासनहीनता पर बड़ी तत्परता और सरलता से विजय प्राप्त कर लेता।

मैं स्वयं फूलों और फुलवारी का शौकीन हूँ, अतः मैं सुन्दर फुलवारी लगवाता। मैं स्वयं खेलों और मनोरंजक गतिविधियों का पक्षपाती हूँ अतः मैं यथासम्भव शिक्षा को व्यावहारिक और मनोरंजक बनाता। यदि मैं प्रधानाचार्य होता तो निश्चय से यह कह सकता हूँ कि सब अध्यापक और सारे विद्यार्थी मुझे अपना अफ़सर न समझकर अपना साथी या मित्र समझते।

क्या ही अच्छा हो कि कभी मैं सचमुच प्रधानाचार्य बन जाऊँ और अपने इन सपनों को साकार कर दिखाऊँ !

30. फूल की आत्मकथा

मैं फूल हूँ। खुले आकाश के नीचे मेरा आवास है। ग्रीष्म, वर्षा, शीत को सहन करने का मुझे अभ्यास है। मैं वायु के मंद-मंद झोंकों में नाचता हूँ, परन्तु प्रचंड पवन के झोंकों को भी हँसते-हँसते सहन करता हूँ। दूसरों को अपने रूप, सौन्दर्य, गंध तथा कोमलता द्वारा प्रसन्न करना मेरा काम है। मैं सदा प्रसन्न-मन हूँ, इसलिए कवि मुझे 'सुमन' कहकर पुकारते हैं। मेरे चारों ओर काँटे रहते हैं। वे मेरी रक्षा करते हैं, किन्तु वायु के झोंके आने पर कई बार वे मुझे चुभते भी हैं, परन्तु मैं फिर भी 'आह' नहीं करता।

मुझे तोड़ने के लिए जिसका हाथ बढ़ता है, मैं उस पर रुष्ट नहीं होता, बल्कि माला में पिरोया जाने पर उसके गले का हार बनता हूँ। मैं फूल हूँ। मैं सुनहले प्रभात में खिल उठता हूँ परन्तु अन्धकार भरी रात्रि में भी भयभीत नहीं होता, बल्कि मुस्कराता ही रहता हूँ। मेरा मन सदा सन्तुलित रहता है—सुख-दुःख में एक समान।

मैं अपने मित्रों में रहकर बहुत प्रसन्न होता हूँ। श्वेत कमल, नील कमल, रक्त

कमल, स्वर्ण कमल, गुलदाउदी, अमलतास, जूही, चमेली, नरगिस, मोतिया, जपा (गुड़हल), रात की रानी, चम्पा आदि मेरी अनेक जातियाँ हैं। मेरा हर रूप सुन्दर है—हर जाति कमनीय है।

बागों, नदियों, तालाबों, झीलों, उपवनों और जंगलों, मैदानों तथा पर्वतों एवं घाटियों में मेरी विविध जातियों के रूप दिखाई देते हैं। कोमलता के लिए कविगण सदा मुझे ही उपमान बनाते हैं। मैं सुख का प्रतीक हूँ, मैं फूल हूँ।

आज से दो दिन पहले मैं कली के रूप में पौधे पर इतरा रहा था। वहाँ मेरे और भी कई भाई-बहिन प्रसन्नता से झूम रहे थे। चाँदनी रात थी। नभ में चन्द्र उन्मुक्त भ्रमण कर रहा था। उसकी शीतल किरणों ने मेरे अंग-अंग को दुलारा। चन्द्र ने मेरी ओर देखा। मानो कहा—"तुम सुन्दर हो।" मैंने भी उसकी ओर देखा और कहा—"तुम भी सुन्दर हो।" इतने में प्राची दिशा में अरुणोदय हुआ। शीतल, मन्द समीर का एक झोंका आया। उसके मादक स्पर्श ने मुझे गुदगुदा दिया। मैंने आँखें खोलीं। मेरा अंग-अंग पंखुड़ियों के रूप में खिल उठा। मैंने अर्ध-विकसित फूल का रूप धारण कर लिया।

मध्याह्न का सूर्य गगन में चमक रहा था। उसकी प्यारी किरणों ने मुझे खूब हँसाया। अब मैं पूर्ण रूप से विकसित हो चुका था। मैंने इधर-उधर देखा। मेरे साथी भी हँस-हँस कर लोट-पोट हो रहे थे। बच्चों को देखकर हम एक-दूसरे की ओर संकेत करते थे। क्योंकि बच्चों के कपोलों के रंग हमारी पंखुड़ियों से मिलते-जुलते थे। जो भी स्त्री-पुरुष उद्यान में आते, वे हमारी ओर आकृष्ट हो जाते थे। वे मेरे रूप पर मुग्ध होकर एकटक मेरी ओर देखते रहते थे।

मुझ पर यौवन का नशा छा गया। मैं फूला न समाया। मुझे अपने रूप का उतना ही गर्व था, जितना नवयौवना को होता है। मुझे अपने लावण्य जैसा किसी का लावण्य प्रतीत नहीं होता था।

मधुमक्खियाँ आईं, मैंने उदारतापूर्वक अपने मधुर मकरन्द से उनका सत्कार किया। भौंरे आये, उन्हें अपने परागकण अर्पित किये। एक बालक ने मुझे तोड़ लेने का प्रयत्न किया परन्तु काँटों ने मेरी रक्षा की। एक दिन एक सुन्दरी आई। उसने आँखों-ही-आँखों में मेरे रूप की सराहना की। सचमुच, उस समय मुझे हर्ष से रोमांच हो आया।

इतने में माली आया। उस निर्दयी ने मुझे डाली से तोड़ लिया। फिर ले जाकर अपने स्वामी की नवयुवती पुत्रवधू को दे दिया। उस नवयुवती, नव-परिणीता के केशों में लगकर मैं पहले तो इतराया, परन्तु प्रभात होते ही जब वह दर्पण के सम्मुख गई, तो मैं अपने विकृत रूप को देखकर काँप उठा। मैं कुम्हला चुका था। यही मेरी कहानी है।

31. शिक्षा का उद्देश्य

शिक्षा का उद्देश्य है—मानसिक दक्षता प्राप्त करना। मनुष्य एक सामाजिक प्राणी है। वह समाज में जन्म लेता है, पलता है, बड़ा होता है और समाज में रहकर ही कार्य

करता है। मानसिक दक्षता के बिना वह न तो अपने वैयक्तिक तथा पारिवारिक कार्यों को भली भाँति करने की क्षमता प्राप्त कर सकता है और न समाज की उपयोगी इकाई या घटक सिद्ध हो सकता है। शिक्षा का उद्देश्य है व्यक्ति को इस प्रकार की मानसिक दक्षता प्रदान करना जिससे कि कार्य-क्षेत्र में उतरने पर वह अपने सभी कार्यों को दक्षतापूर्वक कर सके।

शरीर और मन मनुष्य के व्यक्तित्व के प्रधान अंगों में से दो हैं। उनमें घना सम्बन्ध है और वे क्रिया-प्रतिक्रिया करके एक-दूसरे पर प्रभाव डालते हैं। उनका आदर्श संयोग तो यह होगा कि स्वस्थ शरीर में स्वस्थ मन हो, पर अपूर्णताओं से भरे संसार में ऐसी पूर्णता तो बहुत ही दुष्प्राप्य है। मन और शरीर में मन ही का महत्त्व अधिक है। यदि मन दूषित हो तो एक निरोग शरीर भी व्यर्थ हो जाता है। पर यदि शरीर अपूर्ण या रोगी हो तो भी एक निपुण मन द्वारा मनुष्य न केवल दीर्घ आयु प्राप्त कर सकता है, बल्कि असाधारण उत्कृष्टता का काम भी कर सकता है। मन शरीर का राजा है और सभ्यता तथा उन्नति के शिखर पर संसार की वही जातियाँ पाई जाती हैं, जिन्होंने सदस्यों के मन को बहुत ही परिष्कृत किया है, इसी प्रकार व्यक्तिगत जीवन में साधारणत: वही लोग अधिक सफल और निपुण होते हैं, जिन्होंने अपने दिमाग को ऊँचे दर्जे तक तरक्की दी है। अच्छी तरह सुशिक्षित और प्रवीण मन ही दुनिया में सबसे अधिक उपयोगी सम्पत्ति है। धन भी इसका मुकाबला नहीं कर सकता और इसके बिना नि:सहाय रहता है। प्रत्येक देश, प्रत्येक व्यापार तथा प्रत्येक पेशा इसका स्वागत करने और इसको काम में लाने के लिए उत्सुक रहता है। वह हर प्रकार की सफलता की कुंजी है और ऊँचे-से-ऊँचे समाज के अन्दर प्रवेश करने के लिए आज्ञा-पत्र है। विद्यार्थी, साहित्यकार, वैज्ञानिक और अध्यापक के लिए तो मानसिक दक्षता स्वत: स्पष्ट है, विशेष कुछ कहने की आवश्यकता नहीं। इसके अतिरिक्त, व्यापार और शिल्प, कला और दस्तकारी से सम्बन्ध रखने वाले धंधों में भी, जहाँ शारीरिक परिश्रम का अंश अपेक्षाकृत अधिक रहता है, इसका महत्त्व बहुत ही अधिक है, चाहे उतना स्पष्ट भले ही दिखाई न पड़ता हो।

मानसिक दक्षता प्राप्त करने के फलस्वरूप विद्यार्थी न केवल पढ़ी हुई सामग्री को अच्छी तरह समझ सकता है और याद रख सकता है, बल्कि अपने काम को कम समय में पूरा भी कर सकता है और इस प्रकार बचाए हुए समय को आगे के काम या किसी दूसरे काम में लगा सकता है। इसी प्रकार एक व्यवसायी के लिए भी मानसिक दक्षता कुछ कम महत्त्वपूर्ण नहीं है। उसके लिए यह बड़े काम की वस्तु है क्योंकि बातों को विस्तारपूर्वक समझने, उनको मन के समक्ष रखने, तुलना करने, कीमतों को याद रखने, ग्राहकों के नाम एवं विशेषताओं आदि को ध्यान में रखने की शक्ति तथा बाजार-भाव के भविष्य में घटने-बढ़ने की सम्भावना का अंदाजा लगाने की दूरदर्शिता किसी भी व्यापारी के लिए उसके प्रतिद्वन्द्वियों के मुकाबले एक बहुत बड़ी सुविधा सिद्ध होती है। यह भी बता देना आवश्यक है कि माल या योग्यता का बेचना भी निश्चित मानसिक नियमों के ही अनुसार होता है जिनको भली भाँति समझे बिना कुशलता से प्रयोग नहीं कर सकते।

चाहे आदमी के सुपुर्द कोई भी काम हो, उसमें उसकी सफलता और सुख दोनों ही अधिकांशत: उसके मन के पक्षपातपूर्वक काम करने पर अवलम्बित है। चाहे काम हो, चाहे खेल या हमारे दैनिक जीवन के लिए उपयोगी हुनर हो, सभी में एक योग्य मन से अत्यन्त लाभ होता है और होगा।

32. जन-साधारण और समाचार-पत्र

अथवा

समाचार-पत्रों का जीवन में स्थान

मानव वास्तव में एक सामाजिक प्राणी है। वह प्राय: समाज में अपने वर्ग में रहकर ही सुखी रहता है और परस्पर पत्र-पत्रिकाओं के द्वारा विशेष सम्पर्क बढ़ाता है। सामाजिक प्राणी होने के कारण मनुष्य देश-विदेश की अवस्था, रहन-सहन, उन्नति-अवनति आदि विवरणों को जानना चाहता है। उन विवरणों एवं दशाओं आदि को जानने की साधारण, सुलभ एवं सुगम विधि समाचार-पत्र ही हैं। समाचार-पत्र ही एक ऐसा साधन हैं जिनके द्वारा हम घर बैठे देश-विदेश के समाचार सफलता और सरलता से एवं अल्प मूल्य में जान सकते हैं। स्पष्ट है कि छात्रों के लिए भी समाचार-पत्र अत्यन्त उपयोगी हैं। इनके द्वारा समाचारों के अतिरिक्त भाषा-ज्ञान सम्बन्धी पर्याप्त सामग्री भी प्राप्त होती है। केवल पुस्तकीय ज्ञान तो अधूरा एवं अपर्याप्त है।

इन समाचार-पत्रों का प्रारम्भ 16वीं शताब्दी में इटली देश के वेनिस नगर में हुआ। कुछ लोगों का मत है कि सबसे प्रथम समाचार-पत्र निकालने का श्रेय चीन को है। 17वीं शताब्दी में इंग्लैंड में कई समाचार-पत्र प्रकाशित होने लगे थे। 19वीं शताब्दी में यूरोप के प्राय: सभी देशों में समाचार-पत्र निकलने लगे। भारत में सर्वप्रथम 'इण्डिया गजट' नामक सरकारी समाचार-पत्र 18वीं शताब्दी में आरम्भ हुआ। इसके बाद ईसाई पादरियों ने अपने मत के प्रचारार्थ कई समाचार-पत्र निकालने शुरू किए। राजा राममोहन राय ने सामाजिक कुरीतियों को दूर करने के लिए 'कौमुदी' नामक पत्र निकाला।

इसके उपरान्त ईश्वरचन्द्र विद्यासागर ने 'प्रभाकर' नामक पत्र प्रकाशित करना शुरू किया। सन् 1835 में लॉर्ड आकलैण्ड ने प्रेस-स्वतन्त्रता की घोषणा की, जिससे भारत में समाचार-पत्रों की उत्तरोत्तर उन्नति होने लगी। वर्तमान समय में देश के प्रत्येक भाग में भिन्न-भिन्न भाषाओं के समाचार-पत्र प्रकाशित होते हैं। आज तो हज़ारों दैनिक, साप्ताहिक, पाक्षिक, मासिक तथा वार्षिक पत्र हमारे देश में प्रचलित हैं। इन पत्रों में भिन्न-भिन्न घटनाएँ, कहानियाँ, तथा धार्मिक, वैज्ञानिक, राजनैतिक लेख, कविता एवं शासन-सम्बन्धी आदि सभी समाचार प्रकाशित होते हैं।

इस युग में, हमारे जीवन में समाचार-पत्रों का स्थान बहुत ऊँचा है। पचास वर्ष पहले तो समाचार-पत्र पढ़ने वाले नगण्य थे, किन्तु आज तो समाचार-पत्रों के पाठकों की संख्या दिन-प्रतिदिन बढ़ती ही जा रही है। इन समाचार-पत्रों के द्वारा ही भारत को

स्वतन्त्रता प्राप्त करने में सफलता मिली, क्योंकि भारत में जागृति फैलाने का मुख्य श्रेय समाचार-पत्रों को ही है। समाचार-पत्रों के द्वारा ही महात्मा गाँधी तथा अन्य महान् नेताओं एवं कर्मठ कार्यकर्ताओं के सन्देश जनता तक पहुँच सके। इन्हीं पत्रों के द्वारा विज्ञापन के माध्यम से व्यापार में भी सहायता प्राप्त होती है। इनको पढ़ने से मनोरंजन भी होता है। अतः संक्षेप में यही कहा जा सकता है कि समाचार-पत्र जन-साधारण के लिए अत्यन्त आवश्यक एवं अनिवार्य हो गए हैं।

आधुनिक युग में सभ्य संसार के लिए समाचार-पत्र ही विचारों के प्रचार का प्रमुख साधन माना जाने लगा है। भविष्य में समाचार-पत्रों की वृद्धि होने की पूर्ण आशा है। यदि ये समाचार-पत्र-पत्रिकायें अपने यथार्थ कर्त्तव्य का पालन करें तो जनता तथा देश का भविष्य उज्ज्वल हो सकता है।

सब छात्रों को अवकाश पाकर यथा-समय समाचार-पत्र पढ़ने का यत्न एवं अभ्यास अवश्य करना चाहिए। समाचार-पत्र आज की उन्नति का आधार हैं। इससे देश में कला-कौशल की उन्नति, शिक्षा-प्रचार तथा जागृति होती है। जो विद्यार्थी समाचार-पत्र पढ़ते हैं, वे अपेक्षाकृत उन्नतिशील होते हैं। उनका साधारण ज्ञान विकसित होता है।

कुछ समाचार-पत्र दैनिक होते हैं ; कुछ साप्ताहिक, पाक्षिक, मासिक, द्विमासिक, त्रैमासिक तथा षण्मासिक (अर्धवार्षिक) होते हैं, जिन्हें समाचार-पत्र नहीं बल्कि पत्रिका (मैगज़ीन) कहा जाता है। इनका विषय पृथक्-पृथक् होता है, जैसे—सामाजिक, राजनैतिक, साहित्यिक, मिश्रित (आम जनता के लिए), वैज्ञानिक, ऐतिहासिक, फिल्मी, महिला-उपयोगी, बालोपयोगी, मज़दूर संघों के, इत्यादि। इसका मुख्य उद्देश्य मुख्यतः जन-जीवन के किसी एक पहलू की विवेचना करना होता है। इनमें समाचार नहीं, बल्कि लेख रहते हैं। इसके अतिरिक्त, वाद-विवाद, कविता, कहानी, नाटक आदि होते हैं।

दैनिक समाचार-पत्रों से हमें देश-विदेश के समाचार, खेलों के समाचार, राजनैतिक परिवर्तनों के समाचार, सरकारी आदेशों के वृत्तान्त, बाज़ार भाव आदि प्राप्त होते हैं। इसके अतिरिक्त, देश की समस्याओं के बारे में सम्पादकीय लेख तथा टिप्पणी आदि पढ़ने को मिलते हैं। इनसे न केवल हमारी ज्ञान-वृद्धि होती है, बल्कि हमें विचारोत्तेजना तथा प्रेरणा भी प्राप्त होती है।

कई बार दलीय राजनीति में उलझकर समाचार-पत्र उत्तेजना भी फैला देते हैं। कुछ समाचार-पत्र साम्प्रदायिकता, प्रादेशिकता आदि में फँसकर अपना विचार-क्षितिज संकुचित बना लेते हैं। इनसे कई बार झगड़े, उपद्रव, दंगे आदि भी हो जाते हैं। परन्तु उत्तरदायी समाचार-पत्र देश-हित के विरुद्ध कोई काम नहीं करते। ऐसे समाचार-पत्र ही देश तथा विदेश में सम्मान पाते हैं। जनतन्त्र में समाचार-पत्रों को शासन का चौथा अंग माना जाता है। श्रेष्ठ पत्रकारों का अच्छा सम्मान होता है। हमारे देश में तिलक, लाजपत राय, गाँधी, मदन मोहन मालवीय आदि स्वयं पत्रकार थे। उनका अनुसरण करते हुए पत्रकारों को देश-हित की साधना करनी चाहिए।

33. परिवार में नारी की भूमिका

भारतीय मनीषियों ने कहा है–*"जहाँ नारियों को आदर और सम्मान दिया जाता है, वहाँ देवता विचरण करते हैं। जहाँ इनका आदर-सम्मान नहीं होता, वहाँ सभी कार्य निष्फल हो जाते हैं।"*

परिवार में नर और नारी की उपमा रथ के दो पहियों से दी गई है। यदि दो पहिए समान हों, तो रथ ठीक प्रकार से चलता है, किन्तु यदि एक पहिया बड़ा और दूसरा पहिया छोटा हो तो रथ ठीक रीति से नहीं चल सकता। यह बात हमारी संस्कृति में बहुत जोर देकर कही गई है। परन्तु बाहरी आक्रमणों के प्रभाव से हम अपनी संस्कृति की अनेक विशेषताओं को भुला बैठे हैं। उन्हीं में से एक विशेषता यह थी कि नर तथा नारी का एवं पुत्र तथा पुत्री का परिवार में समान दर्ज़ा है।

परन्तु परिवार में नारी की भूमिका नर से भी अधिक महत्वपूर्ण है। माता के रूप में वह अमृततुल्य दुग्ध एवं गंगा रूपी स्नेह की धारा बहाकर सन्तान को जीवन प्रदान करती है। पत्नी के रूप में वह पति की सारी थकान हरकर उसे आनन्द प्रदान करती है और पुत्री के रूप में वह गृह-कार्यों में बढ़-चढ़कर हाथ बँटाती हुई सम्पूर्ण परिवार की सहायिका सिद्ध होती है।

सच्ची नारी वही है, जो सारे परिवार के भोजन, वस्त्र, विश्राम और स्वास्थ्य का पूरा ध्यान रखे। घर की प्रत्येक आवश्यकता की पूर्ति के लिए बाहर से सामान मँगवाना, सामान को भली भाँति सहेज कर रखना, परिवार के प्रत्येक व्यक्ति की आवश्यकता को जानना-समझना, पति के आदेश का पालन करना, सन्तान की इच्छा-पूर्ति करना, बड़े-बूढ़ों का आदर करना और अतिथियों का समुचित सत्कार करना उसी के कर्त्तव्य हैं। अपने कर्त्तव्यों का उचित रूप से पालन करती हुई नारी कीर्ति प्राप्त करती है, अन्यथा निन्दा की पात्र होती है।

भारतीय नारी का यही आदर्श है कि वह परिवार में एकता को कायम रखे। सब की शिकायतें ध्यान से सुनकर उन्हें दूर करने का प्रयत्न करे और किसी के मन में भी परिवार के अन्य सदस्य/सदस्यों के प्रति मनोमालिन्य न आने दे।

परिवार में जो नारी श्रद्धा, सात्विकता, प्रेम, करुणा एवं ममता की भावनाओं से पूर्ण होती है, वह अवश्य ही आदर की अधिकारिणी होती है। उक्त गुणों से पूर्ण नारी, आदर्श गृहिणी, कुलीन स्त्री, पूजनीया नारी, सुशीला पत्नी, स्नेहमयी माता तथा सद्गुणी वधू का यश पाती है। वह परिवार में देवर, ननद आदि को स्नेह के वश में रखे तो उनसे सब कार्यों में सहायता भी प्राप्त कर लेती है।

भारतीय नारी पर पश्चिमी सभ्यता का आज काफी प्रभाव देखा जाता है। वह फ़ैशन, सिनेमा, होटल, नाच, डिस्को और क्लब की ओर आकर्षित हो रही है। एक सीमा तक यह अनुचित भी नहीं कहा जा सकता। प्रत्येक युग अपने साथ नई बातें लाता है। परन्तु ये बातें सीमा के भीतर ही अच्छी होती हैं। इनमें बह जाने से भारतीय संस्कृति कहाँ

रहेगी? आज नारी को नौकरी भी करनी पड़ती है, तो वह चाव से करती है और प्राय: सभी नौकरी करने वाली नारियाँ नौकरी से अवकाश मिलते ही घर आकर गृह-कार्यों में लीन देखी जाती हैं। इसी से हम कह सकते हैं कि परिवार में नारी की भूमिका नर से भी बढ़कर है।

34. हरिजनों का उत्थान कैसे हो?

अस्पृश्यता अथवा छुआछूत की प्रथा कुछ जातियों के ऊपर अन्य जातियों द्वारा थोपी गई है, जो सदियों से संगठित शोषण की व्यवस्था के रूप में चली आ रही है। इस प्रथा के उन्मूलन के लिए किसी भी प्रयास का अर्थ है उच्च जातियों की परम्परागत सामाजिक प्रतिष्ठा एवं हितों पर प्रहार, जिसे सहन करने के लिए आवश्यक है उदारवादी दृष्टिकोण। छुआछूत मिटाने का जितना शोर-शराबा होता है, उतना उन्मूलन वास्तव में होता नहीं। अस्पृश्यता-निवारण अधिनियम के निष्प्रभावी होने का यह एक प्रमुख कारण है।

सन् 1924 के आस-पास कई संगठन सक्रिय हुए थे जो दलित वर्गों के उत्थान-कार्य में लगे हुए थे। वे संगठन मुख्य रूप से सुधारवादी थे। दलित वर्गों की मुक्ति के लिए कोई नया कार्यक्रम उनके पास नहीं था और न ही किसी ऐसे नए सामाजिक ढाँचे की कल्पना थी जिसमें दलित वर्गों को सम्मान एवं समानता का दर्ज़ा प्राप्त हो। वे संगठन अपने सुधारवादी कार्यक्रमों के साथ ज़रूरतमन्द लोगों को आर्थिक सहायता प्रदान करते थे। लन्दन में प्रशिक्षण-प्राप्त बैरिस्टर डॉ० अम्बेडकर, जो स्वयं अछूत महार जाति के थे, जाति-व्यवस्था की पूर्ण समाप्ति और समानता के आधार पर हिन्दू समाज के पुनर्गठन के उद्देश्य को लेकर उत्साह के साथ सामने आए। उन्होंने कहा कि अछूत लोग अपने अधिकारों की घोषणा करें, सार्वजनिक कुओं से पानी पिएँ और ज़बरदस्ती मन्दिरों में प्रवेश करें। डॉ० अम्बेडकर के विचार और प्रयास एक शक्तिशाली आन्दोलन बन गए।

जाति-प्रथा के उन्मूलन तथा अछूतों के लिए सामाजिक समानता लाने में डॉ० अम्बेडकर कितने सफल हुए? कुओं और मन्दिरों का अछूतों द्वारा स्वतन्त्र रूप से उपयोग का प्रयास एक लम्बे समय तथा कठिन संघर्ष के रूप में परिणत हो गया, परन्तु उससे लाभ बहुत कम हुआ। आज भी अधिकांश गाँवों में हरिजन लोग कुएँ और मन्दिर के उपयोग से वंचित हैं। मूल प्रश्न दृष्टिकोण बदलने का है। सवर्ण और अछूत दोनों पक्षों के दृष्टिकोण में आत्मीयतापूर्ण परिवर्तन से ही समस्या का समाधान निकल सकेगा।

डॉ० अम्बेडकर महसूस करते थे कि राजनैतिक सत्ता प्राप्त करते ही सब कुछ ठीक हो जाएगा। जिन राजनैतिक अधिकारों के लिए उन्होंने संघर्ष किया उससे उनकी जाति वालों को कोई सत्ता नहीं प्राप्त हुई। संघर्ष की उपलब्धियाँ बहुत बड़ी थीं परन्तु उनके प्रभाव से सवर्णों का बहुमत अछूता रहा। नेता वर्ग और पिछड़े जन-समुदाय के बीच खाई बढ़ती गई। यह एक कटु सत्य है कि जो भी लोग सत्ता में रहे (हरिजन या

सवर्ण) उनका स्वार्थ इसी में निहित था कि वे हरिजनों को दलित बनाए रखें। अम्बेडकर ने उन रीति-रिवाज़ों को तोड़ने के लिए कदम बढ़ाया था जो कि सदियों से चले आ रहे थे और वर्ग-हितों में दृढ़तापूर्वक समाए हुए थे। इस बात में कोई आश्चर्य नहीं कि अम्बेडकर परिवर्तन की सुस्त रफ़्तार से हताश हो गए और धर्म-परिवर्तन द्वारा बौद्ध बन गए।

गांधी जी ऐसा महसूस करते थे कि हिन्दू समाज को स्वयं अपने ही विरुद्ध विभाजित नहीं होना चाहिए। उनका यह विचार उस समय अत्यन्त महत्त्वपूर्ण एवं मान्य हो गया जब ब्रिटिश सरकार द्वारा साम्प्रदायिक पुरस्कार बाँटे जाने पर गाँधी जी ने आमरण अनशन प्रारम्भ कर दिया। गाँधी जीं का यह तर्क औचित्यपूर्ण था कि अछूतों को विशिष्ट अधिकारों का प्रदान किया जाना उन्हें पृथकता की ओर ले जाएगा, अर्थात् सवर्णों से उनकी दूरी बढ़ती जाएगी।

गाँधी जी ने अछूतों के साथ मानवीय व्यवहार करने पर बल दिया और उन्हें 'हरिजन' शब्द से सम्बोधित किया, ताकि अछूतों को एक नया सम्मान प्राप्त हो सके। गाँधी जी का प्रयास यह था कि—"सवर्ण हिन्दुओं का हृदय-परिवर्तन उनकी मानवीय भावनाओं को जाग्रत करके किया जाना चाहिए।"

हिन्दुओं का हृदय-परिवर्तन करने के लिए उन्होंने अपनी शक्तियों को लगा दिया। और स्पष्ट रूप से बता दिया कि जाति के आधार पर अधिकारों के लिए युद्ध कर रहे व्यक्तियों के लिए कार्यक्रमों में कोई स्थान नहीं है।

डॉ० अम्बेडकर के प्रयास से स्वतन्त्र भारत में हरिजनों को विधान-मण्डलों में, उच्च शिक्षा संस्थानों में तथा सरकारी नौकरियों में आरक्षण प्राप्त हुआ और दूसरी ओर लोक-कल्याण योजनाओं के माध्यम से उन्हें शासकीय आर्थिक सहायता प्राप्त होने लगी। आरक्षण का प्रमुख कार्यक्रम राजनैतिक क्षेत्र में है। ऐसी संवैधानिक व्यवस्था है कि लोकसभा तथा विधानसभाओं के प्रत्येक सात सदस्यों में से एक सदस्य अनुसूचित जाति का होगा।

कांग्रेस पार्टी आरक्षित सीटों पर हमेशा भारी बहुमत से विजयी होती रही है। विशेष रूप से हरिजनों के लिए बनाई गई रिपब्लिकन पार्टी की स्थिति चुनावों में आरक्षित सीटों पर भी नगण्य-सी रही। जबकि स्वतन्त्र पार्टी और जनसंघ जैसी पार्टियों को, जो अनुसूचित जातियों का प्रतिनिधित्व नहीं के बराबर करती थीं, अपेक्षाकृत अधिक आरक्षित सीटें प्राप्त हुईं। इससे स्पष्ट है कि सवर्ण नेतृत्व ही यह निर्णय करता है कि कौन विजयी होगा।

यद्यपि कांग्रेस सहित सभी प्रमुख राजनैतिक दलों में हरिजन नेताओं का गुट सक्रिय रहा है, फिर भी इन दलों ने हरिजनों के भविष्य को बेहतर बनाने के लिए केवल घोषणाएँ करने और प्रस्ताव पास करने के सिवाय कोई रचनात्मक कार्य नहीं किया है। जिस राजनैतिक तरीके अथवा दाँव-पेच से अनुसूचित जातियों के नेता निर्वाचित होते हैं, हरिजनों के भविष्य के साथ खिलवाड़ करने में उसका भी कम हाथ नहीं है। जाति-प्रथा के उन्मूलन के लिए चलाया जाने वाला संघर्ष विकृत होकर अधिकाधिक रियायतें प्राप्त करने की माँगों के रूप में बदल जाता है। शासक वर्ग भी ऐसी स्थिति को प्रोत्साहन देने में अपना हित समझता है।

35. भारत में युवा-आन्दोलन

युवा-आन्दोलन की अपनी प्रासंगिकता, अपना स्थान और औचित्य रहा है। भारत में युवा-आन्दोलन आज़ादी से पहले राजनीति से प्रत्यक्ष-परोक्ष रूप से जुड़ा रहा, तब कई रचनात्मक गतिविधियाँ गाँधी जी के नेतृत्व में परिचालित होती रहीं।

यद्यपि गाँधी जी की राय में युवा-वर्ग को, विशेषत: छात्रों को, राजनीति से दूर रहना चाहिए, लेकिन समय की पुकार के उत्तरस्वरूप स्वतन्त्रता-संग्राम में छात्रों ने अपना महत्त्वपूर्ण योगदान दिया।

स्वतन्त्रता-प्राप्ति के पश्चात् अव्यवस्था और अराजकता के खिलाफ़ युवकों ने आन्दोलन किए, धरने दिए, घेराव किए। कभी-कभी ऊँचे आदर्शों के लिए उठी तरुणाई उन आन्दोलनों को समेट कर विश्वविद्यालयों, महाविद्यालयों की परिधि में ले आई और वे समाप्त हो गये बिना किसी विशिष्ट उपलब्धि के।

प्रश्न यह है कि—आज के निरन्तर बढ़ते राजनैतिक और आर्थिक दबावों को महसूस करने वाला युवा वर्ग गलत के खिलाफ़ खड़ा होकर कोई आन्दोलन, कोई प्रतिकार करे या चुप बैठा रहे?

निश्चित ही यह प्रश्न प्रासंगिक है, युवा छात्र-समुदाय तब उत्तेजित होता है, जब उसके अस्तित्व पर उसे स्पष्ट ही कोई खतरा दिखाई देता है। राजनीति उसे अपने इस्तेमाल के लिए उभारती है। आर्थिक दबाव कभी-कभी उसे बेचैन कर देते हैं और वह तात्कालिक बदलाव लाने के लिए कोई उत्तेजक हरकत कर बैठता है...... जो देश और स्वयं उसके लिए हानिकारक सिद्ध होती है।

युवा आक्रोश की अभिव्यक्ति के कुछ उदाहरण देखिए—अपनी माँगों को लेकर कुलपति का घेराव, लोकप्रिय प्राध्यापक का स्थानान्तरण रुकवाने के लिए हड़ताल, कैण्टीन या होस्टल की व्यवस्था में परिवर्तन से लेकर गलत दबावों द्वारा परीक्षा में अंक बढ़वाना और छुरे की नोक पर नकल करना। बाहर के नेताओं द्वारा अपने स्वार्थ के लिए उकसाए जाने पर अपने हित की चिन्ता किये बग़ैर जुलूस, धरने-घेराव आदि आयोजित करते रहते हैं, फलस्वरूप उनके अध्ययन में बाधा आती है।

कई छोटी-छोटी समस्याओं का निराकरण अधिकारियों द्वारा ठीक समय पर न किए जाने के कारण घटनाएँ अप्रत्याशित रूप से अप्रिय मोड़ ले लेती हैं और सारा दोष युवा समुदाय के सिर मढ़ दिया जाता है।

बदलते परिप्रेक्ष्य में युवा-आन्दोलन की भूमिका और उसके औचित्य पर विचार करना आवश्यक प्रतीत होता है।

तात्कालिक लाभ के लिए आक्रामक मुद्रा में आने की बजाय रचनात्मक संकल्प लेकर सामाजिक-आर्थिक बदलाव के लिए किए गए युवा-प्रयास देश और परिवेश को बदलने में अपनी निर्णायक भूमिका सिद्ध कर सकते हैं।

यदि युवा वर्ग छुआछूत जैसी महत्त्वपूर्ण समस्या पर आन्दोलन नहीं, वैचारिक बहस

भी शुरू करता है, तो निस्संदेह ऐसे प्रयास शुभ और स्वागत-योग्य हैं। समाज-सेवा, साक्षरता का प्रसार, अन्ध-विश्वासों और रूढ़ियों का बहिष्कार ऐसे उपेक्षित, किन्तु आवश्यक कार्य हैं। इन कार्यों से युवा वर्ग की छवि तो सुधरेगी ही, समाज और राष्ट्र का भी बड़ा हित होगा।

युवा वर्ग देश की भावात्मक एकता में महत्त्वपूर्ण योग दे सकता है। धार्मिक और सांस्कृतिक सन्दर्भों में उसका सूझ-बूझ भरा प्रत्येक कदम साम्प्रदायिक दंगों अथवा जातियों तथा मज़हबों के बीच घटने वाली दुर्घटनाओं को रोकने और पारस्परिक बन्धुभाव बढ़ाने में कारगर सिद्ध हो सकता है।

यह आवश्यक नहीं है कि प्रत्येक कार्य के लिए तात्कालिक सफलता पायी जाए। देश में आज भी कई ऐसी सामाजिक, सांस्कृतिक समस्याएँ हैं, जिनका गहराई में जाकर पता लगाना है और सहनशील रचनात्मक मानसिकता से उसका समाधान किया जा सकता है।

घेराव-दबाव की राजनीति से युवा वर्ग विक्षुब्ध और उद्वेलित होता है। और समाज के मन में अकारण उसके प्रति सद्भावना शेष नहीं रहती।

वर्तमान बदलते परिप्रेक्ष्य में यह प्रश्न प्रासंगिक है कि युवा-आन्दोलनों और युवा-आक्रोश की यह अभिव्यक्ति क्या सचमुच सही प्रश्न और सही समस्याओं के समाधान के लिए है?

36. पर्यावरण की रक्षा की समस्या

अथवा

प्रदूषण की समस्या

संविधान की धारा 48अ में यह शामिल किया गया है कि राज्य पर्यावरण की रक्षा एवं सुधार के लिए प्रयत्नशील रहेगा और वनों तथा वन्य जन्तुओं की रक्षा करेगा। नागरिकों को यह जानना है—

1. नगरों और गाँवों की बस्तियों में सुरक्षित, स्वास्थ्यप्रद, उत्पादक और कलात्मक दृष्टि को सन्तुष्ट करने वाले पर्यावरण का संरक्षण, विकास और वृद्धि।
2. इकोलॉजी के सिद्धान्तों के ऊपर आधारित राष्ट्रीय और क्षेत्रीय विकास को आगे बढ़ाना।
3. वन, वन्य जन्तु, पर्वत, समुद्र-तट, झीलों, नदियों और समुद्र की राष्ट्रीय सीमाओं में विभिन्न प्राणी-प्रजातियों की रक्षा करना।
4. प्राकृतिक सौन्दर्य-स्थलों और ऐतिहासिक सांस्कृतिक स्मारकों तथा उनके आस-पास के क्षेत्र की रक्षा करना।
5. पर्यावरण की रक्षा और सुधार के लिए वैज्ञानिक, तकनीकी और सामाजिक शोध एवं शिक्षण को प्रोत्साहन देना।

इस नीति के कार्यान्वयन के लिए प्रधानमन्त्री के अन्तर्गत एक सम्पूर्ण अधिकार-सम्पन्न मंत्रालय हो, आवश्यक कानून बने और धन की व्यवस्था हो।

परिस्थितिकीय संकट के लिए गलत विकास-नीतियाँ उत्तरदायी रही हैं। आम आदमी को सुखी बनाने के नाम पर किये जाने वाले इस विनाशपूर्ण विकास पर विचार हुआ है। औद्योगिक रूप से विकसित देश जाग गये हैं और वे अपने पर्यावरण की रक्षा करने लगे हैं। परन्तु भारत में अभी हम उनकी उत्पादन-शैलियों का अंधानुकरण कर रहे हैं और अपनी गाढ़ी कमाई की पूँजी को विशाल बाँधों तथा बड़े कारखानों में, बिना इस बात की चिन्ता किए हुए कि इसका पर्यावरण पर क्या प्रभाव पड़ेगा, फूँक रहे हैं। यद्यपि हम स्वाश्रयी और स्थायी विकास की नीति को अपनाने का दावा करते हैं, परन्तु प्रकृति के साथ सामंजस्य की उपेक्षा करते हैं जो दीर्घकालीन सफलता की कुंजी है। तीसरी दुनिया के कृषि-प्रधान निर्धन देशों में प्रकृति के साथ 'मैत्री' ही स्वाश्रयी विकास का आधार है। यदि हमें कृषि को चौपट करने वाली विनाशकारी बाढ़ों और सूखे से मुक्ति पानी है तो हमें जल-संसाधनों और कृषि-भूमि के उचित उपयोग की व्यवस्था करनी होगी। प्रकृति के साधनों का दोहन करने में संयम बरतना होगा।

चुनाव को लोकतन्त्र का महापर्व और लोक-शिक्षण का महान् अवसर मानते हुए संसदीय चुनावों में प्रत्येक उम्मीदवार से, उसके पक्ष का ध्यान रखे बिना, प्रकृति और पर्यावरण की रक्षा संबंधी प्रश्न पूछे जाने चाहिएँ।

देहाती क्षेत्र के नागरिकों को नदियों और नहरों में पानी के स्थिर-प्रवाह तथा बाढ़ और सूखे से रक्षा की माँग करनी चाहिए। अब यह प्राकृतिक संकट मात्र नहीं है। बाढ़ और सूखे को रोका जा सकता है और मौजूदा वन-नीति का वन-संरक्षण की नीति में परिवर्तन करके कृषि अर्थ-व्यवस्था की रक्षा की जा सकती है। हमें माँग करनी चाहिए कि वानिकी का आधार कृषि को पुष्ट बनाना होना चाहिए, न कि उद्योगों को। वनों के अविवेकपूर्ण व्यापारिक दोहन के फलस्वरूप जन-धन की महान् क्षति हुई है। यदि हमें प्राकृतिक संतुलन और स्थायित्व को पुनः प्राप्त करना है तो वनों का विकास होना चाहिए, न कि विनाश।

पर्यावरण की रक्षा-सम्बन्धी यह चेतना परिसंवादों में होने वाले बुद्धि-विलास की निष्पत्ति मात्र नहीं है, बल्कि देश के कई भागों में इस दशक में हो रहे 'चिपको', 'बम्बई बचाओ', 'मिट्टी बचाओ' और 'मूक घाटी (साइलेण्ट वेली) बचाओ' जैसे परिस्थितिकीय जन-आन्दोलन की फलश्रुति है।

इन आन्दोलनों ने पर्यावरण के लिए पैदा खतरों को उजागर करके जनता को गलत नीतियों के खिलाफ़ उठ खड़ा होने के लिए प्रेरित किया और प्रतिरोध के शांतिमय आन्दोलनों का रूप लिया। 'चिपको' आन्दोलन पेड़ों से चिपक कर काटने से बचाने की अद्भुत मिसाल है। इस आन्दोलन ने एक बुनियादी प्रश्न उठाया है कि क्या जंगल की मुख्य पैदावार मिट्टी, पानी और प्राणवायु है या आज की प्रचलित सरकारी वन-प्रबन्ध की कथित वैज्ञानिक नीति के अनुसार औद्योगिक कच्चा माल और लकड़ी है।

क्या हम विदेशी पूँजी कमाने के लिए वन-सम्पदा का निर्यात करके मिट्टी का निर्यात तो नहीं कर रहे हैं? यह देश-द्रोह है। इसी प्रकार बम्बई के नागरिकों ने सड़कों और मकानों के विस्तार के लिए नागरिकों को छांया और प्राणवायु देने वाले तथा शोर के प्रदूषण से उनकी रक्षा करने वाले पेड़ों को काटने के निर्णय को चुनौती दी है और उन्होंने सांता-क्रूज में लिविंग रोड पर पेड़ों की रक्षा की। होशंगाबाद के 'मिट्टी बचाओ' अभियान ने आवश्यक रूप से बाँध बनाकर मिट्टी की उत्पादन-शक्ति के क्षय के खिलाफ़ आवाज़ उठायी, तो सुदूर दक्षिण के मालाबार क्षेत्र में पाँच करोड़ वर्ष पुराने कूक घाटी के अछूते जंगल को बिजली के लिए बाँध बनाकर नष्ट करने का विरोध किया गया।

आन्दोलन के द्वारा ये प्रश्न उभर कर सामने आते हैं तो वे तकनीशियनों द्वारा, जो दुर्भावनावश आम जनता की बजाय बड़े ठेकेदारों व अन्य निहित स्वार्थों के प्रवक्ता होते हैं, सिखाये गये उत्तर द्वारा सन्तुष्ट कर दिए जाते हैं। पर इससे जनता सन्तुष्ट नहीं होती। जन-असन्तोष कायम रहता है। ऐसी स्थिति में जनता के सामने इसके अलावा कोई दूसरा विकल्प नहीं रह जाता कि मत-पत्र के द्वारा गलत नीतियों के खिलाफ़ अपना फैसला दे।

37. भारतीय गाँवों का भविष्य

भारत की जनसंख्या के 75 प्रतिशत लोग गाँवों में ही निवास करते हैं। हमारी अर्थ-व्यवस्था का आधार अभी तक कृषि ही है। देश की अर्थ-व्यवस्था में इतना महत्त्वपूर्ण स्थान रखते हुए भी यदि हमारे गाँवों का उत्थान न हो, वहाँ के निवासियों को आधुनिक जीवन की कम-से-कम सुविधाएँ न हों और उनका भार हल्का न हो तो समझना चाहिए कि स्वतन्त्रता-प्राप्ति का उद्देश्य पूरा नहीं हुआ। गाँवों की उपेक्षा करके देश नहीं बना रह सकता है, क्योंकि अपने अधिकारों का ज्ञान अब ग्रामीण जनता को हो गया है, वह जागरूक हो गयी है।

शताब्दियों की परतंत्रता, विदेशी शासकों एवं देशी सामंतों तथा जमींदारों की दोहरी चक्की में सदैव पिसते रहने, अत्याचारों को सहन करने और सब प्रकार के ह्रास के कारण हमारे गाँव दरिद्रता, अशिक्षा, बीमारी और कुसंस्कारों के गढ़ बन गये हैं। विदेशी शासन ने इन सीधे-सादे ग्रामीणों का निर्मम शोषण करने के अतिरिक्त कोई ऐसा कार्य नहीं किया जिससे उनकी जीवन-शक्ति स्थायी बनी रह सके।

किसान के जीवन का मुख्य साधन कृषि है, अत: यही उसकी उन्नति की प्रथम सीढ़ी भी है और गाँवों के उत्थान के लिए सर्वप्रथम कृषि की ओर ध्यान देना आवश्यक है। खेती में सुधार के लिए चकबन्दी आवश्यक है। इससे खेतों की देखभाल, सिंचाई आदि की भी सुविधा हो जाएगी। कृषि के सुधरे हुए यंत्रों के प्रयोग कराने के लिये आवश्यक है कि उन्हें कम मूल्य पर वितरित किया जाए। दो-चार गाँवों के बीच एक ट्रैक्टर की व्यवस्था की जा सकती है, जिसकी कीमत उन गाँवों से किस्तों में ली जाये

अथवा जिस प्रकार कई गाँवों के बीच नलकूपों की व्यवस्था हो रही है और सिंचाई का मूल्य लिया जा रहा है, उसी प्रकार ट्रैक्टर से जुताई का मूल्य भी ले लिया जाए। उन्नत किस्म के बीजों, खादों और पशुओं को चारा देने की व्यवस्था और उनके प्रयोग की विधि बताने के लिए कृषि-विशेषज्ञों की नियुक्ति होनी चाहिए।

गाँवों में किसानों को कर्ज़ से मुक्त कराने के लिए कम सूद पर रुपया देने की व्यवस्था करने के लिए सहकारी बैंकों की योजना आवश्यक है। आज भी गाँवों में लोग महाजनों से ऊँची दरों पर कर्ज़ लेते हैं और वह कर्ज़ उनके सिर से आजन्म नहीं उतरता। अच्छे बीजों को भी बँटवाने का काम किया जाना आवश्यक है। इन उपायों से कृषि में आशाजनक उन्नति हो सकती है और कृषि के सुधरते ही गाँवों के जीवन में, वहाँ के जीवन-स्तर में आश्चर्यजनक परिवर्तन हो सकता है।

साल में कुछ महीने ऐसे होते हैं जब कृषि का काम नहीं होता और लोग बेकार बैठे रहते हैं। इस बेकारी को दूर करने के लिए कुटीर उद्योगों का प्रचार लाभदायक है। कला-कौशल के कामों को सीख कर किसान कुछ-न-कुछ कार्य करके अपनी आय बढ़ा सकते हैं।

शिक्षा के क्षेत्र में गाँव अभी भी पिछड़े हुए हैं। गाँवों में दस प्रतिशत लोग ही साक्षर हैं। नये स्कूलों के खुलने और लोगों के दृष्टिकोण में परिवर्तन होने के कारण अब शिक्षा की ओर ध्यान आकर्षित हुआ है, किन्तु अभी भी प्रगति बहुत धीमी है।

अस्वास्थ्यकर घरों में रहने और स्वास्थ्य के नियमों को न जानने के कारण गाँवों के लोग कमज़ोर और बीमार होते हैं। प्रति वर्ष भयंकर बीमारियाँ आती हैं और उनसे सैकड़ों लोग काल-कवलित हो जाते हैं। यदि गाँवों में स्वास्थ्य और सफाई के लिए समितियाँ बनाई जाएँ, दवा का प्रबन्ध हो और गाँव के लोगों को स्वास्थ्य-रक्षा के नियमों का ज्ञान कराया जाए। नापदानों तथा गन्दी गलियों को साफ कराने की व्यवस्था और गाँव के भीतर खाद के गड्ढों को बाहर हटाने के लिए प्रबन्ध होना चाहिए। लोगों की चिकित्सा के लिए जो अस्पताल खुले हुए हैं, उनकी संख्या बहुत कम है और उनमें वर्ष में आधे से अधिक दिनों में दवाइयों का अभाव बना रहता है, वितरण का ढंग ठीक नहीं रहता, अतः उनसे ग्रामीणों को लाभ बहुत कम होता है।

गाँवों में रेल और बिजली की लाइनें दौड़ा दी जाएँ, उनसे यातायात तथा प्रकाश की समस्या सुलझ जाएगी। यातायात की सुविधा के द्वारा उनको व्यापार की सुविधा प्राप्त होगी जिससे उनकी आर्थिक स्थिति सुधरेगी। विचारों में परिवर्तन होंगे और इस प्रकार उनके जीवन का स्तर ऊँचा हो जायेगा। गाँवों के उत्थान के लिए सड़कों का निर्माण आवश्यक है। अनिवार्य श्रमदान द्वारा कच्ची सड़कों का निर्माण पंचायतों द्वारा कराकर सरकार उन्हें पक्की बनवा सकती है। इन सड़कों के बन जाने से गाँवों का विकास तेजी से होगा।

भारतीय गाँवों का भविष्य तभी सँवर सकता है जब रूढ़ियों और कुसंस्कारों को दूर किया जाए। इसके लिए समय-समय पर भाषणों की व्यवस्था, समाचार-पत्रों और

पुस्तकालयों का प्रबन्ध आवश्यक है। लोगों के विचारों को बदलने के लिए प्रवचनों का प्रबन्ध करना चाहिए और कभी-कभी अच्छी फिल्मों का भी प्रदर्शन होना चाहिए, जिनसे वे अपने दोषों को जानकर उन्हें दूर कर सकें।

38. राष्ट्रीय एकता और अखण्डता

धर्म के आधार पर किसी से घृणा या द्वेष करने के दिन लद गए। मज़हब, धर्म या रिलीज़न व्यक्ति की आंतरिक बात है। सामाजिक तौर पर इन्हें व्यक्तियों के सम्बन्धों में बाधक नहीं बनना चाहिए।

भारतीय संविधान में प्रत्येक सम्प्रदाय को अपने धार्मिक कृत्यों और संगठनों की स्वायत्त व्यवस्था का अधिकार है, किन्तु राज्य धर्म-सम्प्रदायों के इस लौकिक अधिकार के नियन्त्रण के लिए कानून बना सकता है। किसी धर्म की स्थापना या उसके प्रसार हेतु धन जुटाने के लिए राज्य को कर लगाने का अधिकार नहीं है। राज्य के व्यय से सम्पूर्णतया चलाये जाने वाले विद्यालय में किसी धर्म-विशेष की शिक्षा पर भी संविधान का प्रतिबन्ध है। राज्य के सब विभागों में और राजकीय सेवाओं में विशेषतया धर्म के आधार पर कोई भेद न किया जाए, यह संविधान का स्पष्ट आदेश है। अल्पसंख्यक धर्म-सम्प्रदायों को अपने शिक्षा-संस्थान बनाने का अधिकार भी संविधान में सुरक्षित किया गया है और सरकार द्वारा इन अल्पसंख्यक शिक्षा-संस्थानों को अनुदान देने में कोई भेद या समानता की नीति नहीं बरती जा सकती। संविधान के निदेशात्मक सिद्धान्तों में यह भी आदेश है कि सब नागरिकों के लिए समान सिविल कोड का निर्माण किया जाए, ताकि किसी नागरिक का चाहे कुछ भी धर्म या सम्प्रदाय हो, उसके लिए दीवानी या सामाजिक कानून एक हों, यानी कि विवाह, उत्तराधिकार आदि मामलों में हिन्दू, मुस्लिम, सिक्ख, ईसाई, यहूदी और पारसी जातीय कानून न हों, बल्कि एक भारतीय कानून हो, जैसे कि सब भारतीयों के लिए एक वर्ग-विहीन समान नागरिकता है।

इस विवरण और विवेचन से आभास होता है कि भारतीय संविधान एक सर्वथा धर्म-निरपेक्ष राज्य-व्यवस्था की स्थापना नहीं करता, बल्कि राज्य को समाज की पुनर्रचना के लिए अधिकार देता है ; धर्म की स्वतन्त्रता तो देता है किन्तु साथ ही धर्म के नियमन और नियन्त्रण का अधिकार भी राज्य के हाथों में देता है ; धर्म-सम्प्रदायों के प्रति समानता और निष्पक्षता का आदेश तो देता है, किन्तु राज्य धर्म पर लौकिक स्वास्थ्य, नैतिकता और व्यवस्था के हित में रोकथाम भी लगा सकता है। धर्म-निरपेक्षता के प्रणेता पं० जवाहरलाल नेहरू ने स्वयं एक बार कहा था कि– *'धर्म-निरपेक्षता' वस्तुतः भारतीय संविधान के सन्दर्भ में सर्वथा सही शब्द नहीं है।* हमारे तत्कालीन राष्ट्रपति डॉ० राधाकृष्णन ने कहा था कि– *भारतीय राज्य-व्यवस्था की धर्म-विषयक निष्पक्षता का नास्तिक और धर्म-विमुख होना धर्म-निरपेक्षता नहीं है। भारतीय धर्म-निरपेक्षता भारत की प्राचीन धर्म-परम्परा से ही आविर्भूत हुई है और उसी संदर्भ में उसे समझना चाहिए।* यही सन्दर्भ महात्मा गाँधी की

सर्वधर्म-समभाव की विचारधारा की भूमिका में भी है। महात्मा गाँधी सब धर्मों को समान श्रद्धा की दृष्टि से देखते थे और उनकी व्याख्या के अनुसार भारतीय धर्म-निरपेक्षता का अर्थ होना चाहिए 'सर्वधर्म-संगम'। पं० जवाहरलाल नेहरू के लिए 'धर्म-निरपेक्षता' आधुनिक वैज्ञानिक जीवन-दर्शन की एक परिणति है, एक धार्मिक एवं सांस्कृतिक विविधता तथा विभिन्नता से भरे समाज के लिए मूलभूत और व्यावहारिक लोकतान्त्रिक आधार है। गाँधी जी के दृष्टिकोण के अनुसार राज्य की धर्म-निरपेक्षता का यही सिद्धान्त व्यापक ईश्वरीय आस्था और अस्तित्ववादी अध्यात्म का अन्तरंग आधार है, जिसे कोई सभ्य राज्य-व्यवस्था अस्वीकार नहीं कर सकती। इसमें कोई सन्देह नहीं कि भारतीय सांस्कृतिक परम्परा का उदारवादी दृष्टिकोण हमारे संविधान की धर्म-निरपेक्षता के साथ एक स्वर है, विशेषतया इसलिए कि यह धर्म-निरपेक्षता हमारी सांस्कृतिक समन्वयात्मकता और वैचारिक सहिष्णुता पर आधारित है। भारतीय परम्परा से सदैव विचारों और अन्तरात्मा की आज़ादी रही और दूसरों के दृष्टिकोणों के प्रति सम्मान तथा सहानुभूति। यही सहिष्णुता, मानवीय चेतना की यह स्वतन्त्रता, अनेकान्त और समन्वय की सही प्रेरणा भारतीय संविधान में धर्म-निरपेक्षता की सांस्कृतिक भाव-भूमि है।

जातिवाद, वर्ण-भेद और सामाजिक संकीर्णता हमारी संवैधानिक धर्म-निरपेक्षता की राह में रोड़े हैं और जब तक हमारा समाज इन बेड़ियों में जकड़ा हुआ है तब तक न हमारा समाज पूरी तरह से जनतान्त्रिक कहा जा सकता है, न हमारी राज्य-व्यवस्था धर्म-निरपेक्ष। इसी प्रकार जब तक हमारे पड़ोसी राज्यों में धर्मान्धता का दावानल सुलगता रहेगा, हमारे देश में पूरी तौर से धर्म-निरपेक्षता की स्थापना दुष्कर ही रहेगी।

वस्तुतः राष्ट्रीय जीवन में और राज्य-व्यवस्था में सही माने में धर्म-निरपेक्षता के स्थान के लिए हमें गरीबी और अज्ञानता को चिर-विदा देनी होगी। घर-घर में शिक्षा का अलख जगाना होगा और समूचे देश में अविभक्त राष्ट्रीय चेतना और भावनात्मक एकता का संचार करना होगा। यही अन्तर्भूत राष्ट्रीय एकता, धर्म-निरपेक्षता का आधार और जनतन्त्र का सम्बल बन सकती है। यही एकता आज हमारे देश का लक्ष्य है। इसी मूल में हमारी सांस्कृतिक परम्परा का ओजस्वी आह्वान और देश के स्वर्णिम भविष्य का झिलमिलाता सपना है।

39. पुस्तकालय एवं उसके लाभ

जीवन की अन्य आवश्यकताओं की भाँति ज्ञान प्राप्त करना भी एक बहुत बड़ी आवश्यकता है। लोगों को शिक्षित बनाने के लिए तथा ज्ञान प्राप्त करवाने के लिए एक राष्ट्र को अपनी सम्पत्ति का बहुत बड़ा भाग व्यय करना पड़ता है। छोटे-छोटे स्कूलों से लेकर बड़े-बड़े विद्यालय और कॉलेज इसी उद्देश्य की पूर्ति के लिए स्थापित किए गए हैं। परन्तु ज्ञान का क्षेत्र इतना विशाल है कि वे शिक्षा-संस्थाएँ एक निश्चित समय में पूर्ण रूप से ज्ञान का साक्षात्कार नहीं करा सकतीं। इसलिए ज्ञान-पिपासु को पुस्तकालय का सहारा लेना पड़ता है।

प्राचीन काल में तो पुस्तकें हस्तलिखित होती थीं, जिससे एक व्यक्ति के लिए विविध विषयों पर अनेक पुस्तकें उपलब्ध कराना बड़ा कठिन था। परन्तु आज के मशीनी युग में भी, जबकि पुस्तकों का मूल्य प्राचीन काल की तुलना में बहुत ही कम है, एक व्यक्ति अपनी ज्ञान-पिपासा की तृप्ति के लिए सभी पुस्तकें खरीदने में असमर्थ ही है। पुस्तकालय हमारी इस असमर्थता को दूर करने में सबसे बड़ा सहायक है।

पुस्तकालय भिन्न-भिन्न प्रकार के होते हैं। कई विद्या-प्रेमी, जिन पर लक्ष्मी की भी कृपा होती है, अपने उपयोग के लिए अपने ही घर पर पुस्तकालय की स्थापना कर लेते हैं। ऐसे पुस्तकालय 'व्यक्तिगत पुस्तकालय' कहलाते हैं। सार्वजनिक उपयोगिता की दृष्टि से इनका महत्त्व कम होता है। दूसरे प्रकार के पुस्तकालय स्कूलों, कॉलेजों और विद्यालयों में होते हैं। इनमें बहुधा उन पुस्तकों का संग्रह होता है, जो पाठ्य विषयों से सम्बन्धित होती हैं। सार्वजनिक उपयोग में इस प्रकार के पुस्तकालय भी नहीं आते। इनका उपयोग छात्र और अध्यापक ही करते हैं। परन्तु ज्ञानार्जन और शिक्षा की पूर्णता में इनका सार्वजनिक महत्त्व है। इनके बिना विद्यालयों की कल्पना नहीं की जा सकती। तीसरे प्रकार के पुस्तकालय 'राष्ट्रीय पुस्तकालय' कहलाते हैं। आर्थिक दृष्टि से सम्पन्न होने के कारण इन पुस्तकालयों में देश-विदेश में छपी भाषाओं और विषयों की पुस्तकों का विशाल संग्रह होता है। इनका उपयोग भी बड़े-बड़े विद्वानों द्वारा होता है। चौथे प्रकार के पुस्तकालय सार्वजनिक होते हैं। इनका संचालन सार्वजनिक संस्थाओं के द्वारा होता है। आजकल ग्रामों में भी ग्राम-पंचायतों द्वारा किसानों के उपयोग के लिए पुस्तकालय चलाये जा रहे हैं। इस प्रकार के पुस्तकालय सर्व-साधारण के लिए खूब उपयोग में आते हैं परन्तु शिक्षा के क्षेत्र में इनका महत्त्वपूर्ण योग नहीं होता। आजकल एक और प्रकार के पुस्तकालय भी दिखाई देते हैं। ये मोटरों या गाड़ियों में चलाये जाते हैं। इनका उद्देश्य प्रचार करना होता है। इनमें प्रचार-साहित्य अधिक होता है।

पुस्तकालय अपने पाठकों के उपयोग के लिए सभी प्रकार की नई-नई पुस्तकों का संग्रह करता है। अपने पाठकों की रुचि और आवश्यकताओं को देखते हुए पुस्तकालय-अधिकारी देश-विदेश में मुद्रित पुस्तकों की खरीद करते हैं। फिर विषय के अनुसार उनका वर्गीकरण किया जाता है। पाठकों को अपनी मनचाही पुस्तकें प्राप्त करने में आसानी हो, इसलिए विषयवार पुस्तकों की एक सूची पुस्तकालय में तैयार की जाती है। पाठकों को पुस्तक प्राप्त कराने के लिए वहाँ कुछ कर्मचारी होते हैं। पुस्तकालय में पाठकों के बैठने और पढ़ने के लिए समुचित व्यवस्था होती है। पढ़ने के स्थान को 'वाचनालय' कहते हैं। पाठकों को घर पर पढ़ने के लिए भी पुस्तकें दी जाती हैं। परन्तु इसके लिए एक निश्चित धन देकर पुस्तकालय की सदस्यता प्राप्त करनी होती है। पुस्तकालय में पत्रिकाएँ भी होती हैं।

बड़े पुस्तकालयों की दृष्टि से रूस, अमरीका और इंग्लैंड का प्रमुख स्थान है। मास्को के लेनिन पुस्तकालय में लगभग डेढ़ करोड़ मुद्रित पुस्तकें संग्रहीत हैं। वाशिंगटन (अमरीका) के कांग्रेस पुस्तकालय में चार करोड़ से अधिक पुस्तकें हैं। यह विश्व का

सबसे बड़ा पुस्तकालय समझा जाता है। इंग्लैंड के ब्रिटिश म्यूज़ियम में पचास लाख पुस्तकों का संग्रह है। भारत में कलकत्ता के राष्ट्रीय संग्रहालय में कई लाख पुस्तकें हैं। केन्द्रीय पुस्तकालय, बड़ौदा में लगभग डेढ़ लाख पुस्तकों का संग्रह है। प्राचीन भारत में नालंदा और तक्षशिला में बहुत बड़े-बड़े पुस्तकालय थे।

पुस्तकालय के अनेक लाभ हैं। ज्ञान-पिपासुओं के लिए तो ज्ञान-प्राप्ति के लिए पुस्तकालय से बढ़कर कोई साधन है ही नहीं। अध्यापक विद्यार्थी का केवल पथ-प्रदर्शन करते हैं, ज्ञानार्जन की पूर्ति तो पुस्तकालय से ही होती है। देश-विदेश के तथा भूत और वर्तमान के विद्वानों के विचारों से अवगत कराने में पुस्तकालय हमारे सबसे बड़े साथी हैं।

आर्थिक दृष्टि से भी पुस्तकालय का महत्त्व कम नहीं है। एक व्यक्ति विविध विषयों की जितनी पुस्तकें पढ़ना चाहता है, उतनी खरीद नहीं सकता। पुस्तकालय इस विषय में उसकी मदद करता है। थके हुए दिमाग को मनोरंजन की सामग्री भी पुस्तकालय देता है। कहानी, उपन्यास, कविता और मनोरंजक विषयों की पुस्तकें भी वहाँ से प्राप्त होती हैं। अवकाश के समय का भी सदुपयोग पुस्तकालय में बैठकर किया जा सकता है।

यदि यूँ कहा जाए कि पुस्तकालयों से हानियाँ भी होती हैं तो यह सर्वथा असंगत होगा, किन्तु कुछ लोग अच्छी वस्तु का भी दुरुपयोग करके उसे हानिकारक बना देते हैं। इसी प्रकार कुछ विद्यार्थी पुस्तकालय में जाकर किस्से-कहानियाँ पढ़ते रहते हैं और अपनी पाठ्य-पुस्तकों की उपेक्षा कर देते हैं। जिसका परिणाम उनके लिए हानिप्रद होता है। लेकिन इसमें पुस्तकालय का कोई दोष नहीं है। वे तो ज्ञान के भंडार हैं और हमें ज्ञान की ज्योति प्रदान करते हैं।

40. ताजा खबरों का दूत : समाचार-पत्र

व्यक्ति और समाज में परस्पर घनिष्ठ सम्बन्ध है। मनुष्य अपनी व्यक्तिगत उन्नति करते हुए भी सामाजिक संबंध के लिए सदा व्याकुल रहता है। समाज एक परिवर्तनशील इकाई है। समय-परिवर्तन के साथ समाज अपना स्वरूप बदलता रहता है। आधुनिक युग में समाज गाँव व नगर तक सीमित नहीं रहा। आज उसका क्षेत्र देश के कोने-कोने में विस्तीर्ण हो गया है। इसी कारण प्रभात होते ही मनुष्य अपने उस विस्तृत समाज की दशा का ज्ञान प्राप्त करने को बेचैन रहता है।

समाचार-पत्र प्रत्येक मनुष्य पढ़ता है, परन्तु प्रत्येक मनुष्य कभी इस बात का अनुमान नहीं लगाता कि इतने विशाल समाचारों का संग्रह कहाँ से होता है। संवाद-वितरण तथा एकत्रीकरण की प्रक्रिया अत्यन्त पेचीदी, कष्टप्रद तथा उत्तरदायित्व से पूर्ण है जो कि एक अलग निबन्ध का विषय है। संसार भर के सूक्ष्मातिसूक्ष्म घटना-क्रम का पूर्ण तथा शीघ्र वर्णन समाचार-पत्र ही प्रदान करते हैं।

प्रत्येक वस्तु, जो इस जगत् में उत्पन्न होती है, अपने साथ कुछ-न-कुछ उपयोगिता अवश्य लाती है। इसी प्रकार समाचार-पत्रों का भी कुछ उपयोग अवश्यमेव है।

आज का युग राजनीति-प्रधान है। राजनीति से पूर्ण होने के कारण यह युग अत्यन्त पेचीदा हो गया है। देश-विदेश एक-दूसरे के सम्पर्क में आने लगे हैं। अत: समाचार-पत्र सर्वप्रथम देश-विदेश की सूचनाएँ प्राप्त कराने के सर्वप्रमुख साधन हैं। किसी देश के राजनैतिक विचार, राजनीति के क्षेत्र में उसकी गतिविधि, अन्य राज्यों से उसके राजनैतिक सम्बन्ध, भिन्न-भिन्न देशों की राजनीति की तुलना आदि बातें समाचार-पत्र में होती हैं। इन समस्त प्रश्नों की कुंजी हमारे समाचार-पत्र हैं। ये हमें देश-विदेश में घटित घटनाओं से परिचित कराते रहते हैं। विभिन्न राज्यों के पारस्परिक सम्बन्धों का, उनके कार्यों तथा राजनैतिक व सामाजिक जीवन के परिवर्तन को ज्ञात कराने के लिए समाचार-पत्र एक संदेशवाहक का कार्य करते हैं। अत: समाचार-पत्रों की सर्वप्रथम राजनैतिक क्षेत्रों में उपयोगिता है।

आज का युग प्रजातंत्र का युग है। प्रजातंत्र का वास्तविक अर्थ है प्रजा का अपना शासन। प्रजातंत्र की सफलता तभी सम्भव है जबकि देश के जन-जन में परस्पर सहानुभूति हो, सामाजिक कुरीतियाँ समाप्त हों, जाति-पाँति तथा छुआछूत की भावना का पूर्णत: अन्त हो तथा 'जिसकी लाठी उसकी भैंस' वाली बात का अन्त हो। इन सब दोषों को दूर करने में समाचार-पत्र अत्यन्त सहायक सिद्ध हुए हैं। अत: यह स्पष्ट है कि समाचार-पत्र प्रजातंत्र के भवन की आधार-शिला हैं। इसमें राजनीति के समस्त गुण-दोष निहित रहते हैं, जो जनता के प्रत्येक मनुष्य को उसका ज्ञान कराते हैं।

समाचार-पत्र आर्थिक दृष्टि से भी अत्यन्त महत्त्वपूर्ण तथा उपयोगी हैं। समाचार-पत्र व्यापार के सर्वोत्तम सहायक हैं, क्योंकि विज्ञापन का सर्वश्रेष्ठ कार्य इन्हीं के द्वारा उच्च स्तर पर कार्यान्वित होता है। कोई भी व्यापारी अपने स्थानीय व्यापार से ही अपना व्यापार उन्नत नहीं कर सकता। व्यापार को उन्नत स्वरूप प्रदान करने में ये ही उपयोगी हैं। समाचार-पत्र प्रतिदिन लाखों व्यक्तियों के हाथों में पहुँचते हैं। इनमें शत-प्रतिशत विज्ञापनों द्वारा लोग उपयोगी, आवश्यक तथा उत्तमोत्तम पदार्थों से परिचित होते हैं। फिर लोग उन पदार्थों को खरीद कर अपनी आवश्यकता की पूर्ति करते हैं। आयात-निर्यात का पूर्ण रूप से ज्ञान समाचार-पत्रों से होता है। इस प्रकार समाचार-पत्र व्यापार का भी अति उत्तम साधन हैं।

समाचार-पत्र पढ़ने से मनुष्य के समय का सदुपयोग होता है क्योंकि गप-शप, मिथ्या, झूठ, लड़ाई-झगड़े, द्वेष, ईर्ष्या, चोरी इत्यादि से बचकर पढ़ा गया समाचार-पत्र इन बातों से बचाकर हमें सांसारिक विषयों का विशद् ज्ञान प्रदान करता है।

समाचार-पत्रों से कुछ हानियाँ भी होती हैं। समाचार-पत्र से सर्वप्रथम हानि यह है कि कभी-कभी झूठे तथा दुष्प्रभावकारी समाचार एवं विज्ञापन प्रकाशित हो जाते हैं और पाठकों पर इनका बुरा प्रभाव पड़ता है।

कुछ समाचार-पत्र संकीर्ण विचारधाराओं से परिपूर्ण होते हैं। वे किसी पूँजीपति के हाथों का खिलौना होते हैं। वे सरकारी नीति की पक्षपातपूर्ण विवेचना करते हैं। कुछ समाचार-पत्र ऐसे भी होते हैं, जिनका मुख्य उद्देश्य सरकारी नीति की आलोचना करना

ही है। इन सब बातों का परिणाम बुरा निकलता है। समाचार-पत्र इन दोषों से ऊपर हों तो वे सम्पूर्ण राष्ट्र के ही नहीं, मानवता के लिए भी वरदान बन सकते हैं।

भारतीय जनता अब समाचार-पत्रों के मूल्यों एवं महत्त्व को समझने लगी है तथा वह दिन दूर नहीं जब हम दावे से कह सकेंगे कि जनसंख्या समाचार-पत्रों को पढ़ती है और भारत में राजनैतिक नेताओं तथा पूँजीपतियों के प्रभाव से विमुक्त स्वतंत्र समाचार-पत्र प्रकाशित हो रहे हैं।

41. धर्म और विज्ञान

आधुनिक युग में धर्म के प्रति अविश्वास और अनास्था बढ़ती जा रही है। बुद्धिजीवी वर्ग धार्मिक मान्यताओं को उपहास की वस्तु समझने लगा है। धर्म के स्थान पर विज्ञान का प्रभाव बढ़ता जा रहा है। वस्तुत: 'धर्म' शब्द का अर्थ 'अन्ध-विश्वास' तथा 'साम्प्रदायिकता' नहीं, बल्कि अच्छे गुणों को धारण करना है। वस्तुत: अधिकांश लोग धर्म के नाम पर अपना स्वार्थ सिद्ध करते हैं। वे बाहरी आडम्बरों और पाखंड को ही धर्म की संज्ञा देकर धार्मिक होने का ढोंग रचते हैं। गेरुए कपड़े पहनना, माला फेरना, तिलक लगाना आदि बाह्य आडम्बरों को 'धर्म' नहीं कहा जा सकता। प्राचीन युग से ही धर्म के नाम पर असंख्य निरपराध लोगों की हत्या होती रही है। धर्म का उद्देश्य हत्या तथा लूट-पाट नहीं, बल्कि संसार के उपवन में प्रसन्नता के फूल खिलाना है। 'मनुस्मृति' में धर्म की परिभाषा इस प्रकार दी गई है—

धृतिः क्षमा दमोऽस्तेयं शौचमिन्द्रिय निग्रहः।
धीर्विद्या सत्यमक्रोधो, दशकं धर्म लक्षणम्।।

धैर्य, क्षमा, पवित्रता, आत्म-संयम, सत्य, अक्रोध आदि सद्‌गुणों को धारण करना ही वास्तविक धर्म है। धर्म का उद्देश्य लोक-कल्याण है। सच्चा धार्मिक व्यक्ति सम्पूर्ण संसार के कल्याण की कामना करता है—

इबादत है दुखियों की इमदाद करना
जो नाशाद हों उनका दिल शाद करना।
खुदा की नमाज़ और पूजा यही है
जो बरबाद हों, उनको आबाद करना।

थॉमस फुलर के अनुसार—"*एक श्रेष्ठ जीवन ही एकमात्र धर्म है।*" विलियम पेन ने धर्म और प्रेम को पर्यायवाची मानते हुए कहा—"*धर्म, ईश्वर और मानव के प्रति प्रेम से अधिक कुछ भी नहीं।*" थॉमस पेन ने धर्म और मानव-कल्याण को समानार्थक माना है। पेन के शब्दों में—"*सम्पूर्ण विश्व मेरा देश है, सम्पूर्ण मानव-समाज मेरा बन्धु है, और भलाई करना ही मेरा धर्म है।*" फ्रैंकलिन ने धर्म के महत्त्व को स्वीकार करते हुए कहा

है कि–" *यदि मनुष्य धर्म की उपस्थिति में इतने दुष्ट हैं तो धर्म की अनुपस्थिति में उनकी क्या दशा होती !*"

धर्म का वास्तविक उद्देश्य सत्य की खोज है। धर्म के मार्ग पर चलकर ही व्यक्ति सच्चा मानव कहलाने का अधिकारी हो सकता है। परन्तु धर्म के नाम पर बहुत-से लोगों ने धरती पर ही नरक की सृष्टि कर दी है। आधुनिक युग में मन्दिर, मस्जिद तथा अन्य पवित्र स्थान अपराध-केन्द्र बन गये हैं। बहुत-से मन्दिरों में देव-दासियाँ अपना शरीर बेचती हैं और कितनी ही मस्जिदों में घातक बम बरामद होते हैं। राजनीति रूपी वेश्या ने धर्म को कलंकित कर दिया है। धर्म-प्रचारक राजनीतिज्ञों के हाथ की कठपुतली बन गये हैं। वास्तव में धर्म के नाम पर की जाने वाली बुराइयों तथा अपराधों का सम्बन्ध उन व्यक्तियों से है जो अधार्मिक हैं। धार्मिक व्यक्ति काम, क्रोध, मोह, लोभ, अहंकार तथा ईर्ष्या जैसे विकारों से मुक्त होता है ; वह स्वयं को ईश्वर के निकट महसूस करता है।

आधुनिक युग में अधिकांश शिक्षित व्यक्ति धर्म को महत्त्व न देकर विज्ञान को अधिक महत्त्वपूर्ण मानने लगे हैं। प्राचीन काल से ही व्यक्ति विज्ञान के क्षेत्र में अनेक बहिष्कार करता रहा है, परन्तु पिछली तीन शताब्दियों में विज्ञान ने विभिन्न क्षेत्रों में अभूतपूर्व उन्नति की है। विज्ञान का क्षेत्र अब केवल भौतिकी और रसायन-शास्त्र तक ही सीमित नहीं रहा है, बल्कि इसका क्षेत्र अत्यन्त विस्तृत हो गया है। विज्ञान का अर्थ संसार के विभिन्न तथ्यों और सत्त्वों की विशिष्ट जानकारी प्राप्त करना है। आधुनिक युग में विज्ञान ने एक विशिष्ट क्रांति ला दी है। मानव ने देश, काल तथा प्रकृति के तत्त्वों पर विजय पा ली है। विज्ञान की उन्नति से ही आधुनिक युग की इतनी अधिक औद्योगिक उन्नति हुई है। विज्ञान ने विराट् विश्व को एक वृहद् परिवार में परिवर्तित कर दिया है। चिकित्सा के क्षेत्र में भी विज्ञान ने अद्‌भुत उन्नति की है। असाध्य रोगों की चिकित्सा भी होने लगी है। यातायात और संचार के साधनों ने आधुनिक मनुष्य के जीवन को बहुत अधिक गतिशील बना दिया है। विज्ञान की सहायता से मनुष्य ने धरती, आकाश और सागर के असंख्य रहस्य जान लिये हैं। मनुष्य ने प्राकृतिक बाधाओं पर विजय प्राप्त कर ली है। वायुयान की सहायता से व्यक्ति अनन्त आकाश में पक्षियों की तरह विचरण कर सकता है। विज्ञान की सहायता से ही आज व्यक्ति चन्द्र और मंगल ग्रहों के रहस्य को जानने में सफल रहा है। वैज्ञानिक उन्नति के कारण ही व्यक्ति कल्पनातीत शक्ति पाने में समर्थ हुआ है। विद्युत् के आविष्कार ने संसार का रूप ही बदल दिया है। विद्युत् दीपों की तरह मानव को अपना भविष्य भी प्रकाशपूर्ण दिखाई दे रहा है। विज्ञान ने निश्चय ही मानव-समाज को देवलोक बना दिया है।

आधुनिक युग में विज्ञान मानव-कल्याण के लक्ष्य से भटक गया है। आणविक अस्त्रों की अन्धी दौड़ ने सम्पूर्ण मनुष्य-जाति को मृत्यु-भय से आशंकित कर दिया है। न्यूट्रॉन बम, हाइड्रोजन बम आदि का आविष्कार मनुष्य-जाति के सम्पूर्ण विनाश की ओर इंगित कर रहा है।

धर्म के अभाव में विज्ञान अधूरा है। विज्ञान व्यक्ति को भौतिक सुख प्रदान कर

सकता है। शाश्वत् सुख की खोज के लिए तो व्यक्ति को धर्म की ही शरण ग्रहण करनी पड़ेगी। विज्ञान और धर्म का समन्वय ही मानव-समाज को सही दिशा दे सकता है। डॉ० रामधारी सिंह 'दिनकर' ने विज्ञान और धर्म के समन्वय की आवश्यकता पर बल देते हुए कहा है–"*विज्ञान जैसे-जैसे आगे बढ़ता जा रहा है, अभिनव चिन्तन का भी गहराई की दशा में उत्तरोत्तर विकास होता जा रहा है और ऐसा लगता है कि हम सचमुच ही उस बिन्दु के पास पहुँचते जा रहे हैं जहाँ द्रव्य को समझने के लिए हमें आत्मा की आवश्यकता पड़ेगी, जहाँ यांत्रिक और आध्यात्मिक तत्त्वों के बीच हमें सामंजस्य लाना पड़ेगा।*"

विज्ञान ने आज मनुष्य को एक सुलगते हुए ज्वालामुखी के शिखर पर ला खड़ा किया है। धर्म इस ज्वालामुखी को फूलों के उपवन में बदल सकता है। विज्ञान ने मनुष्य को शक्तिशाली दैत्य बना दिया है। धर्म ही उसमें देवत्व की पुनः प्रतिष्ठा कर सकता है।

42. देश की एकता एवं अखण्डता का रक्षक : कुम्भ महापर्व

भारतीय संस्कृति में तीर्थों का विशिष्ट स्थान है जहाँ व्यक्ति अव्यक्त सत्ता के प्रति नतमस्तक होता है। व्यक्ति के विचारों में आमूल-चूल परिवर्तन में तीर्थ-स्थल महत्त्वपूर्ण भूमिका निभाते हैं। यूँ तो भारत में असंख्य तीर्थ हैं, किन्तु उनमें से कुछ प्रमुख तीर्थ ऐसे हैं जो अधिकांश श्रद्धालुओं को आकर्षित करते हैं, जिनमें मथुरा, अयोध्या, काशी, द्वारिका, कांची, अवन्तिका (उज्जैन), रामेश्वर, गंगासागर प्रमुख हैं। किन्तु हरिद्वार अपने विशिष्टाकर्षण के कारण सर्वमन-भावन तीर्थ के रूप में देशभर में ही नहीं, अपितु विश्व भर में विख्यात है। इसका धार्मिक महात्म्य जहाँ श्रद्धालुओं को अपनी ओर खींचता है, वहाँ इसका प्राकृतिक सौन्दर्य भी पर्यटकों को आकर्षित करने में पीछे नहीं रहता। इस प्रकार हरिद्वार श्रद्धालुओं व पर्यटकों का समान रूप से मन-भावन केन्द्र है, जहाँ से हर आगन्तुक एक मधुर स्मृति व अमिट छाप लेकर घर लौटता है।

हरिद्वार का मुख्याकर्षण प्रत्येक बारह वर्ष के पश्चात् आने वाला 'कुम्भ महापर्व' है। ग्रन्थों में कुम्भ के विषय में पर्याप्त वर्णन मिलता है। ऋग्वेद में कुम्भ का उल्लेख इस प्रकार मिलता है–

जघान वृत्रं स्वधितिर्बलेव रुरोज पुरोअरदन्न सिन्दून् ।
विभेद गिरिं नवभिन्न कुम्भभागा इन्द्रो आकृणुता स्वयुग्भिः।।

(ऋग्वेद : *10-89-7*)

जिस इन्द्र ने वृत्रासुर का वध किया था तथा अनेक अवसरों पर अनेक दुर्दान्त पराक्रमी असुरों का विनाश किया था और पंख वाले पर्वतों को पंखहीन करके जगत् की रक्षा की थी, उसी इन्द्र ने अपने रथ एवं आयुधों के बल पर अमृत-कुम्भ को अपने अधिकार में ले लिया।

'कुम्भ' शब्द की व्युत्पत्ति संस्कृत में इस प्रकार की जा सकती है–

कृं पृथ्वीं भावयन्ति संकेतयन्ति भविष्यत्कल्याणादिकाय महत्वाकाशे स्थिताः बृहस्पत्यादयो ग्रहाः संयुज्य हरिद्वार प्रयागादेतत्तत्पुण्यस्थानविशेषानुद्विश्य यस्मिन् सः कुम्भः।

स्कन्धपुराण के अनुसार त्रेतायुग में दैत्यों, असुरों, दानवों की शक्ति पर अंकुश लगाने हेतु व देवताओं को पुनः अमरत्व प्रदान करके शक्ति-सम्पन्न बनाने हेतु भगवान् विष्णु ने देवताओं को दैत्यों की सहायता से समुद्र-मंथन की सम्मति दी तथा समुद्र-मंथन से प्राप्त होने वाले अमृत को पान करने का सुझाव दिया। समुद्र-मंथन से प्रारम्भ में लक्ष्मी, कौस्तुभ, पारिजात, सुरा, चन्द्र, गरल, एरावत, कामधेनु, उच्चश्रवा, रम्भा, पांचजन्य शंख आदि रत्न निकले। अन्त में अमृत-कुम्भ के लिए वैद्यराज धन्वन्तरि प्रकट हुए। अमृत-कुम्भ पर दृष्टि पड़ते ही देवों व असुरों में अमृत-कुम्भ हेतु संघर्ष शुरू हो गया। देवराज इन्द्र का पुत्र जयन्त अमृत-कुम्भ लेकर असुरों से उसे बचाता हुआ भागा। दैत्यों ने तीनों लोकों में उसका पीछा किया। देवताओं व असुरों में अमृत-कुम्भ के लिए बारह दिनों तक संग्राम होता रहा। विदित है कि देवताओं का एक दिन मनुष्यों के एक वर्ष के बराबर होता है। इस बीच जयन्त ने अमृत-कुम्भ को भू-लोक में चार स्थानों पर रखा तथा रखते समय उन चार स्थानों पर अमृत की कुछ बूँदें छलक कर गिर पड़ीं जिससे वे चारों स्थान भी पावन हो गये। इसलिए कुम्भ महापर्व उन्हीं चार स्थानों मायापुरी (हरिद्वार), प्रयाग, नासिक तथा उज्जैन में बारह वर्ष पश्चात् मनाया जाता है।

देवासुर संग्राम में अमृत-कुम्भ कहीं फूट न जाए और अमृत कहीं बिखर न जाए, इसलिए भगवान् सूर्य ने कुम्भ को टूटने से बचाया, चन्द्रमा ने अमृत को बिखरने से तथा बृहस्पति ने दैत्यों से बचाया। इसलिए इन तीन ग्रहों का अमृत की रक्षा में विशेष सहयोग रहा है अतः उक्त तीनों ग्रहों के निर्दिष्ट योग में होने पर ही महापर्व मनाया जाता है।

ज्योतिष की गणना के अनुसार ग्रहों की निम्नलिखित स्थिति के अनुसार हरिद्वार में महाकुम्भ पर्व का योग बनता है–

पद्मिनी नायके मेघे कुम्भ राशि गते पुरी।
गंगाद्वारे भवेद्योगः कुम्भ नाभा तदोत्तमः।।

बृहस्पति जब कुम्भ राशि में तथा सूर्य और चन्द्रमा मेघ राशि में स्थित होते हैं तब गंगाद्वार (हरिद्वार) में पूर्ण कुम्भ का योग होता है।

स्कन्धपुराण में हरिद्वार में तीर्थों का महत्त्व इस प्रकार वर्णित है–

गंगाद्वारे कुशावर्ते बिल्वके नीलपर्वते।
स्नात्वा कनखले तीर्थे पुनर्जन्म न विद्यते।।

(*केदार खण्ड : 102-15*)

गंगाद्वार (हरि की पौड़ी), कुशावर्त, बिल्वेश्वर, नीलपर्वत तथा कनखल ये पाँच हरिद्वार के मुख्य तीर्थ हैं। इनके दर्शन व स्नान करने से पुनर्जन्म नहीं होता।

किन्तु कुम्भ महापर्व के अवसर पर तो स्नान का महात्म्य ही और है। लाखों की संख्या में श्रद्धालु गंगा जी की पावन धारा में गोता लगाकर अपने को कृतार्थ करते हैं।

विष्णु पुराण में कुम्भ पर्व के अवसर पर स्नान का महात्म्य इस प्रकार बताया गया है—

अश्वमेध सहस्त्राणि, वाजपेयं शतानि च।
लक्षं प्रदक्षिणा भूमेः कुम्भ स्नानेन तत्फलम्।।

अर्थात् जो फल हजार बार अश्वमेध यज्ञ करने से, सौ बार वाजपेय यज्ञ करने से और लाख बार समस्त भूखण्ड की परिक्रमा करने से होता है, वही फल केवल कुम्भ पर्व पर स्नान करने से प्राप्त होता है।

कुम्भ पर्व भारतीय संस्कृति की रक्षा और विभिन्न प्रदेशों में निवास करने वाले विभिन्न भाषा-भाषियों को एकता के सूत्र में बाँधे रखने के लिए अपनी विशेष भूमिका निभाता है। इस अवसर पर विभिन्न भाषा-भाषियों को एक-दूसरे के निकट आने व समझने का सुअवसर प्राप्त होता है, जो कि देश की एकता व अखण्डता के लिए अनिवार्य है। इस प्रकार कुम्भ महापर्व को देश की एकता, अखण्डता का रक्षक कह दें तो कोई अत्युक्ति न होगी।

43. रंग-बिरंगी होली

होली हिन्दुओं का राग-रंग से भरा एक उल्लास का पर्व है। इसमें भारतीय जन-मानस का स्वाभाविक व्यक्तित्व झलकता है। यह पर्व प्राचीन भारतीय संस्कृति के कला-विलास से लेकर आज तक अपने अविच्छिन्न रूप में मनाया जाता रहा है। इसमें छोटे-बड़े, अमीर-गरीब, बच्चे-बूढ़े-जवान सभी समान रूप से भाग लेते हैं और हर्षोल्लास के वातावरण में इस प्रकार खो जाते हैं कि उन्हें अपनी सुध-बुध भी नहीं रह जाती।

होली तो वैसे हर जगह मनाई जाती है, लेकिन ब्रज की होली देश की सबसे प्रसिद्ध होली मानी जाती है। कृष्ण के जीवन से जुड़ा होने के कारण यहाँ की होली का कोई जोड़ नहीं होता। आध्यात्मिक तथा सांस्कृतिक भावना से ओत-प्रोत होकर यहाँ के लोग होली का आनन्द उठाते हैं। कृष्ण और ब्रज की गोपियों की होली के वर्णन से जुड़कर भारतीय साहित्य समृद्ध और सरस हुआ है। कृष्ण के नन्द गाँव में और राधा के बरसाने गाँव में होली का आनन्द कुछ और ही रहता है। यहाँ स्त्रियाँ पुरुषों को डंडे से पीटती हैं, और पुरुष चोट खाकर भी आनन्द का अनुभव करते हैं। ब्रज की होली में कृष्ण की बाल-लीलाओं को रास-लीला में तथा दूसरे सांस्कृतिक कार्यक्रमों में प्रस्तुत किया जाता है।

बनारस की होली भी अपने ढंग की निराली और बेजोड़ मानी जाती है। भगवान् शंकर की नगरी काशी तीनों लोकों से न्यारी कही जाती है। समय के साथ-साथ अब

यहाँ प्राचीन होली का वह मजा तो नहीं रह गया है जो साहित्य में वर्णित है, फिर भी उसका न्यारापन अभी पूर्णत: समाप्त नहीं हुआ है। आज भी जगह-जगह दंगल आयोजित होते हैं, भाँग-ठंडाई छानी जाती है और दशाश्वमेध घाट पर लोगों का नौका-विहार के लिए जमघट लगा रहता है। नुक्कड़ों पर चाँदी के वर्क से लगे पान चबाते हुए बनारसियों का छैलापन आज भी किसी-न-किसी रूप में विद्यमान है।

उत्तर प्रदेश और बिहार में होली मनाने के तौर-तरीकों में काफी एकरूपता है। पश्चिमी उत्तर प्रदेश की होली में वह समरसता, वह अल्हड़पन और वह मदमस्ती नहीं है जो पूर्वी उत्तर प्रदेश तथा बिहार के कुछ ग्रामीण अंचलों में है। शहरों की होली तो प्राय: एक समान ही लगती है। मिर्ज़ापुर, बनारस, देवरिया, बलिया, गाज़ीपुर, गोरखपुर आदि स्थानों में मनाई जाने वाली होली का स्वरूप बहुत-कुछ बिहार के गया, सिवान, गोपालगंज, छपरा आदि के समान ही है, लेकिन इलाहाबाद, कानपुर, मेरठ आदि पश्चिमी जिलों में होली के स्वरूप में काफी विकृति आ गई है। होली के हुड़दंग से जनता कभी-कभी होली के इस पावन त्यौहार को ही कोसने लगती है। मिर्ज़ापुर में होली के दिन दोपहर के बाद रंग, कीचड़ आदि अपने आप बन्द हो जाते हैं, जैसे सभी जगह 'क़र्फ़्यू' लागू कर दिया गया हो। कुछ घण्टों के लिए तो सड़कें पूरी तरह सूनी हो जाती हैं। केवल सड़कों पर बिखरे हुए रंगों को देखकर ही कोई कह सकता है कि कुछ समय पहले लोगों ने यहाँ उन्मुक्त रंगभरी होली मनाई है। यही स्थिति उत्तर प्रदेश के कई अन्य स्थानों पर भी देखी जा सकती है। इलाहाबाद में दो दिन और कानपुर में एक सप्ताह तक होली खेली जाती है। कानपुर की होली कुछ ज़्यादा ही फूहड़ और हुल्लड़बाजी से भरी होती है। होली के दिन रंग-गुलाल के साथ-साथ कीचड़ आदि के प्रयोग का फूहड़ तरीका अब धीरे-धीरे सारे देश में इस त्यौहार का सामान्य अंग बनता जा रहा है।

मध्य प्रदेश की होली भी बहुत-कुछ उत्तर प्रदेश की ही तरह है, लेकिन कुछ आदिवासी क्षेत्रों की होली अनोखी और निराली होती है। गोंडा जन-जातियों में, जो उत्तर प्रदेश के मिर्ज़ापुर के दक्षिणांचल तथा मध्य प्रदेश की सीमा पर अब भी जंगलों में रहकर लकड़ी काटने एवं टोकरियाँ बनाने का काम करती हैं, इस दिन विवाह योग्य कुछ युवक-युवतियाँ प्रणय-सूत्र में आबद्ध होते हैं।

राजस्थान के बाड़मेर क्षेत्र में तो होली बड़ी ही विचित्र ढंग से मनाई जाती है। यहाँ पत्थरों से होली खेलने की प्रथा है। कीचड़-गारे की होली खेलने में ये लोग पीछे नहीं हैं। यही हाल हरियाणा की होली का है। यहाँ की होली में रूखापन दिखाई पड़ता है। हिमाचल प्रदेश के गाँवों में आज भी चौपाल में दरियाँ बिछाई जाती हैं। उन पर गुलाल के भरे थाल सजे रहते हैं। गाँव के सब बुजुर्ग वहाँ जमा होते हैं और इसके बाद गाते-बजाते गाँव के हर घर में जाते हैं। सब मिलकर रंग खेलते हैं और रंग-बिरंगे डंडों से नृत्य करते हैं। दिन भर होली के गीतों की धूम मची रहती है।

होली के त्यौहार का एक खास आकर्षण बढ़िया पकवानों को तैयार करना और दूसरों को खुले दिल से खिलाना है। जब लोग एक-दूसरे से होली मिलने जाते हैं तो

अबीर-गुलाल से उनका स्वागत किया जाता है और स्वादिष्ट पकवानों से उनका मुँह मीठा कराया जाता है। अलग-अलग प्रदेशों में अलग-अलग तरह के व्यंजन बनते हैं।

महँगाई की मार से होली का आनन्द दिन-प्रतिदिन घटता जा रहा है। आर्थिक दबाव ने लोगों के उत्साह पर काफी आघात पहुँचाया है। रंग तो अभी भी खेले जाते हैं, लेकिन उसमें पानी की मात्रा महँगाई के हिसाब से बढ़ती जा रही है।

44. शोर-प्रदूषण

भारतीय नगरों में शोर का औसत स्तर निर्धारित अंतर्राष्ट्रीय स्तर के दुगुने के लगभग है। सर्वाधिक शोर वाले नगर दिल्ली, बम्बई तथा कलकत्ता हैं, जहाँ शोर का स्तर अंतर्राष्ट्रीय 45 डेसीबल के मुकाबले 90 डेसीबल है। अखिल भारतीय आयुर्विज्ञान संस्थान (ए०आई०एम०ए०एस०) के एक अध्ययन के अनुसार इन तीनों नगरों में शोर का स्तर 60 डेसीबल से कभी भी कम नहीं होता।

पर्यावरण विभाग के एक अध्ययन के अनुसार दिल्ली में जितने लोगों से इस सम्बन्ध में बातचीत की गई उनमें से 86 प्रतिशत लोगों ने कहा कि दिल्ली में शोर इतना अधिक है कि इसमें उनका जीवन प्रभावित होता है। 90 प्रतिशत लोगों ने वाहनों के शोर को सर्वाधिक तकलीफ़देह बताया।

दिल्ली में 65 प्रतिशत कार्य-स्थलों पर 90 से 100 डेसीबल तक शोर है, जबकि अधिकतम शोर 120 डेसीबल तक पाया गया। दिल्ली के एक बड़े कारखाने में, जहाँ 5,000 के लगभग कर्मचारी काम करते थे, लगभग 4,500 कर्मचारी 90 डेसीबल से अधिक शोर में काम करने पर मज़बूर पाए गए।

बहरापन—एक सामान्य अध्ययन में पाया गया कि गाँवों की तुलना में दिल्ली में शोर से होने वाले बहरेपन का शिकार होने वालों की संख्या कहीं अधिक है। लखनऊ में चुने हुए भीड़ भरे स्थलों पर, विशेषकर उन स्थानों पर जहाँ लॉटरी टिकटों आदि की बिक्री होती है, शोर का स्तर 90 से 100 डेसीबल और कभी-कभी इससे भी अधिक पाया गया।

खोमचे वाले तथा फल-सब्जी आदि बेचने वाले शोर से उत्पन्न बहरेपन तथा श्रवण-सम्बन्धी तकलीफों का सर्वाधिक शिकार होते हैं। इस वर्ग के 40 प्रतिशत से अधिक लोगों को बिना किसी अन्य बाहरी कारण के कानों में घंटियाँ-सी बजती सुनाई देने की शिकायत थी।

दक्षिण भारत के पाँच नगरों में किए गए एक अध्ययन के दौरान बड़ी संख्या में औद्योगिक कर्मचारी 'शोरजनित श्रवण-शक्ति ह्रास' का शिकार पाए गए। मद्रास, कोयम्बटूर, कोचीन, मदुरै तथा त्रिवेन्द्रम के आटोमोबाइल, तेल मिल, खार तथा अन्य उद्योगों में किए गए अध्ययन के दौरान वहाँ हर 4 में से एक मजदूर 'शोरजनित श्रवण-शक्ति ह्रास' का शिकार पाया गया।

सीमा से अधिक शोर का सबसे बुरा प्रभाव कपड़ा मिलों के मज़दूरों पर पड़ता

है। भिवंडी जैसे नगरों में, जहाँ क्रियात्मक रूप से हर घर में हथकरघा लगा हुआ है, हालत और भी बुरी है।

ग्रामीण क्षेत्रों में—ग्रामीण क्षेत्र भी शोर की इस लानत से मुक्त नहीं हैं। तिरुपति के एक निकटवर्ती गाँव आनंदपुर में बर्तन बनाए जाते हैं। यहाँ 95 से 115 डेसीबल शोर पाया जाता है, जिससे सहज ही अनुमान लगाया जा सकता है कि उस गाँव के निवासियों को कैसी यातना सहनी पड़ती होगी।

जापान व फ्रांस में हाल ही में किए गए ओपिनियन सर्वे में बताया गया है कि अकेले शोर को ही वहाँ पर्यावरण-संतुलन बिगाड़ने का एक बड़ा कारण स्वीकार किया जाता है। ब्रिटेन में शोर के कारण लगभग एक लाख लोगों की श्रवण-शक्ति क्षीण हो जाने का खतरा उत्पन्न हो गया है, जबकि अमरीका में कानों में निरन्तर शोर पड़ने के कारण लगभग 8 प्रतिशत मज़दूर श्रवण-सम्बन्धी तकलीफ़ों का शिकार हो रहे हैं।

अनुसंधान शैशव काल में—भारत में शोर-सम्बन्धी अनुसंधान शैशव काल में है, तथापि उद्योगों आदि के अब तक किए गए छुट-पुट सर्वे ही इसके भयावह परिणामों की गम्भीर चेतावनी देने के लिए काफी हैं। भारत सरकार के 'कारखानां सलाह सेवा' के उपमहानिदेशक डॉ० एस०एस० रामास्वामी के अनुसार, *"यदि यह भी मान लिया जाए कि केवल 5 प्रतिशत मज़दूर उच्च शोर स्तर में काम करते हैं, तब भी कम-से-कम 3,00,000 मज़दूरों के सामने बहरेपन का खतरा मौजूद है।"*

इयर प्रोटेक्टर—इयर प्रोटेक्टर (कानों के रक्षक) यदि सही ढंग से फिट किए जाएँ तो शोर से पर्याप्त बचाव हो सकता है। लंकाशायर "ब्रिटेन" में 86 प्रतिशत कपड़ा मिल कर्मचारी 'इयर प्रोटेक्टर' लगाते हैं, लेकिन गर्मियों के मौसम में इनका इस्तेमाल सम्भव नहीं तथा इनसे इन्फ़ेक्शन होने का खतरा रहता है, विशेषकर जब इनका इस्तेमाल अस्वच्छ हाथों से किया जाए। मज़दूरों को इन्हें 8 घंटे लगाना पड़ता है, जिससे उनका सिर दर्द करने लगता है और कानों से पानी बहने लगता है।

लाउड स्पीकर—लाउड स्पीकर भारत में शोर पैदा करने का एक अतिरिक्त कारण है, जबकि अधिकांश अन्य देशों में इनका उपयोग नियन्त्रित अथवा प्रतिबन्धित है। बम्बई में गणपति उत्सव के दिनों में आधी रात के साथ शोर का स्तर 95 डेसीबल तक जा पहुँचता है। हालांकि केवल बॉक्स टाइप स्पीकरों के उपयोग की अनुमति है लेकिन, इसके बावजूद, लोग कोन टाइप स्पीकरों का उपयोग करते हैं, जिनसे अधिक शोर उत्पन्न होता है।

मानसिक विकार—बहुत अधिक समय तक शोर में रहने से कई तरह के मानसिक विकार भी उत्पन्न हो सकते हैं तथा कुछ मामलों से व्यक्ति का व्यवहार अत्यन्त हिंसक हो जाता है। मद्रास में किए गए एक सर्वे से पता चला है कि 50 प्रतिशत से अधिक उद्योगों के उस हिस्से के मज़दूरों में आन्दोलनात्मक रवैया पनप उठता है, जो इस उद्योग का सर्वाधिक शोर वाला हिस्सा होता है।

कलकत्ता तथा उसके आस-पास के क्षेत्रों में तो हालत और भी खराब है जहाँ पर हर 1,000 में से 9 व्यक्तियों की श्रवण-शक्ति शोर से प्रभावित हुई है।

हृदय रोग—शोर हमारे पर्यावरण को विषैले रसायनों की भाँति ही दूषित करता है। इसके प्रभावों को समाप्त नहीं किया जा सकता। इससे हृदय रोग तथा ब्लड-प्रेशर जैसे रोग उत्पन्न होते हैं। शोर का प्रभाव श्रव्य, शारीरिक एवं सामाजिक इन तीनों स्तरों पर पड़ता है।

वैज्ञानिकों के अनुसार हवाई अड्डों के निकटवर्ती उपनगरों में रहने वाली महिलाओं का मासिक रक्त-स्राव सामान्य से अधिक लम्बा लगभग 8 दिन तक चलता है। जी० एस० मेडिकल कॉलेज, बम्बई के डॉ० राजा राम के अनुसार, *"शोर के परिणामस्वरूप शहरी लड़कियों में ग्रामीण लड़कियों की तुलना में मासिक धर्म जल्दी शुरू हो जाता है।"*

शोर का स्तर हर छः वर्ष में बढ़कर दुगुना हो जाता है, जिससे श्रवण-शक्ति का निरंतर ह्रास हो रहा है। यदि यह उसी दर से बढ़ने दिया गया, जिस दर से पिछले 20 वर्षों से बढ़ता चला जा रहा है तो भारत की बहुत बड़ी जनसंख्या कहीं ईश्वर-प्रदत्त श्रवण-शक्ति के वरदान से वंचित न हो जाए!

45. जीवन में खेल-कूद की उपयोगिता

जीवन में खेल-कूद अत्यन्त उपयोगी होते हैं। जीवन तभी पूर्ण होता है जबकि उसका सर्वांगीण विकास हो। शिक्षा से आत्मिक एवं बौद्धिक विकास होता है तो खेलों से शारीरिक विकास। खेलने से शरीर में स्फूर्ति का संचार होता है। इसी कारण प्रत्येक समाज में खेल-कूद का महत्त्वपूर्ण स्थान पाया जाता है।

ग्रीक दार्शनिक प्लेटो का कहना है कि—*"स्वस्थ शरीर वाला व्यक्ति ही भली प्रकार मस्तिष्क का विकास कर सकता है। रोगी प्रकृति का व्यक्ति सदा अशान्त एवं उद्विग्नचित्त रहता है। वह न कुछ सोच सकता है और न कुछ समझ सकता है। उसकी स्मरण-शक्ति जाती रहती है, वह जीवन से ऊब जाता है। इसलिए आचार्यों ने सर्वप्रथम आरोग्य का महत्त्व माना है। आरोग्य की रक्षा के लिए व्यायाम आवश्यक माना है। व्यायाम के लिए दण्ड, कसरत या जिमनास्टिक अथवा योग के आसन किए जाते हैं। परन्तु इनसे मनोरंजन नहीं हो सकता। खेल-कूद के द्वारा दोनों कार्य सिद्ध होते हैं। मनोरंजन भी होता है और व्यायाम भी हो जाता है।"*

मनुष्य को अपने जीवन की आवश्यकताएँ पूर्ण करने के लिए बहुत-कुछ श्रम करना पड़ता है। इस श्रम से थके हुए मन और मस्तिष्क को विश्राम की आवश्यकता होती है, शरीर पर भी इस श्रम का प्रभाव पड़ता है। इसलिए वह भी विश्राम माँगता है किन्तु यदि मनुष्य आलसी की भाँति सीधा चारपाई पर लेट जाए तो इससे वह थकान भले ही उतार ले, परन्तु वह नया उत्साह नहीं पा सकता जो उसे अगले दिन फिर से काम करने की शक्ति प्रदान कर सके। यह तभी हो सकता है जब दिन भर के काम से थके मन को हँस-खेलकर बहला लिया जाए। आकर्षक गीत सुनकर या सुन्दर दृश्य देखकर दिन-भर पढ़ने अथवा सोचने से दिमाग पर जो प्रभाव पड़ा हो, उसे निकालकर

मस्तिष्क को उस चिन्ता से दूर कर देना चाहिए। इसका परिणाम यह होगा कि मनुष्य पुनः विषय पर नई शक्ति से सोच-विचार कर सकेगा।

आज के श्रम से ऊबे मनुष्य को यह प्रेरणा मिलनी चाहिए, जिससे कि वह अगले दिन भी नई शक्ति के साथ पुनः उसी संग्राम में जुट सके। यह शक्ति अन्य व्यायामों की अपेक्षा खेल-कूद से ही मिल सकती है। खेल-कूद से मन, मस्तिष्क और शरीर तीनों को व्यायाम मिलता है, तीनों को शक्ति, स्फूर्ति और नवचेतना प्राप्त होती है। पुस्तकों पर आँख गड़ाये रखने वाले छात्रों के लिए तो खेल-कूद अत्यन्त आवश्यक होते हैं, अन्यथा वे दृष्टिहीनता, दुर्बलता, मन्दाग्नि, अनिद्रा, स्मरण-शक्ति का अभाव आदि रोगों से ग्रस्त हो जाते हैं। यही कारण है कि आधुनिक शिक्षा-प्रणाली में खेल-कूद को आवश्यक स्थान दिया गया है।

खेल दो प्रकार के होते हैं—देशी और विदेशी। इसी प्रकार स्थान की दृष्टि से भी खेल दो प्रकार के होते हैं—आउट-डोर और इन-डोर। इन-डोर अर्थात् कमरे के अन्दर बैठकर खेले जाने वाले खेल हैं—ताश, शतरंज, चौपड़, कैरम बोर्ड आदि। इनसे मनोरंजन चाहे हो जाए, किन्तु न तो इनसे मानसिक विकास होता है और न ही शारीरिक व्यायाम। इसलिए स्वास्थ्य की दृष्टि से आउट-डोर अर्थात् खुले मैदान में खेले जाने वाले खेल ही विशेष लाभदायक हैं। इनसे खेलने वाले को इधर-उधर दौड़ना और कूदना पड़ता है। लम्बी कूद, लम्बी दौड़ और छलांग भी खेलों में ही गिने जाते हैं।

देशी खेलों में कबड्डी और खो-खो विशेष रूप से प्रचलित हैं। इन पर कुछ भी व्यय नहीं करना पड़ता। देहातों में इनका अच्छा प्रचार है। विदेशी खेलों में वॉलीबाल, फुटबाल, हॉकी, क्रिकेट और टेनिस विशेष प्रसिद्ध हैं।

विदेशी खेल यद्यपि आकर्षक होते हैं, किन्तु वे व्यय-साध्य होते हैं। भारत की अधिकांश जनता इतना व्यय नहीं कर सकती। इसके लिए तो देशी खेल ही सुलभ हो सकते हैं।

यूरोप और अमरीका के निवासी खेलों में विशेष उत्साह रखते हैं। यूनान में कई शताब्दियों से हर चौथे वर्ष ओलम्पिक खेल खेले जाते थे। अब उन्होंने अन्तर्राष्ट्रीय रूप धारण कर लिया है। सभी देशों के खिलाड़ी उनमें भाग लेते हैं।

46. भारत में लाल-फीताशाही (रेडटेपिज़्म)

स्वर्गीय प्रधानमंत्री श्री राजीव गाँधी जानते थे कि लाल-फीताशाही और नौकरशाही की सुस्ती एवं ढिलाई के कारण सरकार की उत्तम-से-उत्तम योजनाएँ तथा मंशाएँ निष्फल हो सकती हैं। इसलिए उन्होंने ईमानदार प्रशासनिक अधिकारियों से वायदा किया था कि उन पर राजनैतिक दबाव नहीं डाले जाएँगे।

12 नवम्बर, 1984 को औपचारिक रूप से उन्होंने प्रधानमंत्री का पद सँभाला था।

पहले दिन देश के नाम प्रसारित संदेश में मुख्य नीतियों की घोषणा करते हुए राजीव गाँधी ने स्पष्ट किया था कि वे सुस्त, भ्रष्ट और अकुशल लोगों को सहन नहीं करेंगे और जन-साधारण को बेहतर सेवाएँ उपलब्ध करवाएँगे। श्री राजीव गाँधी ने पुष्टि करते हुए कहा था कि प्रशासनिक व्यवस्था लक्ष्य-उन्मुख होनी चाहिए, एक नया कार्य-तर्क, एक नई कार्य-प्रणाली और कार्य-संस्कृति बननी चाहिए, जिसमें सरकार प्रक्रिया के स्थान पर लक्ष्यों के प्रति कृत-संकल्प हो। हर संस्था में कुशलता के प्रति गम्भीर चिन्ता की भावना होनी चाहिए।

''प्रजातान्त्रिक व्यवस्था में कोई त्रुटि नहीं है, लेकिन महत्त्वपूर्ण बात यह है कि इसे चलाया कैसे जाए। हम लोग लाल-फीताशाही में फँस गए हैं और मुझे मालूम नहीं कि मैं इसमें से कैसे बाहर निकलूँ।'' नई दिल्ली के निकट 8 अक्तूबर 1980 को बड़खल झील पर 'संसदीय पद्धति और कार्य-प्रणाली' विषय पर आयोजित तीन-दिवसीय गोष्ठी में श्रीमती इन्दिरा गाँधी ने ये शब्द कहे थे।

लाल फीते को काटने का इतिहास महान् अलेक्जेंडर के ज़माने से शुरू हुआ था, लेकिन हमें स्वीकार करना पड़ेगा कि लाल फीते को काटना आसान नहीं है।

केन्द्रीय सचिवालय में घूमती एक फ़ाइल पर लॉर्ड कर्ज़न द्वारा की गई टिप्पणी बहुत प्रसिद्ध है। यह फ़ाइल पूरे राजकीय ठाठ से एक मेज़ से दूसरी मेज़ तक घूमती रही थी।

लॉर्ड कर्ज़न ने कहा था– *''जैसे धरती प्रतिदिन गोल-गोल घूमती है उसी तरह धीरे-धीरे गम्भीरतापूर्वक घूमकर अपने समय पर यह फ़ाइल मुझ तक पहुँची है। मुझसे कहा जा रहा है कि मैं अंतिम टिप्पणी लिखूँ। जो भयंकर भूल के जिम्मेदार हैं, उन्हें इस स्थिति की गम्भीरता कैसे समझा सकता हूँ।''*

देर से बिगड़े हुए हालात को सुधारने के लिए स्वराज पाने के बाद सफेद फीताशाही का आवागमन कुछ राज्यों में हुआ था, लेकिन तब यह महसूस नहीं किया गया था कि सफेद रंग न सिर्फ शुद्धता का प्रतीक है बल्कि विराम-सन्धि का भी। आज प्रशासन तंत्र हमला तो करना चाहता है लेकिन लपेटना नहीं चाहता।

यह एक विडम्बना ही है कि रंग बदल देने से या फीते की जगह पटसन के इस्तेमाल से जिम्मेदारी से बचने के मध्य की वैधता कम नहीं हो जाती है। यह एक सच है कि आलस्य को अभी अपराध नहीं घोषित किया गया है, लेकिन कोई कारण नहीं है कि जहाँ इसे रोका जा सकता है, वहाँ इसे क्यों न रोका जाए। एक और परिवर्तन की ज़रूरत है, क्यों न फीते का रंग हरा कर दिया जाए ताकि गति का स्वीकरण-संकेत मिलता रहे। जिनकी रुचियाँ प्रभावित होती हैं, वे तो फ़ाइल को जल्दी रवाना कर देते हैं, लेकिन ऐसे लोग प्रशासनिक लाल-फीताशाही का उन्मूलन नहीं कर सकते।

भूतपूर्व मंत्री एम०के० पाटिल के अनुसार– *''पहले फ़ाइल 44 जगह पर रुकती थी, अब यह 11 जगह पर रुकती है। यह आशा ही नहीं की जा सकती है कि इसकी संख्या घटाकर दो कर दी जाए। जब प्रथम तिथि व समय लिखा जा चुका तो तुरन्त निर्णय*

हो जाना चाहिए, लेकिन नौकरशाही इस तरह नहीं चलती है। क्लर्क से लेकर मंत्री तक अपने-अपने उद्देश्य का दावा करते हैं।"

कटु सच तो यह है कि स्वराज मिलने के 49 वर्षों के बाद भी फ़ाइलें तेजी से नहीं चलती हैं। एक विश्वस्त सूत्र ने कहा है कि जिम्मेदारी की वृद्धि से आदमी राहत चाहता है। तर्कहीन प्रभाव और कारणों से सुस्ती और सुख का आभास बढ़ता है, उसे किसी दूसरे प्रशान्त की ज़रूरत ही नहीं है।

लाल-फीताशाही से बेहतर दूसरा कोई बहाना इतना उत्तम नहीं है। सुस्ती, निष्क्रियता और अन्य त्रुटियों की प्रतीक लाल-फीताशाही बन गई है। सच का सामना करने के लिए जैसे मानव मज़बूर हो गया है।

आज लाल-फीताशाही औपचारिकताओं में धँसकर अपनी सुस्ती के कारण ग्लेन्सों के कत्ले-आम की वजह बन सकती है। केवल हाल ही में इसे अकुशलता और सुस्ती के कारण स्वीकार किया गया है।

प्रधानमंत्री बनने के बहुत जल्दी बाद ही चर्चिल ने अपने मंत्रियों और अधिकारियों से कहा था—*".फ़ाइलों पर छोटी-छोटी टिप्पणियाँ लिखी जाएँ।"* उन्होंने इस तरह संक्षिप्तता की ज़रूरत पर जोर दिया था।

आज भारत में उपनिवेश के दिनों की ही तरह राजकीय भाषा का उपयोग होता है। यह स्वीकार किया जाना ज़रूरी है कि अनेक अधिकारी ऐसे हैं, जो प्रसिद्ध और उच्च पदों के हकदार केवल इसलिए बने क्योंकि वे मसौदे तथा रिपोर्ट लिखने में सिद्धहस्त थे। यह और बात है कि इनके द्वारा तैयार रिपोर्टों और मसौदों को कार्य-रूप कभी न दिया गया हो।

प्रजातान्त्रिक भाषा की प्रतिक्रियास्वरूप ही दफ़्तरी भाषा विकसित हुई। इसके अपने निजी शब्द, मुहावरे और भावार्थ हैं। अगर इनमें परिवर्तन किया जाए तो अधिकारी वर्ग में इसे राज-द्रोह माना जाता है। इसका लक्ष्य होता है एक रवैये, एक दृष्टिकोण, एक फैसले, एक आज्ञा को लागू करना। यह औपचारिकता को प्रोत्साहित करती है। इसे सीखना आसान है भुलाना कठिन। एक प्रजातन्त्र के अन्दर इसका कोई लाभ नहीं है।

सरकारी पत्राचार में बहुत-सी टिप्पणियाँ लिखनी पड़ती हैं, स्मरण-पत्रों का एक ढेर-सा लग जाता है। इसे कम करना कठिन नहीं है। मेज़ पर आमने-सामने बैठकर बात करके जो काम हो सकता है, उसे करने में कितने पत्र, दिन और घंटे बर्बाद हो जाते हैं।

प्रशासन में अकुशलता और प्रभावहीनता का मुख्य कारण है—अप्रासंगिक नियमों और प्रणालियों से उभरने की आदत। लाल फीता और लाल हो गया है और इसके धागे और भी उलझ गये हैं।

आज प्रशासन में 20 लाख से अधिक लोग कार्यरत हैं। ज़रूरत के मुकाबले दुगुने अधिकारी नियुक्त हैं, पाँच क्लर्क एक का काम करते हैं। अधिकांश सार्वजनिक कार्यकर्ता जिम्मेदारी और कर्त्तव्य के प्रति जागरूक नहीं हैं। जो कल होता है, उसे आज कभी नहीं किया जाता है।

47. भारत में परमाणु अनुसंधान

यदि हम डॉ० होमी भाभा के बताए मार्ग पर चलते रहते तो कोई कारण नहीं था कि आज हम परमाणु ऊर्जा द्वारा बिजली पैदा करने के मामले में आत्म-निर्भर न हो गए होते। किन्तु आज भारत की परमाणु नीति एक चिंतनीय दौर से गुज़र रही है। भारत को परमाणु ऊर्जा के क्षेत्र में विकास के लिए कभी अमरीका का मुँह देखना पड़ता है तो कभी रूस का।

अमरीकी राष्ट्रपति ने कहा था कि 1980 के बाद तारापुर के लिए यूरेनियम देने के अमरीकी कांग्रेस के प्रतिबन्ध को हटाया नहीं जा सकता।

इसी प्रकार भारत में भारी पानी का संकट उत्पन्न हो जाने पर वह रूस से इस शर्त पर प्राप्त किया गया कि जिस आणविक भट्ठी में वह पानी उपयोग में लाया जाएगा, उसकी पूरी जाँच का अधिकार रूस को रहेगा। इधर यह भी ज्ञात हुआ है कि भारत ने पाँच वैज्ञानिकों की भारत-अमरीकी समिति का यह प्रस्ताव भी मान लिया है कि अमरीका उन उपायों की जाँच कर सकेगा जिससे यह सुनिश्चित हो जाए कि भारत सचमुच परमाणु बम नहीं बना रहा है। किसी भी देश के लिए यह बात ठीक नहीं कि एक ओर वह परमाणु ऊर्जा के कार्यक्रम के निरीक्षण के लिए परमाणु-निरोध संधि का विरोध करे और दूसरी ओर इस प्रकार की छूट दे। इस प्रकार देश कुछ संपन्न राष्ट्रों के चंगुल में फँस गया है और इन राष्ट्रों के ही कारण हम परमाणु ऊर्जा के क्षेत्र में आत्म-निर्भर नहीं हो पा रहे हैं।

भारतीय परमाणु ऊर्जा कार्यक्रम में डॉ० होमी भाभा ने तारापुर को ही मुख्य केन्द्र बनाया था, जो उद्योगों व जनता को वांछित सस्ती ऊर्जा प्रदान कर सके। इस संबंध में जवाहरलाल नेहरू के शासन काल में 8 अगस्त 1963 को एक समझौते पर हस्ताक्षर हुए थे। उसमें यह शर्त थी कि भारत तारापुर का उपयोग केवल शांतिपूर्ण कार्यों के लिए करेगा। भारत को अपनी सुविधाओं के लिए यूरेनियम की राख को पुनः उपयोगी बनाकर काम में लाने की छूट थी।

1955 में डॉ० होमी भाभा ने भारत में परमाणु कार्यक्रम की शुरुआत पर्याप्त उपलब्ध थोरियम से अप्सरा भट्ठी को चालू करके की थी ; परन्तु थोरियम विखंडनीय नहीं है। अतः उन्होंने अमरीकी यूरेनियम-235 प्राप्त करके तारापुर की दो भट्ठियों को शुरू किया। यूरेनियम जहाँ विखंडनीय है, वहाँ यूरेनियम की राख को फिर से उपयोगी बनाकर उससे पुनः प्लूटोनियम व यूरेनियम प्राप्त करके उन्हें अलग-अलग किया जा सकता है। इसलिए ट्रॉम्बे में भारत ने एक स्वदेशी संयंत्र भी तैयार किया।

प्लूटोनियम अलग कर लेने की विधि जान लेने का मतलब है—परमाणु बम बनाने की क्षमता पैदा करना। अतः पोखरन में 1974 में विस्फोट के बाद अमरीका ने यूरेनियम देना बंद कर दिया। बहुत कठिनाई से उस वर्ष की खेप आ पाई। पर अब उसके आने की संभावना नहीं दिख रही है और भारत ने अमरीका को संतुष्ट करने के लिए ही

भारत-अमरीकी जाँच समिति का प्रस्ताव स्वीकार किया है। किन्तु जानकार लोगों का ख्याल है कि भारत के घुटने टेक देने के बाद भी अमरीका हमें वांछित यूरेनियम नहीं देगा, क्योंकि जिन 12 देशों ने परमाणु कार्यक्रम बनाने पर भी परमाणु शस्त्र निरोध संधि पर हस्ताक्षर नहीं किए हैं, उनमें इज़राइल व दक्षिणी अफ्रीका अमरीकी मदद से समर्थ हो गये हैं ; पर अमरीका ने उन पर शर्तों का कोई दबाव नहीं डाला है। कारण, वे अमरीकी गुट के हैं। शेष राष्ट्रों की भी यही स्थिति है। यही नहीं, अमरीका ने चीन को भी परमाणु शक्ति संयंत्र बेचने की फ्रांस को अनुमति दे दी है, जबकि चीन द्वारा जाँच की शर्त स्वीकार करना तो दूर की बात रही, अमरीका या अंतर्राष्ट्रीय परमाणु ऊर्जा एजेंसी ने चीन से इस तरह का प्रस्ताव तक रखने की हिम्मत नहीं की है।

वास्तव में परमाणु देश डॉ० भाभा के प्रयत्नों से भारत के परमाणु-शक्ति-संपन्न बन जाने के कारण पहले ही शंकित थे, और 1974 के विस्फोट से उन्हें भारत के कार्यक्रम को ठप्प करने का बहाना मिल गया। यदि भारत ने भाभा के कार्यक्रम को पूरा किया होता तो वह आत्म-निर्भर हो गया होता। पर राजनैतिक नेताओं के गलत कदम, लापरवाही, हड़तालों व सरकारी कर्मचारियों की गड़बड़ी ने यह कार्यक्रम पूरा नहीं होने दिया। अभी भी इसका श्रेष्ठ विकल्प यही है कि हम अपने यूरेनियम में दो प्रतिशत प्लूटोनियम मिलाकर वैकल्पिक ईंधन के रूप में उन भट्ठियों का काम चलाएँ। वह आम भट्ठियों से नहीं बन सकता। इसे तारापुर में जमा 200 टन यूरेनियम की राख से बनाना होगा, जिसे शर्त के अनुसार भारत बिना अमरीका की अनुमति के प्रयोग नहीं कर सकता। पर, चूँकि अमरीका न तो वह राख ले गया और न अपने अनुबंध को पूरा कर रहा है, अतः इसको फिर से उपयोगी बनाने के लिए हम स्वतंत्र हैं। हमारे पास ट्रॉम्बे में इसके लिए 1964 में तैयार आवश्यक संयंत्र भी हैं। परन्तु आज हम इसे शुरू करने का निर्णय लेंगे तो भी दो वर्ष बाद प्लूटोनियम व ईंधन मिलना शुरू होगा।

कुछ लोगों का कथन है कि अमरीका ने इसीलिए 17.6 टन यूरेनियम हमें दे दिया ताकि हम रिप्रोसेसिंग का काम शुरू न कर सकें। अमरीका अभी भी समितियों के फंदे व समृद्ध यूरेनियम के झूठे दिलासे में फँसाकर हमें रिप्रोसेसिंग प्लांट शुरू करने से रोक रहा है। अनेक वैज्ञानिकों का मत है कि हमें इसे तत्काल शुरू कर देना चाहिए।

इसी तरह वैज्ञानिकों का यह मत भी है कि रूस का भारी पानी प्रयोग में न लाकर उसे लौटा देना चाहिए। अन्यथा वहाँ भी रूसी नियंत्रण हो जाने पर ईंधन को भी हम फ़ास्ट ब्रीडर से पुनः काम में नहीं ले सकेंगे। बड़ौदा व तलचर के हमारे भारी पानी के संयंत्रों से अभी पानी मिलने में देरी हो तो बजाय इसके कि उन्हें नियंत्रण में दिया जाए, राणा प्रताप सागर का काम कुछ समय रोका जा सकता है।

परमाणु ऊर्जा के क्षेत्र में काम कर रहे 20 हज़ार वैज्ञानिकों व अन्य कर्मचारियों में यह भावना है कि सरकार ने उचित कदम नहीं लिए तो उनकी अब तक की मेहनत व्यर्थ हो जाएगी। वैज्ञानिकों व इंजीनियरों का भी कथन है कि उनकी सारी ज़िंदगी परमाणु शक्ति के काम में लगी है। यदि वर्तमान नीतियों से यह कार्य ठप्प हो गया तो इससे

तो उनका विदेश चला जाना ही उचित होगा। उनमें यह भावना व्याप्त है कि सरकार वस्तुतः परमाणु ऊर्जा के कार्यक्रम को मर जाने देना चाहती है। रामन्ना सहित अनेक परमाणु वैज्ञानिकों को पदोन्नति के नाम पर प्रशासनिक पदों पर भेजने से ये आशंकाएँ और भी बढ़ी हैं।

दस वर्ष पूर्व कोटा में दो तथा कलपक्कम और नरौरा में एक-एक भट्ठी बनाई जा रही थी। पर इन भट्ठियों में से केवल राजस्थान में राणा प्रताप सागर की भट्ठियाँ ही तैयार हुई हैं। उनमें भी या तो हड़ताल रहती है या भारी पानी की कमी व अन्य समस्याओं के कारण काम नहीं होता। कलपक्कम में भट्ठी बनने में ही पाँच वर्ष की देरी हो रही है। हम अपने कार्यक्रम में दस वर्ष पिछड़ गए हैं। यदि अब भी सही निर्णय न लिया गया तो हम चिंताजनक स्थिति में पहुँच जाएँगे।

इसी तरह अमरीका फ़ास्ट ब्रीडर खरीदने से भी हमें यह कहकर रोक रहा है कि कहीं उससे हम प्लूटोनियम प्राप्त करके अतिरिक्त खतरनाक प्रदूषण न फैलाएँ। दूसरी ओर, फ्रांस, ब्रिटेन व रूस के अलावा अभी अमरीका शासन ने भी तेल की कमी के कारण फ़ास्ट ब्रीडर बनाने का निर्णय किया है। ऐसी स्थिति में भारत को ही इससे क्यों वंचित रखा जा रहा है, जबकि स्वयं उनका देश प्रदूषण का शिकार हो गया है।

48. भारत में साम्प्रदायिकता और जातिवाद की समस्या

साम्प्रदायिकता और जातिवाद की इधर बहुत चर्चा हुई और हो रही है। शासक दल और विशेष रूप से भूतपूर्व प्रधानमंत्री श्रीमती इन्दिरा गाँधी ने साम्प्रदायिकता के विरुद्ध एक देशव्यापी अभियान ही चला दिया था। उनका कहना था कि प्रजातन्त्र, समाजवाद और धर्म-निरपेक्षता की लम्बी-लम्बी बातें करना तब तक व्यर्थ है जब तक देश से साम्प्रदायिकता और जातिवाद की जड़ें खोदकर नहीं फेंक दी जातीं। राष्ट्र की धमनियों और शिराओं में व्याप्त इस विष को जब तक दूर नहीं किया जाता, तब तक स्वस्थ समाज की कल्पना मरुस्थल में कमल खिलाने जैसी ही रहेगी।

हमारा सारा भारतीय समाज आज साम्प्रदायिकता की कठिन व्याधि से पीड़ित और जातिवाद के लक्ष्य से ग्रस्त, जर्जरित हो रहा है। देश में हर क्षेत्र में साम्प्रदायिकता की गहरी जड़ें जमी हुई हैं। जातिवाद के सर्प सारी सामाजिक गतिविधियों पर कुण्डली मारे बैठे हैं। राष्ट्र के व्यक्तित्व और प्राणों को इन दोनों भयंकर रोगों से मुक्त कराने के लिए राजा राममोहन राय से लेकर श्रीमती गाँधी तक अनेक राजनैतिक, सामाजिक और धार्मिक नेताओं ने अथक प्रयास किए हैं, तो भी इन बीमारियों से लड़ने के लिए जिस योजनाबद्ध संघर्ष की आवश्यकता थी, कदाचित् वह अभी तक नहीं किया गया, क्योंकि जब तक अखिल जन-मानस में इन दोनों बीमारियों को उखाड़ फेंकने की इच्छा और संकल्प बलवान न हों, तब तक किसी अधकचरे प्रयास से इन पुरानी और असाध्य व्याधियों का उपचार सम्भव नहीं है।

रोग के उपचार से पूर्व उसका सही-सही निदान होना आवश्यक है। इस प्रक्रिया में यदि कहीं भूल हो गई, तो लाभ की बजाय हानि हो जाने की अधिक सम्भावनाएँ रहती हैं।

राजनैतिक नेता साम्प्रदायिकता की व्याख्या प्राय: राजनैतिक रंग में रँगकर प्रस्तुत करते हैं। यूँ तो साम्प्रदायिकता का अर्थ उस धार्मिक गुट या समुदाय से है जो अपने विशिष्ट धार्मिक और आध्यात्मिक दृष्टिकोण के कारण कुछ विशिष्ट ढंग के रीति-रिवाज़ों, विश्वासों और धारणाओं से बँधा होता है। उदाहरण के लिए, हिन्दू धर्म के अन्तर्गत ही अनेक सांप्रदायिक गुट हैं, जो स्वयं भी अनेक सम्प्रदायों में बँटे हैं। मुस्लिम, जैन और ईसाई धर्म भी अनेक उपसम्प्रदायों में विभक्त हैं। देश के सामाजिक और राष्ट्रीय जीवन में इन विभिन्नताओं से यूँ तो कोई हानि दिखाई नहीं देती, किन्तु जब-तब इन साम्प्रदायिक गुटों के बीच पारस्परिक हितों को लेकर संघर्ष, खींचतान और हिंसा-काण्ड होते रहते हैं और उस समय विद्वेष, घृणा, सन्देह, स्वार्थपरता, संकुचित मनोवृत्तिगत क्रिया कलापों और हिंसात्मक गतिविधियों के कारण सारा राष्ट्रीय जीवन विक्षुब्ध हो उठता है। इसके अतिरिक्त, सार्वजनिक हितों और कार्यों से सम्बन्धित क्षेत्रों में ये गुट अखिल राष्ट्रीय हितों की उपेक्षा करके अपने साम्प्रदायिक हितों को ही वरीयता देते हैं, राष्ट्रीय हित पीछे पड़ जाता है और इस तरह अनायास ही बड़े-बड़े राष्ट्रीय प्रश्नों तथा समस्याओं का एकजुट होकर मुकाबला नहीं हो पाता। चुनाव के समय भी हम देखते हैं कि भारतीय गणतंत्र का सारा आधार ये सम्प्रदाय और जातियाँ ही हो उठती हैं। चुनाव में खड़े होने वाले प्रत्येक प्रत्याशी को उसके सम्प्रदाय विशेष और जाति-सम्बन्ध के अनुसार ही वरीयता दी जाती है। प्रत्याशी का व्यक्तिगत चरित्र, लोक-सेवा की भावना, योग्यता आदि सब बाद की चीजें हैं। कुछ उच्च लोक-नेता ही कदाचित् इसके अपवाद हों। मुस्लिम मतदाता मुस्लिम प्रत्याशी को, ब्राह्मण मतदाता ब्राह्मण प्रत्याशी को और जाट मतदाता जाट प्रत्याशी को मत देते हैं। प्रजातन्त्र के भविष्य की दृष्टि से यह अत्यन्त शोचनीय स्थिति है और यदि समय रहते हमने इस ओर ध्यान न दिया तो हमारी प्रजातन्त्र की मूल भावना और परिकल्पना ही समाप्त हो जाएगी।

इसका उपचार क्या है?—यह प्रश्न बड़ा सूक्ष्म और गम्भीर है। इसके सही उपचार के लिए देश के प्रत्येक व्यक्ति को योजनाबद्ध आचरण करना होगा। जब तक साम्प्रदायिकता की भावना हमारे मन-संस्कारों से ही दूर नहीं होगी, तब तक किसी प्रकार की भी ऊपरी व्यवस्था व्यर्थ सिद्ध होगी। हमारे विद्यालय और कॉलेज इस सम्बन्ध में बड़ी महत्वपूर्ण भूमिका निभा सकते हैं। जिन विद्यार्थियों को साथ-साथ रहकर पढ़ने-लिखने, खेलने-कूदने, और इसी प्रकार के अन्य क्रिया-कलापों में साथ-साथ काम करने, भाग लेने का अवसर मिलता है, बड़े होने पर उनमें पृथकता का भाव उतना ही कम हो जाता है। बालकों और तरुणों के मन:प्राणों से साम्प्रदायिकता की जड़ें यदि पहले ही उखड़ गईं तो भविष्य में भी उनके जमने की बहुत कम आशंका है। इस विषय में शिक्षकगण बड़ा ही महत्त्वपूर्ण

कार्य कर सकते हैं। अपने आचरण से, अपने चरित्र और विचारों से वे अपने छात्रों के मन से इस विषैली भावना को सदा के लिए समाप्त कर सकते हैं।

जातिवाद के उन्मूलन के लिए एक ओर जहाँ शिक्षण-संस्थायें उपयोगी सिद्ध हो सकती हैं, वहाँ अनेक सामाजिक, धार्मिक संस्थायें भी महत्त्वपूर्ण हो सकती हैं। जातिवाद और साम्प्रदायिकता को यदि राष्ट्र का हर नागरिक एक भयानक कोढ़ के रूप में मानने लगे, तो बहुत शीघ्र ही यह समस्या दूर हो सकती है।

49. भारत में नारी

यत्र नार्यस्तु पूज्यन्ते रमन्ते तत्र देवता।
यत्रातास्तु न पूज्यन्ते सर्वास्तत्राफलाः किया।।

अर्थात् जहाँ नारी की पूजा होती है वहाँ देवता निवास करते हैं और जहाँ नारी की पूजा नहीं होती, वहाँ किसी भी फल की प्राप्ति नहीं होती।

प्राचीन काल में गार्गी, मैत्रेयी, लीलावती, अत्री, अनुसूया सदृश स्त्रियों का अस्तित्व इस बात का पर्याप्त प्रमाण है कि वैदिक काल में स्त्रियों को उच्च शिक्षा प्राप्त करने का पूरा अधिकार प्राप्त था। वे अपने पति के कार्यों में बराबर हिस्सा लेती थीं और इसी कारण अर्धाङ्गिनी कहलाती थीं। हमारे यहाँ उस समय कोई भी यज्ञादि शुभ कर्म अर्धाङ्गिनी की उपस्थिति के बिना सम्पन्न नहीं हो सकता था। भगवान् राम ने अश्वमेध यज्ञ करते समय सोने की सीता बनवाई थी। स्त्रियों की यह गौरवपूर्ण स्थिति मुसलमानों के इस देश पर आधिपत्य स्थापित करने से पूर्व तक चलती रही। समय परिवर्तनशील है। मुसलमानों से पराजित होने पर हिन्दुओं का जीवन अरक्षित हो गया और स्त्रियों को अपनी मान-मर्यादा तथा सतीत्व की रक्षा के लिए अपना कार्य-क्षेत्र केवल घर की चारदीवारी तक ही सीमित रखना पड़ा।

इस अन्धकार के युग में भी भारत की इस महान् धरती ने तारा, कलावती, दुर्गावती, करुणावती, लीलादेवी, अहिल्याबाई और लक्ष्मीबाई जैसी ललनाओं को जन्म दिया, जिन्होंने अपने गुणों से भारतीय नारी का नाम उज्ज्वल रखा।

भारत में नारी-जागरण का प्रारम्भ उन्नीसवीं शताब्दी के उत्तरार्द्ध से हुआ। नारी को समाज में उसका उचित स्थान दिलाने के लिए एक ओर तो राजा राममोहन राय, स्वामी दयानन्द, महात्मा गाँधी जैसे महान् समाज-सुधारकों ने भरसक प्रयत्न किया, दूसरी ओर पश्चिम की नारी से प्रभावित होकर भारतीय नारी ने अपने स्वरूप को पहचानना प्रारम्भ कर दिया। पुरुष के साथ कन्धे से कन्धा मिलाकर देश के विकास में बराबर का भाग लेती हुई पश्चिम की नारी को देखकर भारतीय नारी ने भी रूढ़िबद्ध जीवन को तिलांजलि देकर नवयुग का आह्वान किया।

सभी उन्नत राष्ट्रों ने स्त्रियों को समुचित सम्मान देकर ही सहायता प्राप्त की है। जो देश, जो राष्ट्र स्त्रियों का आदर नहीं करते, वे अभी बड़े नहीं हो पाये हैं।

अमरीका जैसे सुसम्पन्न देश में पुरुष अपनी महिलाओं को आदर-सम्मान की दृष्टि से देखते हैं और उनके साथ उत्तम व्यवहार करते हैं। इसी कारण वह देश प्रगति की चरम सीमा को प्राप्त कर गया है। हमारे देश के पतन का मुख्य कारण यह है कि हमने शक्ति की इन सजीव प्रतिमाओं के प्रति आदर-बुद्धि न रखी। स्त्रियों की अनेक समस्याएँ हैं, परन्तु उनमें एक भी ऐसी नहीं, जो उस जादू भरे शब्द 'शिक्षा' द्वारा हल न हो सके। इस तथ्य को पहचान कर स्वामी दयानन्द ने स्त्री-शिक्षा पर बहुत बल दिया। स्त्रियाँ केवल चौके-चूल्हे तक ही सीमित न रहें तथा उन्हें केवल सन्तानोत्पादक यन्त्र ही न समझा जाए। इस बात को ध्यान में रखकर गाँधी जी ने स्त्रियों को स्वतन्त्रता संग्राम में पूरा योगदान देने के लिए ललकारा। गाँधी जी के आह्वान पर स्त्रियों ने इस संघर्ष में बढ़-चढ़ कर भाग लिया तथा नारी-जाति का नाम ऊँचा किया।

स्वतन्त्रता--प्राप्ति के पश्चात् तो भारतीय नारी के जागरण की गति आश्चर्य में डाल देने वाली है। आज केवल स्त्री होने के नाते उसे किसी कार्य-क्षेत्र में प्रवेश से नहीं रोका जा सकता। वह प्रशासन की सर्वोच्च परीक्षाओं में अपनी योग्यता का पूरा परिचय दे चुकी है। आज उसे पुरुषों के समान मत देने का पूर्ण अधिकार है, जो बहुत-से विकासशील और पूर्ण विकसित देशों तक में उसे अभी तक प्राप्त नहीं है। आज जीवन का कोई क्षेत्र उससे अछूता नहीं रह गया है। श्रीमती इंदिरा गाँधी को देश का प्रधानमन्त्री बनाकर भारत ने यह सिद्ध कर दिखाया कि भारत पुनः अपनी नारी-शक्ति को पहचानने लगा है। इससे पहले अपनी सेवाओं और योग्यता के बल पर स्व० सरोजिनी नायडू स्वतन्त्र भारत में उत्तर प्रदेश की राज्यपाल नियुक्त की गई थीं। राजकुमारी अमृतकौर काफी समय तक केन्द्रीय मन्त्रिमण्डल में स्वास्थ्य मन्त्री के रूप में कार्य करती रही हैं और विजय लक्ष्मी पंडित रूस, अमरीका तथा ब्रिटेन में राजदूत एवं राष्ट्र संघ की अध्यक्ष भी रह चुकी हैं।

स्वतन्त्रता-प्राप्ति के पश्चात् नारी की स्थिति में अधिकाधिक सुधार लाने की दृष्टि से सरकार ने विभिन्न कदम उठाये हैं तथा उसे सामाजिक न्याय दिलाने के लिए अनेक कानून बनाए हैं। संविधान के अनुसार नारी को जीवन के प्रत्येक क्षेत्र में आगे बढ़ने का वैसा ही अधिकार है, जैसा पुरुष को। केवल स्त्री होने के नाते उसे किसी भी कार्य-क्षेत्र में प्रवेश से रोका नहीं जा सकता। परिवार में उसकी स्थिति को अधिक सुदृढ़ बनाने के लिए सरकार की कृपा से अब उसे पैतृक सम्पत्ति में भी बराबर का अधिकार मिल गया है। पति द्वारा किए जाने वाले निरन्तर शोषण, दुर्व्यवहार और अत्याचार से बचने के लिए अब वह कानूनी रूप से तलाक ले सकती है, और पुनर्विवाह कर सकती है। पर्दा प्रथा, बाल-विवाह इत्यादि प्रथाएँ धीरे-धीरे समाप्त होती जा रही हैं। विधवा-विवाह पर सामाजिक रोकथाम के बन्धन शिथिल पड़ गए हैं। नारी-शिक्षा का विस्तार बड़ी तीव्र गति से हो रहा है। इस बहुमुखी प्रगति को देखकर भारतीय नारी का भविष्य बड़ा उज्ज्वल दिखाई देता है।

50. गणतन्त्र दिवस

संसार के प्रत्येक देश में राष्ट्रीय, सामाजिक तथा धार्मिक त्योहारों का विशेष महत्त्व होता है। किसी भी देश के त्योहार उस देश की संस्कृति, एकता, आत्म-विश्वास तथा परम्परा के प्रतीक होते हैं। उनमें से बहुत-से त्योहार राष्ट्रीय संघर्ष के प्रतीक होते हैं जिन्हें मानकर राष्ट्रीय चेतना पुनः जाग्रत होती है तथा जन-मानस में जागृति की एक नई लहर दौड़ जाती है।

26 जनवरी भारत का ऐसा ही राष्ट्रीय पर्व है। इसी को 'गणतन्त्र दिवस' भी कहा जाता है। यह दिन स्वतन्त्र भारत के इतिहास में स्वर्णाक्षरों में अंकित है। इस दिन का स्मरण करते ही प्रत्येक भारतवासी का हृदय एक अलौकिक उत्साह और उल्लास से भर जाता है। यह त्योहार प्रति वर्ष हमें अपनी स्वतन्त्रता तथा स्वतन्त्र सत्ता का भान कराकर चला जाता है। इस दिन भारत को ब्रिटिश साम्राज्य से सार्वभौम सत्ता मिली थी जिसके परिणामस्वरूप भारत सर्वप्रभुता-सम्पन्न लोकतन्त्रात्मक गणराज्य के रूप में प्रतिष्ठित हुआ था।

वैसे तो हमें 15 अगस्त 1947 को स्वाधीनता मिल गई थी, पर देश का संविधान 26 जनवरी 1950 को ही लागू किया गया था। संविधान लागू करने के लिए 26 जनवरी का दिन ही क्यों चुना गया?—इसके पीछे स्वतन्त्रता-प्राप्ति के दृढ़ संकल्प की एक महान् घटना छिपी है। इस दिन सन् 1929 में रावी के तट पर कांग्रेस ने अपने लाहौर अधिवेशन में पंडित नेहरू के नेतृत्व में ब्रिटिश सरकार के समक्ष 'पूर्ण स्वराज' की माँग रखी थी। इसी प्रकार 26 जनवरी 1930 को सारे देश में राष्ट्रीय झंडा फहराकर 'पूर्ण स्वराज-प्राप्ति' की प्रतिज्ञा की गई थी, इसलिए स्वतन्त्रता-प्राप्ति के बाद देश का संविधान 26 जनवरी 1950 को लागू किया गया।

इस दिन देश के प्रत्येक नगर में यह पर्व बड़े उत्साह, स्फूर्ति तथा उल्लास से मनाया जाता है। शहीदों को श्रद्धांजलि अर्पित की जाती है तथा स्थान-स्थान पर राष्ट्रीय ध्वज फहराए जाते हैं और सभाएँ होती हैं जिनमें भाषण दिए जाते हैं।

भारत की राजधानी दिल्ली में यह उत्सव बड़ी धूमधाम से मनाया जाता है। पूरे भारत से लाखों लोग इस उत्सव को देखने के लिए इकट्ठे होते हैं। 25 जनवरी को रात को ही कुछ लोग राजपथ के दोनों ओर आकर बैठ जाते हैं जिससे कि सारी परेड सबसे आगे बैठकर देखी जा सके। प्रातः नौ बजे कार्यक्रम शुरू होता है। राष्ट्रपति आठ घोड़ों की बग्घी में बैठकर विजय चौक पधारते हैं। वहाँ सेना के तीनों अंगों द्वारा दी गई सलामी स्वीकार करते हैं। इसके पश्चात् तीनों सेनाओं द्वारा प्रस्तुत की गई शोभा-यात्रा का निरीक्षण करते हैं। सेनाओं की टुकड़ियाँ मार्च करती हुई राष्ट्रपति का अभिवादन करती हैं। इसी शृंखला में पुलिस, स्कूलों के बच्चे आदि भी जाते हैं। उसके बाद युद्ध-विषयक विविध प्रकार की सामग्रियों का प्रदर्शन होता है और फिर अनेक प्रांतों की सांस्कृतिक झाँकियाँ निकाली जाती हैं। राज्यों के कलाकार अपनी कला का प्रदर्शन करते हुए निकलते हैं।

सैनिक सलामी का अन्तिम चरण बड़ा ही आनन्दपूर्ण होता है। वायु-सेना के 21 वायुयान आकाश में तिरंगा धुआँ फेंकते हुए, आकाश में ही अनेक प्रकार के करतब दिखाते हैं।

इस उत्सव का आनन्द लेने के लिए विदेशों से भी अतिथि आते हैं। अच्छी व्यवस्था करने के लिए पुलिस का विशेष प्रबन्ध होता है। इसी दिन सायंकाल रामलीला मैदान में आतिशबाजी का प्रदर्शन होता है जिसे देखने के लिए लाखों लोग उमड़ पड़ते हैं। सायंकाल को ही सरकारी भवनों पर रोशनी की जाती है। इस प्रकार के आयोजन दिल्ली में ही नहीं, सभी राज्यों की राजधानियों में भी किए जाते हैं। इस दिन सभी सरकारी और ग़ैर-सरकारी कार्यालय बन्द रहते हैं।

ऐसे त्योहार जहाँ आनन्द तथा उल्लासप्रद होते हैं, वहाँ दूसरी ओर राष्ट्र के जीवन के प्राण भी होते हैं। इन त्योहारों से हमें अनेक प्रकार की प्रेरणाएँ भी मिलती हैं। 26 जनवरी हमें उन अमर शहीदों की याद दिलाती है जिन्होंने देश की आजादी के लिए हँसते-हँसते फाँसी के फन्दों को चूमा, जिन्होंने सिर पर कफ़न बाँधकर आज़ादी के लिए संघर्ष किया, जिन्होंने भारत माता की बेड़ियों को काटने के लिए अपना सब कुछ बलिदान कर दिया। 26 जनवरी हमें प्रेरणा देती है कि हमें भी अपने राष्ट्र के प्रति अपने कर्त्तव्य का पालन करना चाहिए और यदि आवश्यकता पड़े तो अपना बलिदान देने के लिए भी तत्पर रहना चाहिए।

किसी ने ठीक ही कहा था कि—*''आज़ादी पाने की अपेक्षा उसकी रक्षा करना कठिन है।''* आज भारत स्वतन्त्र है, पर आज भी इसमें जातिवाद, प्रांतीयता, भाषावाद तथा धार्मिक संकीर्णता का बोलबाला है। हमारा यह कर्त्तव्य है कि हम 26 जनवरी को यह प्रतिज्ञा करें कि हम भारत के निर्माण में तन, मन तथा धन से जुट जायेंगे और देश की अखंडता की रक्षा के लिए भाषा, धर्म तथा जाति की दीवारों को गिरा देंगे।

51. रेडियो

रेडियो के आविष्कार का श्रेय किसी एक व्यक्ति को नहीं, तीन को है—मैक्सवेल, हैनरिच और मारकोनी। हाँ, दुनिया मारकोनी के नाम से ही अधिक परिचित है, क्योंकि उसी ने सर्वप्रथम ध्वनि-तरंगों का व्यावहारिक प्रयोग किया था। उसी ने इंग्लैंड से न्यूफाउण्डलैंड को सर्वप्रथम बेतार द्वारा समाचार भेजा। फिर उसी ने 1890 में उस आविष्कार को अपने नाम रजिस्टर्ड करवाया।

हिन्दी में रेडियो का 'आकाशवाणी' नाम बड़ा ही सार्थक है, क्योंकि वाणी (ध्वनि की लहरों) को आकाश में फैलाकर फिर उन्हें रेडियो में सुना जाता है। इस प्रक्रिया के दो भाग हैं—ध्वनि-प्रसारण और ध्वनि-ग्रहण। रेडियो स्टेशन पर कोई गीत गा रहा है, उसकी ध्वनि को शक्तिशाली विद्युत्-तरंगों में बदलकर उसे आकाश की ईथर लहरियों में फैला दिया जाता है। ये ईथर लहरियाँ ध्वनि को सारे आकाश में पहुँचा देती हैं। इसी का नाम प्रसारण है। इन ध्वनियों को पकड़कर उन्हें फिर पहले जैसी ध्वनि में बदलने

का काम हमारे कमरे में रखा रेडियो सेट करता है। कितना छोटा-सा है यह सेट। यह लघुकाय भले ही हो, किन्तु इसकी शक्ति महान् है। रेडियो आज का एक शक्तिशाली स्वर-साधन है।

मनोरंजन का रेडियो-सरीखा कोई दूसरा सुखकर, सुलभ तथा सस्ता साधन तो दुनिया में ढूँढ़ने से न मिलेगा। हम दिन-भर के थके-थकाये सायंकाल घर लौटे हैं, विश्राम को जी चाहता है। थककर खटिया पर लेट गये। मन चाहता है कि दिन-भर की खीझ जाती रहे। बस रेडियो का बटन दबा दें, सहसा गूँज उठेगा कोई मधुर गीत, कोई लोक-गीत, कोई फिल्मी गाना! हृदय स्वरों के हिंडोले पर झूलने लगेगा।

नगर में क्रिकेट का मैच हो रहा है और हम क्रिकेट के पक्के शौकीन हैं। पर मैच देखने जाने के लिए समय नहीं, न टिकट के लिए पैसा! कोई बात नहीं! हम घर बैठे-बिठाये रेडियो पर मैच का आँखों-देखा वर्णन सुन सकते हैं। नाटक देखने के लिए नाट्यशाला जाने की आवश्यकता नहीं, गणतन्त्र दिवस के कवि-सम्मेलन के लिए लाल किला पहुँचना अनिवार्य नहीं, प्रधानमन्त्री का भाषण सुनने के लिए रामलीला ग्राउण्ड की धक्कमपेल में भला क्यों पड़ें, जब रेडियो अपने घर में है। बटन दबाते ही सब-के-सब कार्यक्रम हमारे पास ही आ जाते हैं। सारा संसार रेडियो के माध्यम से हमारी मेज़ पर उपस्थित है। बस केवल स्विच दबाने की देर है। सारा ध्वनि-संसार हमारे संकेतों पर नाचने लगेगा—ता-ता थैया! ता-ता थैया! उसके साथ नाच उठेगा हमारा मन भी, हृदय भी। मनोरंजन का इतना सस्ता और सुलभ साधन और हो ही क्या सकता है!

रेडियो शिक्षा का एक सबल माध्यम भी है। रेडियो से शिक्षा-सम्बन्धी वार्ताएँ, विद्यार्थियों के कार्यक्रम, चरित्र-प्रधान नाटक, कहानियाँ तथा गुरु-शिष्य संवाद नियमित रूप से प्रसारित किए जाते हैं।

रेडियो द्वारा प्रसारित अन्य कार्यक्रम हैं—मौसम के समाचार, अधिक अन्न कैसे उपजाया जा सकता है, कृषि के वैज्ञानिक साधनों के उपयोग और लाभ क्या हैं, पशुपालन और घरेलू धन्धों में उन्नति कैसे की जाती है, स्त्रियों, सैनिकों और बालकों के विविध कार्यक्रम भी प्रसारित किए जाते हैं। इससे समाज के सभी वर्गों का ज्ञान बढ़ता है। अशिक्षित वर्ग को इन कार्यक्रमों से विशेष लाभ पहुँचता है।

रेडियो से सरकार अपनी नीति तथा सूचनाएँ भी प्रसारित करती है।

52. भारत में ग्राम-विकास की नई चेतना

भारत की जनता का 75 प्रतिशत भाग ग्रामों में बसता है। ग्रामों के विकास के लिए सरकार ने पीने के पानी की योजनाएँ बनायी हैं। बिजली से गाँवों को प्रकाश देने की योजना को भी क्रियान्वित किया है। शिक्षा एवं चिकित्सा के लिए सुविधाएँ जुटाने का कार्य किया है। सड़कों, डाकखानों आदि का भी प्रबन्ध किया जा रहा है, तब भी ग्रामीण-शहरी जीवन में सन्तुलन स्थापित नहीं हो पाया है। ग्राम के निवासी आज भी

बड़े-बड़े नगरों की ओर रोजी-रोटी के लिए भागते हैं। परिणामस्वरूप नगरों में झुग्गी-झोपड़ी समस्या बढ़ती जा रही है। इसका मूल कारण आर्थिक सन्तुलन का अभाव है। शहरों और ग्रामों में उद्योग-धन्धों के कारण आर्थिक विषमता बनी हुई है। इस विषमता का एकमात्र इलाज कुटीर उद्योगों का विस्तार ही है।

यह कुटीर उद्योग क्या है? अंग्रेज़ी में इन्हें 'कॉटेज़ इंडस्ट्री' कहते हैं अर्थात् कुटीर या कुटियाओं में चलने वाले उद्योग। कुटीर उद्योग से तात्पर्य छोटे-छोटे घरों में होने वाले उद्योग-धन्धों से ही है। ये कुटीर उद्योग शहरों और ग्रामों में समान रूप से चल सकते हैं।

कुटीर उद्योगों में थोड़ी पूँजी से भी काम चल सकता है। सौ-दो सौ रुपयों से भी इन उद्योगों को आरम्भ किया जा सकता है। चमड़े के छोटे-छोटे बटुए बनाए जा सकते हैं। जूतों के उद्योग भी कुटीरों में आरम्भ करके आजीविका का अर्जन किया जा सकता है। मिर्च-मसाले भी इन्हीं उद्योगों में सम्मिलित हैं। बिजली के बटन, तार आदि के सामान अनेक स्तरों पर निर्मित किया जा सकता है।

ट्रांजिस्टर तथा रेडियो का निर्माण कुटीर उद्योगों में बहुत प्रचलित है। आज देशभर में लगभग सभी घरों में ट्रांजिस्टर हैं। लोग साइकिलों पर भी लिए घूमते हैं। अब तो किसान खेतों में ट्रांजिस्टर चलाकर हल चलाते देखे जाते हैं। इसलिए यह कुटीर उद्योग बहुत विकसित हुआ है।

हथकरघे का व्यापार भी कुटीर उद्योगों में मुख्य है। भारत के गाँवों में जुलाहे इसी व्यापार में लगे रहते थे। राजा भोज के युग में भी खड्डियों का बहुत रिवाज़ था। इस हथकरघे में परिवार के सभी सदस्य काम में लगे रहते थे। अनेक प्रकार के खिलौने बनाने के उद्योग तो नगरों की गलियों-मुहल्लों में दृष्टिगत होते हैं। मिट्टी, गत्ते, रबड़ व लकड़ी आदि के नए-नए खिलौने बाज़ारों में नित्य-प्रति मिलते ही हैं।

पुरुषों के समान स्त्रियाँ भी इन कुटीर उद्योगों में लगी रहती हैं। मशीन से कपड़े सीने का काम तथा स्वेटर, जुराब आदि का बुनना भी तो अब इतना प्रचलित है कि शहरों के अतिरिक्त कस्बों और ग्रामों में भी यह उद्योग पहुँच गया है।

कुटीर उद्योगों के लिए विशेष क्षेत्र का ध्यान अवश्य रखा जाता है। जिस क्षेत्र में जो वस्तुएँ अधिक पैदा होती हैं, वहाँ के निवासी उन्हीं से उद्योगों का आरम्भ कर देते हैं। पहाड़ी क्षेत्रों में ऊन के कम्बल, स्वेटर, आदि खूब बनाए जाते हैं। केरल में नारियल की छाल का काम आम देखने को मिलता है। तमिलनाडु में बीड़ी उद्योग घर-घर में प्रचलित है। पंजाब में दरियों का उद्योग लुधियाना नगर और होशियारपुर ज़िले के गाँवों में खूब होता है। आदमपुर, पानीपत आदि नगर खादी ग्रामोद्योग के लिए प्रसिद्ध हो गए हैं।

भारत में बड़े-बड़े औद्योगिक केन्द्र स्थापित हैं। इनमें लाखों लोग काम करते हैं। परन्तु वे सभी 'मज़दूर' कहलाते हैं। कुटीर उद्योग में लगे लोग 'मज़दूर' नहीं कहलाते। वे तो स्वयं ही उन उद्योग-धन्धों के मालिक होते हैं। उनमें हीन भावना भी नहीं होती। वे अपने परिश्रम का फल स्वयं ही खाते हैं। इन उद्योगों का दूसरा बड़ा लाभ यह है

कि काम-धन्धे के लिए अधिक स्थान की आवश्यकता नहीं होती तथा गाँवों के लोग अपने घरों को छोड़कर शहरों की ओर नहीं भागते, बल्कि अपने घरों में ही काम-धन्धा चलाकर सुविधा से गुज़ारा करते हैं। बड़े-बड़े उद्योगों में तो असन्तोष एवं हड़तालों का बोलबाला होता है परन्तु कुटीर उद्योगों में इन अशान्तिकारक हड़तालों का अवकाश भी नहीं होता। इससे भी कुटीर उद्योगों का प्रचलन लाभकारी है।

गत वर्षों में सरकारी तथा ग़ैर-सरकारी दोनों क्षेत्रों में कुटीर उद्योगों को विशेष लक्ष्य बनाकर प्रोत्साहन नहीं दिया गया। इसीलिए एक लम्बे अर्से से लगाया जाने वाला 'गरीबी हटाओ' का नारा भी सफल नहीं हो पाया। अब सरकार ने ग्राम-विकास के लिए कुटीर उद्योगों को बढ़ावा देने का निश्चय किया है। यदि सरकार ने इस दिशा में दृढ़तापूर्वक कार्य किया तो देश की काया-पलट हो जाएगी और भारत अपनी आर्थिक विषमता की दल-दल से बाहर निकल आएगा।

53. भू-क्षरण की गम्भीर समस्या

यदि भारत में इसी प्रकार वनों का नाश होता रहा और भू-क्षरण की समस्या एवं प्रक्रिया जारी रही तो देश को बाढ़ के प्रलय से बचाना मुश्किल होगा। यह तो स्पष्ट है कि पेड़ों की अन्धाधुंध कटाई करने से पहाड़ नंगे होते जा रहे हैं। पहाड़ों की मिट्टी कटकर नदियों में और अन्ततोगत्वा समुद्र में चली जाती है। इस मिट्टी का अधिकांश भाग नदियों में ही रह जाता है और उनकी गहराई कम होती जा रही है। स्वाभाविक ही है कि ये नदियाँ बरसात में उमड़ पड़ती हैं। पिछले कुछ समय में उत्तर भारत के विशाल भू-भाग में बाढ़ के प्रकोप में वृद्धि होने का मूल कारण पिछले सैकड़ों वर्षों से हिमालय क्षेत्र के साथ किया जाने वाला अन्याय ही है।

पर्यावरण पर तथा जमीन की उत्पादकता पर जंगलों की कटाई का जो बुरा प्रभाव पड़ रहा है, उसकी जानकारी अब सामान्य जनता को भी है, किन्तु स्थिति पर नियन्त्रण पाने के लिए प्रशासनिक स्तर पर जो व्यवस्था होनी चाहिए तथा जो कठोरता बरती जानी चाहिए वह कहीं नहीं दिखाई देती। जंगलों के ठेके अभी भी दिए जा रहे हैं। लकड़ी और जलावन के लिए अभी भी पेड़ों की अन्धाधुन्ध कटाई हो रही है। हिमालय क्षेत्र के जो प्राकृतिक वन समाप्त हो रहे हैं, उन्हें दुबारा जन्म नहीं दिया जा सकता। इतना ही नहीं, पर्वतीय क्षेत्रों में वनों के अभाव के कारण मिट्टी का बड़े पैमाने पर क्षरण हो रहा है और इससे नदियों के तलों में मिट्टी जमती जा रही है। नदियों की गहराई कम होती जा रही है और इसके परिणामस्वरूप बाढ़-प्रभावित क्षेत्रों का विस्तार बढ़ता जा रहा है। तीस वर्ष पूर्व लगभग ढाई करोड़ हेक्टेयर भूमि बाढ़ से प्रभावित थी। नदियों के तलों में मिट्टी के निरन्तर जमाव से यह क्षेत्रफल 4 करोड़ हेक्टेयर तक पहुँच गया है। निस्सन्देह यह स्थिति चिन्ताजनक है। यह तो स्पष्ट है कि उपजाऊ जमीन की एक सीमा है। इसलिए बढ़ती जनसंख्या का भरण-पोषण करने के लिए एक ओर तो खेती के लायक जमीन

को बाढ़ और सूखे की चपेट से बचाया जा रहा है और दूसरी ओर प्रति एकड़ पैदावार में वृद्धि करनी है। इसलिए इन समस्त परिस्थितियों को ध्यान में रखते हुए भू-क्षरण की समस्या को आज उच्च प्राथमिकता देने की आवश्यकता है। एक अध्ययन के अनुसार विश्व में प्रतिवर्ष 50 लाख हेक्टेयर तक उपजाऊ भूमि बेकार बन जाती है। यदि यही स्थिति रही तो 20 सालों में दुनिया में खेती योग्य भूमि के क्षेत्रफल में उतनी कमी आ जायेगी, जितनी आज भारत में कुल खेती योग्य भूमि है।

इसमें सन्देह नहीं है कि पिछले लगभग 10 वर्षों के दौरान भारत में मिट्टी अनुसंधान की दिशा में बहुत काम किया गया है तथा केन्द्रों की स्थापना की गई है। अच्छी जमीन के बग़ैर अनाजों का उत्पादन नहीं बढ़ाया जा सकता। भारत के भौगोलिक क्षेत्र की 53 प्रतिशत ऐसी जमीन है जहाँ भू-क्षरण रोकने तथा पानी की व्यवस्था करने की आवश्यकता है। लेकिन अभी तक इसमें से सिर्फ़ 13 प्रतिशत भूमि को ही खेती लायक बनाया जा सका है। स्पष्टत: बहुत बड़ा काम बाकी पड़ा है। इसकी पूर्ति के लिए प्रशासनिक स्तर पर दृढ़ता से कदम उठाना पड़ेगा जो राजनैतिक इच्छा-शक्ति के बग़ैर सम्भव नहीं है।

54. कम्प्यूटर क्या, क्यों और कैसे?

कम्प्यूटर का अनुसंधान केवल 25 साल पहले शुरू हुआ। अनोखे इलेक्ट्रोनिक दिमागों के करतब हमारे दिमागों को चकित कर देने वाले हैं। कम्प्यूटर तकनीक से जो अनुसंधान हो रहे हैं उनका उद्देश्य यह जानना है कि क्या वह मानव-मस्तिष्क को पीछे छोड़ सकता है।

बहुत-से 'इलेक्ट्रोनिक दिमाग' आजकल महत्त्वपूर्ण साहित्यिक रचनाओं का विश्लेषण कर रहे हैं। वे तथ्यों के आधार पर निष्कर्ष निकाल सकते हैं लेकिन यह सब एक सीमा तक। वास्तविक वृद्धि में इच्छा, चेतना एवं सृजन के तत्त्व होते हैं, जबकि अभी तक कम्प्यूटर इतना विकसित नहीं हो पाया है। अमरीकी कृत्रिम बुद्धि के प्रयोगकर्त्ता टेरी विण्टेग्रेड का ख्याल है कि फिलहाल कृत्रिम बुद्धि केवल समस्या सुलझाने वाली सिद्ध बुद्धि तक ही सीमित है।

सोचकर समस्या सुलझाने वाला सबसे पहला कम्प्यूटर 1956 का कम्प्यूटर कार्यक्रम 'लॉजिक थियीस्ट' कहा गया। यह कुछ तथ्यों में से चुनकर उनमें तार्किक परिवर्तन करके गणितीय सिद्धान्तों को सिद्ध करता था।

हाल ही के एक कम्प्यूटर कार्यक्रम ने तो परमाणु भारत का सिद्धांत सामने रख दिया जिसे प्रतिपादित करने में हमारे वैज्ञानिकों को 50 साल और लगने थे। येल में आई० पी०पी० नामक कार्यक्रम समाचार कथाओं को पढ़कर उनमें से महत्वपूर्ण जानकारी प्राप्त करके इस तरह उसको प्रस्तुत करता है कि अनेक समाचार कथाओं में आपसी सम्बन्ध दिखाई देता है। आई०पी०पी० ने सही निर्णय किया कि आइरिश बन्दूकधारी पुलिस वालों को मारना चाहते हैं, जबकि इटेलियन आतंकवादी व्यापारियों को।

येल में ही एक दूसरे वैज्ञानिक ने 'बोरिस' नामक कम्प्यूटर को कहानी पढ़ने और समझने की बुद्धि दी है। इसके लिए उन्होंने उसे दोस्ती तथा कानूनी पेचीदगियों की जानकारी दी है। बोरिस की चतुराई चाहे जितनी हो, पर अब तक वह केवल दो कहानियाँ सीख पाया है। वह भी छः-छः मास तक 'प्रोग्रामिंग' करने के बाद।

मैसाच्यूसेट्स इंस्टीट्यूट ऑफ़ टेक्नालॉजी में पैट्रिक विस्टन ने जब कम्प्यूटर को शेक्सपीयर के चार दुखांतिकी एवं एक सुखांतिकी नाटकों की रूपरेखा दी तो कम्प्यूटर ने बताया कि मैक्बेथ और हेमलेट बहुत मिलते-जुलते हैं।

उपर्युक्त विस्मयकारी विकास के पीछे आज की दो अत्याधुनिक तकनीकें हैं—कम्प्यूटर तथा इंटीग्रेटेड सर्किट। आज नन्हें सिलिकॉन बिस्कुटों पर ऐसा विद्युत्-चक्र बैठाया जा सकता है कि उससे विमानों पर सीट बुक करने से लेकर बच्चों को उच्चारण सिखाने तक का काम लिया जा सकता है।

सूक्ष्म इलेक्ट्रॉनिकी और इलेक्ट्रॉनिक दिमागों का यह जाल इतना फैलता जा रहा है कि अनेक उद्योगों में मज़दूरों को छँटनी का डर हो गया है, लेकिन ये स्मार्ट मशीनें आखिर कितना काम कर सकती हैं? उतना ही, जितना उनको सिखाया जायेगा। इसके अलावा कम्प्यूटर वह सारे काम करेगा जिस पर फिलहाल व्यर्थ में मनुष्य समय गँवाता है।

सबसे पहला बड़ा इलेक्ट्रोनिक कम्प्यूटर था 'इनिएक', जो 1946 में बना था। वह एक पूरा कमरा घेर लेता था और ढेर सारी बिजली खा जाता था। लेकिन 1947 में बेल लेबोरेटरी के वैज्ञानिकों ने 'ट्रांजिस्टर' का आविष्कार किया। ट्रांजिस्टर यानी सिलिकॉन या जर्मेनियम का छोटा-सा टुकड़ा जो बिजली को प्रवाहित करने के लिए अच्छा संचालक है। धीरे-धीरे 1959 में इन्हीं टुकड़ों पर विद्युत्-चक्र स्थापित कर लिया गया और इससे थोड़ी-सी जगह में ढेर सारी संगणक शक्ति भर दी गई। आज एक नन्हें से टुकड़े पर एक लाख ट्रांजिस्टर भरे जा सकते हैं, जो तरह-तरह के कामों में उपयोग किये जा सकते हैं।

यह है कम्प्यूटर—कलाकार, साहित्यकार, कार्यकर्ता। एक ज़माना था जब रोबोट की तरह यह सिर्फ़ एक ही तरह का काम कर सकता था। अब मनुष्य के दिमाग ने उसे ऐसा 'दिमाग' दे दिया है कि लगता है वह हमसे आगे बढ़ जायेगा।

55. भारत में जल-पूर्ति की समस्या

भारत के आकाश से होकर हर साल तकरीबन 4,000 खरब हेक्टेयर मीटर जल की वाष्प प्रवाहित होती है, किन्तु इसका एक न्यून हिस्सा ही वृष्टि के रूप में पृथ्वी पर पहुँच पाता है। भारत में जल-वृष्टि का औसत 36 करोड़ हेक्टेयर मीटर प्रतिदिन है। इसका आधा हिस्सा वाष्प बन जाता है और दूसरा आधा हिस्सा विभिन्न रूपों में प्रवाहित होता है। प्रवाहित होने वाले कुल नदी-जल का मुश्किल से 10 प्रतिशत हिस्सा ही हमारी

धरती पर धर-पकड़ में आता है, यानी फिलहाल 90 प्रतिशत प्रवाहित जल व्यर्थ समुद्र में समा जाता है। जबकि जल की उपलब्धि में भारी कमी से देश की कई विकास-योजनाएँ तथा उत्पादन-कार्यक्रम अधूरे रह जाते हैं। वैसे देश की स्थलाकृति व वृष्टि में कुछ ऐसी विषमताएँ हैं जिससे कि देश के एक भाग में बाढ़ तो उसी समय अन्य भाग में सूखे का प्रकोप हावी रहता है। अगली शताब्दी की शुरुआत में जब देश की आबादी सौ करोड़ को छूती नज़र आएगी तो उस समय जल की माँग में लगभग तीन गुनी वृद्धि होगी।

पानी की गुणवत्ता में निरन्तर गिरावट हावी है और जल-प्रदूषण के वर्तमान में भविष्य का अनिष्टकर दृश्य झलक रहा है। जल-प्रदूषण प्राकृतिक व औद्योगिक दोनों तरह से है। मिट्टी का कटाव, शिलाओं से पानी का सम्पर्क, जल में व्यर्थ पदार्थों का निष्कासन जल-प्रदूषण के मुख्य कारण हैं, जिससे प्राकृतिक जल-राशि में घुलनशील व अघुलनशील प्रदूषकों की उपस्थिति 10-15 फीसदी बढ़ी है।

भारत में घरेलू जल की प्रतिदिन माँग मौजूदा 100 लीटर से बढ़कर सन् 2001 में औसतन 300 लीटर होगी। फिलहाल सिर्फ़ 10 प्रतिशत की व्यवस्था है। यह सुविधा सिर्फ़ 5 प्रतिशत जनसंख्या को नसीब है। 65 प्रतिशत ग्रामीण कुओं से जल प्राप्त करते हैं। 15 प्रतिशत नदी, झीलों व झरनों से प्राप्त करते हैं। 8 प्रतिशत ट्यूब-वेल से व शेष तालाबों व अन्य स्रोतों से जल इकट्ठा करते हैं। आठ करोड़ की आबादी वाले एक लाख गाँवों में कुओं का जल 15 मीटर से भी ज्यादा गहरी धरती से निकाला जाता है या एक किलोमीटर से ज्यादा दूरी से स्रोत से ढोकर लाया जाता है। डेढ़ लाख गाँवों में पेय जल की समस्या गम्भीर है जबकि 25,000 गाँवों में जल की गुणवत्ता खतरनाक स्तर पर पायी गयी है। ऐसी कई जगहें हैं जहाँ आदमी व मवेशी एक ही घाट पर जल पीते हैं।

भारत के अधिकांश क्षेत्रों में भूमिगत जल में सोडियम के लवणों की मात्रा ज्यादा पायी जाती है और कुएँ का जल खारा होता है। दिल्ली सहित अन्य स्थानों के पेय जल के स्रोतों में कैडमियम धातु की मात्रा भी पायी गयी है। ये दोनों अशुद्धियाँ दिल की बीमारी या रक्तचाप बढ़ाने में सहायक होती हैं।

पेय जल के सम्बन्ध में सबसे बड़ा खतरा बैक्टीरिया व अन्य रोगाणुओं से दूषित होने से है, जिसके फलस्वरूप अनेकानेक संक्रामक बीमारियाँ होती हैं। भारत में कुल 23,857 गाँव ऐसे हैं जहाँ पानी से उत्पन्न संक्रामक बीमारियों का खतरा हमेशा बना रहता है। जल के कुप्रबन्ध से मलेरिया की उत्पत्ति कितने भयानक रूप में होती है—यह सब जानते हैं। एक घात-कृमि (मिनी-वर्म) जो पानी से उत्पन्न होकर मनुष्य की आँतों में हमला करते हैं और जानलेवा असर डालते हैं, भारत, अफ्रीका व मध्य एशिया में ज्यादातर पाये जाते हैं।

भारत के ग्रामीणों के लिए स्वच्छ जल की आपूर्ति का कार्य 'न्यूनतम आवश्यकता योजना' के अन्तर्गत किया गया है। इसके पहले गाँवों में जल-पूर्ति का कार्य 'शीघ्र ग्रामीण जल-संभरण' कार्यक्रम के अन्तर्गत हुआ जिसके लिए मुख्यतः नलकूप व पम्प बैठाने

की योजना शामिल थी। छठी पंचवर्षीय योजना के प्रस्ताव में इस कार्य को आगे बढ़ाने के लिए ग्रामीण जल-पूर्ति के लिए प्रावधान को दुगुना यानी 1,450 करोड़ रुपये रखा गया था। ज़ाहिर है कि भूमिगत जल के बलबूते पर गाँवों की विशाल जल-माँग का संभरण करना संभव नहीं है।

शहरी इलाकों में जल-पूर्ति के अलग ही मसले हैं। औद्योगीकरण की वजह से शहरों के इर्द-गिर्द उपलब्ध जल-स्रोत अपर्याप्त होने के साथ ही प्रदूषित भी हैं। गंदे पानी की सफाई व निकासी के प्रबन्ध होने से पेय जल के स्रोतों की उपयोगिता घटती जा रही है। भारत में सिर्फ़ 43 प्रतिशत शहरों में गंदे जल की निकासी का व सफाई का उचित प्रबन्ध है। कुल शहरी गंदे जल के 60 प्रतिशत हिस्से को ही नालों के द्वारा नियोजित तौर से बहाने की क्षमता है, जिससे 37 प्रतिशत हिस्से को उचित सफाई के बाद छोड़ा जाता है। छठी योजना में पेय जल की पूर्ति व शहरी सफाई के लिए 1,253 करोड़ रुपयों का प्रावधान था। वैसे देखा गया है कि जल व सफाई की मौजूदा माँग की पूर्ति होते-होते बढ़ी हुई आबादी के लिए नये सिरे से समस्याएँ खड़ी होती जाती हैं।

जल दशक के अन्त में भारत में शहरी आबादी लगभग 20 करोड़ होगी जिसमें 9 करोड़ आबादी के लिए स्वच्छ व सुरक्षित जल का इन्तजाम अब तक हो पाया है। शेष लोगों को यह सुविधा मुहैया कराने के लिए प्रति व्यक्ति 300 रुपये की दर से 3,200 करोड़ रुपये की ज़रूरत होगी। गाँवों में पेय जल का सन्तोषजनक प्रबन्ध करने के लिए 500 से कम की आबादी वाले गाँवों के लिए 35 रुपये प्रति व्यक्ति की दर से, 1,000 आबादी के नीचे वाले गाँवों में 100 रुपये प्रति व्यक्ति की दर से और 10,000 आबादी वाले गाँवों में 150 रुपये प्रति व्यक्ति की दर से जल दशक के अन्तर्गत कुल 6,000 करोड़ रुपये की लागत लगेगी। जाहिर है कि भारत में जल दशक के नियोजन का कार्यान्वयन बहुत कुछ अन्तर्राष्ट्रीय संगठनों से मिलने वाली वित्तीय सहायता पर आधारित है।

56. भारत में बाढ़ की समस्या

बाढ़ और सूखा प्रकृति के प्रकोप के दो रूप हैं। रह-रह कर, बारी-बारी से ये दोनों ही अपना ताण्डव नृत्य दिखाते हैं। पिछले 45 वर्षों में बाढ़ की विभीषिका बढ़ी ही है। 1950 में बाढ़ से करीब 21 करोड़ की क्षति हुई थी, जबकि 1971 में यह क्षति 631 करोड़ रुपये की हो गई। 1973 में 596 करोड़ रुपये और 1974 में 580 करोड़ रुपये का कुल नुकसान हुआ था। 1950 से 1974 तक के वर्षों में औसत हानि 210 करोड़ रुपये की रही है। तात्पर्य यह है कि बाढ़ का प्रकोप दिन-प्रतिदिन बढ़ता जा रहा है।

नदियों के ऊपरी भागों में भारी वर्षा होना, चक्रवात तथा वायुमण्डलीय दाब में गिरावट के साथ-साथ छोटी नदियों के प्रवाह-क्षेत्र में मूसलाधार बारिश अथवा बाँध का

टूटना या बर्फ का पिघलना आदि बाढ़ आने के कई कारण हैं। एक अन्य कारण यह है कि नदियों का ढाल अधिक होने से उनका पानी बहुत तेजी से मैदानी इलाकों में आता है। पहाड़ी भागों में जंगलों के कटने तथा मिट्टी के जमने से जल-निकास मार्गों के अवरुद्ध होने से भी बाढ़ों का प्रभाव बढ़ने में मदद मिलती है। मनुष्य की प्रकृति से छेड़-छाड़ तथा नदियों के प्राकृतिक मार्गों के पास आवास-कृषि आदि की व्यवस्था कर शहर बसाना भी बाढ़ आने के कुछ अन्य कारण हैं।

बाँधों, तटबन्धों तथा पर्वत-स्कन्धों का निर्माण, भण्डारण का निर्माण तथा वनरोपण का व्यापक कार्यक्रम बाढ़ रोकने में सहायक सिद्ध हुए हैं। बिहार का शोक कोसी नदी, जो दो सौ वर्षों से 110 किलोमीटर मार्ग बदल चुकी है, 'पालतू' बनाई जा चुकी है। बिहार तथा उत्तर प्रदेश की अन्य नदियों को वश में करने के लिए तथा पर्वतीय भागों में वनरोपण के लिए नेपाल की सहमति तथा सहायता अपेक्षित है। चूँकि 60 प्रतिशत बाढ़ें हिमालय से निकलने वाली नदियों के कारण आती हैं, उन्हें रोकने के कदम भी वहीं उठाने चाहिएँ।

बाढ़-नियन्त्रण के परम्परागत और पुराने साधन तटबन्ध टूटने पर प्लावन की स्थिति ला सकते हैं और बीच के नदी क्षेत्र में मिट्टी के जमते रहने से पानी का स्तर उठने की आशंका पैदा होती है जिससे मूल उद्देश्य ही समाप्त हो जाता है। सुरक्षा के कम अवधि के साधन के रूप में तटबंध उपादेय हैं। पर ब्रह्मपुत्र घाटी भूकम्प-शक्ति होने से वहाँ तटबन्धों का निर्माण खतरे से खाली नहीं है। जलाशयों का निर्माण सिर्फ़ बाढ़ों की सुरक्षा के लिए आर्थिक दृष्टि से बहुत महँगा पड़ेगा, इसलिए बहु-उद्देश्यीय नदी-परियोजनाओं में जिनका ध्येय सिंचाई या जल-विद्युत् उत्पादन या दोनों हैं, अनेक भण्डारण जलाशय अभिन्न अंग के रूप में बनाए जाते हैं। तुंगभद्रा, रिहंद, हीराकुड, भाखड़ा-नांगल, नागार्जुन सागर आदि बहुचर्चित परियोजनाएँ हैं। परन्तु पानी के साथ बहकर आने वाली मिट्टी धीरे-धीरे जमीन की सतह को ऊँचा उठाती जाती है तथा एक दिन जलाशय भर जाता है। जलाशय की आयु-सीमा अधिक-से-अधिक सौ वर्ष है। ब्रह्मपुत्र घाटी के भूकम्पग्रस्त क्षेत्रों में जल-भण्डारण के लिए उपयुक्त स्थान मिलना कठिन है। दूसरे, बाढ़-नियन्त्रण उपाय के रूप में जलाशय खाली करना पड़ सकता है। पर बिजली पैदा करने के लिए पानी का पर्याप्त मात्रा में होना निहायत ज़रूरी है। ऐसी परस्पर-विरोधी परिस्थितियों में कई समस्याएँ उठ खड़ी होती हैं। फिर भी, ज्यादा अवधि की सुरक्षा के तरीकों में जलाशयों का महत्त्वपूर्ण स्थान है, हालांकि यह तरीका अपर्याप्त सिद्ध हो चुका है।

बाढ़-कटिबन्ध बनाना, खास तौर से शहरी इलाकों के लिए, शायद सबसे अच्छा तरीका है। सीधा-सा सिद्धान्त है—जहाँ नदी को जाने का अधिकार है, उस रास्ते में से हटने में ही भलाई है। चूँकि सभ्यता का विकास नदी-तटों पर हुआ है, इसलिए तटवर्ती आबादी को उखाड़ फेंकना या हटाकर अन्यत्र पहुँचाना दुष्कर कार्य है। विकल्प के रूप

में गंगा के किनारे बसे गाँवों के घरों को बाढ़ से ऊँचा उठाकर निरापद हो सकता है। जहाँ पूरे गाँवों की सतह उठाना सम्भव नहीं है, वहाँ गाँव के एक कोने में ऊँचा 'शरण-स्थल' बनाने से बाढ़ आने पर प्रभावित व्यक्तियों के लिए वह स्थान बसेरे का काम करेगा।

बाढ़-नियंत्रण का एक और उपाय है—प्राकृतिक विकास-मार्गों में भेजकर मुख्य धारा का जल-स्तर कम कर देना। कश्मीर में झेलम के तट पर बसे श्रीनगर की सुरक्षा के लिए अतिरिक्त जल वूलर झील में मार्ग मोड़ने वाली नहरों द्वारा छोड़ दिया जाता है। गंगा-ब्रह्मपुत्र नदियों को इस तरह नहरों का जाल बिछाकर जोड़ा जा सकता है। आन्ध्र प्रदेश में विजयवाड़ा की रक्षा भी इसी प्रकार की गयी है।

बाढ़ों की भविष्यवाणी को अधिक उपयोगी बनाने के लिए पुणे अनुसन्धान केन्द्र में एक 'सेंसर सिस्टम' (संवेदक संयंत्र) विकसित किया जा रहा है। कुछ इलेक्ट्रॉनिक उपकरण आयात किए जा रहे हैं। इस प्रणाली का उपयोग दिल्ली, इलाहाबाद तथा पटना के आँकड़े एकत्र करने के लिए होगा। बाढ़ आने के बारे में पूर्व चेतावनी देना केन्द्रीय जल तथा विद्युत् आयोग का काम है। बड़े पैमाने पर दी गई 75-80 प्रतिशत चेतावनियाँ खरी उतरती हैं।

भविष्य में मौसम बदलने की एक योजना पर अमल होगा, जो खर्चीली होने पर भी प्रभावकारी सिद्ध होगी। इसके अनुसार चक्रवात या तूफान अथवा दाब में अचानक गिरावट से टक्कर लेने के लिए वर्षा का उचित वितरण किया जाएगा। हवाई जहाज से सिल्वर आयोडाइज जैसे रसायनों का बादलों पर छिड़काव करके समय से पूर्व वर्षा की जायेगी। चक्रवात या तूफान से जल को इस प्रकार निकालना उसकी शक्ति को क्षीण कर देना है।

57. अन्तरिक्ष के शान्तिपूर्ण उपयोग

अन्तरिक्ष के शान्तिपूर्ण उपयोग की दिशा में मानव का एक चरण तब और आगे बढ़ जायेगा, जब अन्तरिक्ष में एक विशाल दूरबीन की स्थापना की अमरीका की एक योजना साकार हो जाएगी। योजना कई खरब डॉलर की है और वह आज से दस वर्ष पहले उस समय बनी थी, जब अन्तरिक्ष में आने-जाने वाले विमानों की बात मात्र एक वैज्ञानिक कल्पना थी। अमरीका के कोलम्बिया विमान के दो बार अन्तरिक्ष में जाकर सुरक्षित पृथ्वी पर लौट आने से ये आशाएँ प्रबल हो गई हैं कि अन्तरिक्ष में दूरबीन के हिस्से पहुँचाने का काम सहज रूप से किया जा सकेगा और वहाँ खगोलज्ञों को ले जाने तथा उनके आवास की व्यवस्था भी की जा सकेगी।

अन्तरिक्ष में स्थापित की जाने वाली दूरबीन 15 टन की (पृथ्वी पर) होगी। अन्तरिक्ष में पहुँचने पर वह चार-शून्य हो जाएगी। उसका लेंस 2.4 मीटर का होगा। वह अन्तरिक्ष में कम-से-कम 15 वर्ष तक अन्य ग्रहों की खोज में प्रयुक्त की जा सकेगी। उसकी स्थापना के बाद अन्य ग्रहों के बारे में मानव की जानकारी बहुत बढ़ने की आशा है।

उससे ब्रह्मांड के अनेक रहस्यों का उद्घाटन होगा। धुर दक्षिण में एक तारा 'अगस्त्य' है, जो हमारे सूर्य जैसा ही चमकीला है। यह तारा उत्तरी गोलार्ध से नहीं दिखता, दक्षिणी गोलार्ध से दिखाई देता है। नवीनतम खोजों के अनुसार यह हमारे सूर्य से टूटकर अलग हुआ सूर्य है, क्योंकि उसमें विद्यमान तत्त्व हमारे सूर्य के तत्त्वों से बिल्कुल मिलते हैं। खोज उसकी नहीं, वरन् उसके एक ग्रह की होनी है, जो हमारी पृथ्वी की सहोदरा मानी जा सकती है। पृथ्वी की श्रेष्ठतम दूरबीनों से भी वह दिखाई नहीं देती, क्योंकि उसमें अपना प्रकाश नहीं है और अगस्त्य से ही प्रकाशित होती है। दूरबीन से उसके अस्तित्व की पुष्टि होने की आशा है। उसके बाद उस पर जीवन की सम्भावनाओं का अनुमान लगाया जा सकता है। यह दूरबीन के लिए निर्धारित अनेक कार्यक्रमों में से एक है।

यह दूरबीन पृथ्वी-तल से 500 किलोमीटर ऊपर एक अण्डाकार कक्ष में स्थापित की जाएगी, जहाँ कोलम्बिया यान की सहायता से कुछ मिनटों में पहुँचा जा सकता है। यह दूरबीन पृथ्वी पर पहाड़ी चोटियों पर कायम विशालतम दूरबीन से भी ज्यादा सूक्ष्म होगी, क्योंकि पृथ्वी पर धुएँ के बादलों, धूल-कणों तथा शहरी प्रकाश के कारण ग्रह अत्यन्त धुँधले और टिमटिमाते नज़र आते हैं। अन्तरिक्ष में ये सब समस्याएँ नहीं होंगी। तारे टिमटिमाते नहीं, वरन् स्याह काली पृष्ठ-भूमि में स्थिर प्रकाश-स्रोत नज़र आते हैं। वहाँ पृथ्वी-तल के मुकाबले 50 गुने अधिक धुँधले तारों को स्पष्ट देख पाना सम्भव होगा। नीहारिकाएँ (आकाश-गंगा) का जो भाग पृथ्वी से रिक्त मालूम पड़ता है, वहाँ भी असंख्य तारे और अप्रकाशित ग्रह हो सकते हैं।

देखने में प्रस्तावित दूरबीन पक्षी जैसी होगी, क्योंकि उसके दोनों ओर विशाल सौर ऊर्जा पटल लगे होंगे। वे उनके संचालन के लिए 5 किलोवाट विद्युत् ऊर्जा उपलब्ध करेंगे। डैने सरीखे सौर पटल दूरबीन के साथ इस तरह के बनाये जा रहे हैं कि अन्तरिक्ष में पहुँच कर वे अपने-आप खुल जाएँ और ज़रूरत होने पर बन्द भी किए जा सकें। सौर पटलों का ब्रिटेन में परीक्षण भी हो चुका है।

58. भारत में धर्मान्तरण की समस्या

धर्मान्तरण का प्रश्न नये सिरे से देश के सामने आया है। मुख्यत: उसका सम्बन्ध हरिजनों व आदिवासी बन्धुओं से है, जिनको हिन्दू से मुसलमान, ईसाई व बौद्धों में धर्मान्तरित किया जा रहा है।

वर्तमान में धर्म-परिवर्तन का प्रश्न सामाजिक व धार्मिक से भी अधिक राजनैतिक बन गया है। समायोजित व सामूहिक धर्मान्तरण राजनैतिक प्रतिनिधियों के सक्रिय हुए बिना सम्भव नहीं होता, भले ही वे राजनैतिक प्रतिनिधि मुसलमान हों, ईसाई हों या वे स्वयं हरिजन ही हों। वर्तमान धर्मान्तरण अर्थ-सापेक्ष भी होता होगा, तो भी अधिक पैसा धर्म-परिवर्तन कराने वाले आयोजकों की जेबों में जाता है अपेक्षाकृत धर्म-परिवर्तन करने वालों के।

क्या आप समझते हैं कि राजनैतिक दलों की यह कोई अन्तर्गर्भित नीति चल रही है कि इस प्रकार के सामूहिक धर्म-परिवर्तन करवा कर कोई दलीय हित साधा जाए?

मैं नहीं मानता कि अखिल भारतीय स्तर का कोई राजनैतिक दल ऐसी कोई दलगत नीति अपनाकर चल रहा है। मेरा विश्वास है कि स्थानीय स्तर के राजनैतिक कार्यकर्ता धार्मिक, आर्थिक, साम्प्रदायिक या राजनैतिक लाभ के अनुरूप तिकड़में करते हैं। ईसाई लोगों के काम करने का तरीका है—शोर-शराबा और दिखावा नहीं, चुपचाप काम करना। मुसलमान हों या बौद्ध, धार्मिक क्षेत्र के कार्यकर्ता इतने कुशल तब तक नहीं होते, जब तक उनमें राजनीति नहीं आ जाती। अस्तु, यदि जहाँ-तहाँ धर्मान्तरण के विशेष समायोजन हुए हैं, उन सबका सर्वेक्षण किया जाए तो स्थिति स्पष्ट हो जाएगी कि इस दिखावे के धर्मान्तरण के मूल में कौन था?

इस. निराकरण का क्या मार्ग है?

सम्बन्धित राजनैतिक दल हृदय से चाहें तो अपने-अपने कार्यकर्ताओं पर इस धर्मान्तरण की प्रक्रिया की रचना करने पर अनुशासनात्मक रोक लगा सकते हैं।

भारत के संविधान में धार्मिक स्वातंत्र्य व्यक्ति का मौलिक अधिकार है। धर्म-प्रचार की भी वैज्ञानिक स्तर पर छूट है। इस स्थिति में धर्मान्तरण का 'शक्ति-परीक्षण' होना ही है। अब नये सिरे से चल पड़े इस 'शक्ति-परीक्षण' को कैसे रोका जा सकता है?

प्रत्येक समस्या के दो समाधान होते हैं—तात्कालिक या स्थायी। तात्कालिक समाधान के लिए तो चारों ओर से क्रिया-प्रतिक्रिया के रूप में दृश्य चर्चित हो ही रहे हैं। मुसलमान पुनः हिन्दू बनाए जा रहे हैं तथा हिन्दुओं को ईसाई, बौद्ध, मुसलमान बनाया जा रहा है। पर वस्तुतः यह समाधान स्थायी समाधान नहीं है। स्थायी समाधान यदि हम चाहेंगे तो हमारी दृष्टि में धर्मान्तरण मात्र को असामाजिक या अवैध करार देना होगा। धर्मान्तरण अब बीते युग की बात बन गयी है। राजनैतिक स्तर पर जैसे भौगोलिक स्थायित्व फलित हो रहा है वैसे ही साम्प्रदायिक स्तर पर भी इसे स्वीकारना होगा। विश्व में आज जितने देश हैं, वे चाहे किन्हीं भी परिस्थितियों में बने हों, उनका पिछला इतिहास चाहे कुछ भी रहा हो, पर साम्राज्य-विस्तार अब सारे विश्व में अमान्य बन गया है। आक्रमण को अपराध माना जाता है। मैं सोचता हूँ—धर्मान्तरण का अभियान भी एक आक्रमण है। भले ही वह किसी धर्म के प्रति किसी धर्म द्वारा चलाया गया हो। यह कोई तर्कसंगत बात नहीं है कि ईसाई भारत में अपना काम करें तब हमारे मन में खीझ पैदा हो और ईसाइयों के देशों में हमारे हिन्दू या जैन प्रतिनिधि विदेशियों का धर्मान्तरण कराएँ तब हम पुलकित हों। जब तक संक्रांतिकाल है, तब तक सब कुछ चलता है, चलता रहेगा। मैं उसका विरोध नहीं करता, पर धर्मान्तरण के विवाद का स्थायी समाधान खोजना है तो पूरे विश्व में धर्मान्तरण-विरोधी वातावरण तैयार करना होगा। वही आगे चलकर साम्प्रदायिक स्थिरता की पृष्ठ-भूमि बना सकेगा।

59. भारत में सिंचाई-व्यवस्था

ग्रामीण क्षेत्रों की निर्धनता तेजी के साथ बढ़ रही है। उसकी क्रय-क्षमता में किसी-न-किसी ढंग से कटौती की जा रही है। जबकि उसकी उत्पादनशीलता बढ़ाने के लिए किए गए उपाय प्राय: नगण्य से हैं। अभी तक ग्रामीण लोगों की क्रय-क्षमता में सुधार लाने अथवा उसका जीवन-स्तर उठाने की दिशा में कुछ भी महत्त्वपूर्ण काम नहीं किया जा सका है। कृषि क्षेत्र का उत्पादन, जो 1950-51 में 550 लाख टन था, 1979-80 तक बढ़कर 1,330 लाख टन पहुँच गया था किन्तु उत्पाद में इस वृद्धि का लाभ खाद्यान्न उत्पादन करने वाले किसान तक नहीं पहुँच सका है। निश्चय ही खेतों की उत्पादनशीलता में वृद्धि किए बिना किसानों की आर्थिक स्थिति में सुधार की बात सोचना एक कल्पना ही होगी।

सिंचाई की व्यवस्था—हमारे यहाँ काश्त का कुल क्षेत्र 1,380 लाख हेक्टेयर है, जिसमें 330 लाख हेक्टेयर भूमि सिंचित है। पूरे 45 वर्षों के योजनाबद्ध विकास के बाद भी हमारी कुल काश्त-भूमि की तीन-चौथाई ऐसी है, जिसमें सिंचाई नहीं होती। 1975-76 की स्थिति के अनुसार सभी मुख्य और मध्यम दर्जे की सिंचाई परियोजनाओं के कमान-क्षेत्र में कुल मिलाकर लगभग 56 लाख हेक्टेयर की सिंचाई होती थी। सिंचाई के प्रयोजनों के लिए जिस पानी का इस्तेमाल किया जा सकता है, उसका लगभग 1/2 भाग पूर्वी और उत्तर-पूर्वी भारत में उपलब्ध हैं, किन्तु इसके केवल 1/4 भाग को ही विकसित किया जा सका है। उपलब्ध जल-राशि का ऐसी फसलों के लिए प्रभावी इस्तेमाल करके बहुत लाभ उठाया जा सकता है, जिसके लिए जल का प्रयोग अपेक्षतया अधिक अनुकूल रहता है। इस प्रकार जल की एक मात्रा से चावलों की तुलना में मूँगफली की दुगुनी फसल की सिंचाई की जा सकती है। इसलिए सूखे इलाके के किसानों को तिलहनों और दालों की फसलें उगाने के लिए प्रेरित किया जाना आवश्यक है ताकि सिंचाई के लिए उन्हें उपलब्ध सीमित सुविधाओं से अपेक्षतया अधिक लाभ प्रदान किया जा सके।

सिंचाई के क्षेत्र में ढेर सारी पूँजी और सिंचाई-सुविधाओं का बहुत प्रसार कर लेने के बाद भी इस क्षेत्र में लगी हुई पूँजी से प्राप्त होने वाले लाभ उपज और आर्थिक दोनों ही दृष्टियों से निराशाजनक रहे हैं। सिंचित भूमि से प्रति वर्ष प्रति हेक्टेयर कम-मे-कम 4 से 5 टन तक खाद्यान्न की उपज प्राप्त होनी चाहिए किन्तु आजकल यह औसत मुश्किल से 1.7 टन की है। अनुमानों के अनुसार राज्य सरकारों को अपनी सिंचाई परियोजनाओं में लगी हुई पूँजी में प्रति वर्ष 427 करोड़ रुपये से अधिक का घाटा हो रहा है। छठी पंचवर्षीय योजना में पहले ही सिंचाई-सुविधाओं से युक्त इलाकों में जल की प्रत्येक इकाई की उत्पादनशीलता में सुधार लाने की ओर तथा साथ ही जल की लवणता और जलाक्रमण से उत्पन्न समस्याओं की ओर सर्वोच्च प्राथमिकता से ध्यान दिए जाने की आवश्यकता महसूस की गई थी। साथ ही यह भी आवश्यक समझा गया कि सभी अपूर्ण सिंचाई परियोजनाओं को सर्वोच्च प्राथमिकता देकर यथासंभव जल्दी-से-जल्दी पूरा किया जाये।

विशाल और मध्यम दर्जे की सिंचाई परियोजनाओं में 8448.36 करोड़ रुपये की पूँजी लगाने का प्रस्ताव था, जिसमें 57 लाख हेक्टेयर भूमि की अतिरिक्त रूप से सिंचाई होनी थी। कार्यक्रम का मूल लक्ष्य यह होना चाहिए कि निर्मित सिंचाई क्षमता और उसके प्रयोग के बीच का अन्तर कम-से-कम रहे और सिंचाई परियोजनाओं के कमान क्षेत्र में भूमि और जल की बेहतर व्यवस्था करके अधिक-से-अधिक कृषि उत्पादन किया जा सके। प्रभावी जल-व्यवस्था की समूची अवधारणा का उद्देश्य भूमि और जल का बेहतर इस्तेमाल होना चाहिए जिससे कि कृषक वर्ग को अधिकतम लाभ पहुँच सके और यह तभी सम्भव हो सकता है, जबकि भूमि और जल-संसाधनों की योजनाओं के निर्माण और उनकी व्यवस्था में कृषक वर्ग को सक्रिय रूप से साथ रखा जाये।

60. नैतिक शिक्षा का महत्त्व

संसार के विभिन्न धर्मों के कर्मकाण्ड या बाह्य विधि-विधान में भले ही भिन्नता हो, परन्तु एक ऐसी बात है जिन पर सभी धर्म एकमत हैं और वह है नैतिक शिक्षा। सच बोलना, चोरी न करना, किसी की वस्तु पर बलात् अधिकार न करना, दुर्बलों को न सताना, बड़ों का आदर करना, मनुष्यमात्र को ईश्वर की सन्तान समझना, प्राणिमात्र पर दया, न्याय-भावना आदि बातें ऐसी हैं जिनका विरोध कोई भी धर्म-ग्रन्थ नहीं करता। विश्व के सभी महापुरुषों के जीवन में उपर्युक्त गुणों की अधिकता देखने को मिलती है। धर्म-प्रवर्तकों के जीवन की मुख्य घटनाएँ भी हमें नैतिकता की ही शिक्षा देती हैं। नैतिक शिक्षा व्यक्ति के संकुचित दृष्टिकोण को उदार बनाती है। वह कहती है–*"जियो और जीने दो।"* भारतीय विचारकों ने उपनिषदों में यही मूलमन्त्र मानव को दिया है–*"वसुधैव कुटुम्बकम्।"* गीता में कहा गया है–*"विद्या-विनय सम्पन्न ब्राह्मण में, गाय में, हाथी में, कुत्ते में और श्वमांस-भोजी में समदर्शी व्यक्ति समान आत्मा के दर्शन करता है।"* कुरान शरीफ़ में कहा गया है–*"अपने पड़ोसी से प्यार करो।"* बाइबिल में कहा गया है–*"दूसरों से वैसा ही व्यवहार करो, जैसा तुम उनसे चाहते हो।"*

उपर्युक्त प्रकार की उक्तियाँ जीवन को सँवारने में बड़ा महत्त्वपूर्ण स्थान रखती हैं। यदि पाठ्यक्रम से इन बातों का सर्वथा बहिष्कार कर दिया जाए, तो छात्र भले ही ज्ञान-विज्ञान में कितनी ही प्रगति कर जाए, पर सामाजिक इकाई के रूप में उसका जीवन उन्नत नहीं कहा जा सकता।

जो राष्ट्र अपने को नैतिक गुणों से विमुख रखकर भौतिक साधनों, चाहे वे कितने ही महत्त्वपूर्ण व बहुमूल्य हों, पर केन्द्रित करता है, वह आत्मारहित शरीर के समान है। अतएव इसमें तनिक भी सन्देह नहीं कि यह अत्यन्त वांछनीय है कि शैक्षणिक संस्थाओं में नैतिक एवं आध्यात्मिक गुणों के शिक्षण की व्यवस्था की जाए। यद्यपि यह कार्य अत्यन्त प्रयत्न-साध्य है, तथापि यह असंभव नहीं है। यदि हम में इसके लिए तीव्र इच्छा विद्यमान है तो इसके मार्ग में आने वाली कठिनाइयों को परास्त किया जा सकता है।

वास्तव में हमारी सम्पूर्ण शैक्षणिक व्यवस्था नैतिक मूल्यों पर अभिस्थापित होनी चाहिए। कारण, आजकल सामाजिक जीवन में अनैतिकता की समस्या भयावह बन गई है। हमारी परम्परागत मान्यताओं का ह्रास हो रहा है और उनका स्थान लेने वाली नवीन मान्यताओं की स्थापना हम नहीं कर पाए। इसीलिए आज का विद्यार्थी-वर्ग अपने भीतर एक खोखलेपन का अनुभव करता है और लक्ष्य-भ्रष्ट हो जाता है।

हमारी वर्तमान शिक्षा-प्रणाली में सबसे बड़ी न्यूनता यही है कि उसमें नैतिक शिक्षा का अभाव है। इस न्यूनता को हमें दूर करना है। व्यक्तिगत चरित्र तथा राष्ट्रीय बल प्राप्त करने के लिए नैतिक शिक्षा प्रारम्भिक शिक्षा-स्तर से ही अनिवार्य होनी चाहिए, क्योंकि बालक का कोमल और निर्मल हृदय गीली मिट्टी के समान होता है। इसे जिस साँचे में ढाला जाए, उसी साँचे में वह ढल जाता है।

विद्यालयों में नैतिक शिक्षण का उद्देश्य अन्य पाठ्यक्रमों के समान छात्रों को विषय-ज्ञान प्राप्त कराने या उपदेश देने मात्र से पूर्ण नहीं हो सकता। नैतिकता के व्यावहारिक पक्ष तथा राष्ट्रीय मूल्यों को जीवन में उतारना एक साधना है। इसके व्यावहारिक पक्ष की उपेक्षा होने पर यह शिक्षण तोता-रटन्त ही रह जाता है। यह साधना तभी प्रभावशाली होगी, जब यह शिक्षा शिक्षक के जीवन से स्वतः अभिव्यक्त होगी। जब शिक्षक अपने जीवन में नैतिक गुणों को धारण करेंगे, तो उनका छात्रों पर भी प्रभाव पड़ना स्वाभाविक होगा।

विज्ञान तथा टेक्नोलॉजी द्वारा मिली समृद्धि ही मानव-जीवन का सर्वस्व नहीं है। यही कारण है कि आज केवल गरीब देश ही नहीं, बल्कि खुशहाल देश भी सामाजिक तनाव से बुरी तरह पीड़ित हैं। जब तक मानव अपने हृदय को विशाल नहीं बना लेता, तब तक सामाजिक अशांति दूर नहीं हो सकती। सामाजिक संगठन का स्थायी आधार नैतिकता है। नैतिक गुणों द्वारा ही समाज में समरसता पैदा की जा सकती है। महात्मा गाँधी ने वर्ग-सद्भाव एवं वर्ग-सहयोग की बात इसी सन्दर्भ में कही है।

नैतिकता का अर्थ है मानवीय मूल्यों का सम्मान। जब तक मानवीय मूल्यों की अवहेलना की जाती रहेगी, तब तक समाज के अन्दर से हिंसा-वृत्ति का निराकरण नहीं हो सकता और हिंसा आखिर है क्या—अनैतिकता की ही पराकाष्ठा का नाम हिंसा है। अतएव यह नितान्त आवश्यक है कि विद्यालयों में शिक्षा के द्वारा नैतिक मूल्यों को छात्रों के मन में उभारा जाए। नैतिक शिक्षा के बिना स्वस्थ मानसिक विकास असम्भव है।

61. बेरोज़गारी की समस्या

भारत की जनसंख्या 94 करोड़ से ऊपर हो गई है। जितना बड़ा हमारा देश है, उतनी ही बड़ी यहाँ की समस्याएँ हैं और सबसे बड़ी समस्या है करोड़ों लोगों की बेरोज़गारी। भारत सरकार द्वारा दिए गए आँकड़ों के अनुसार इस देश में 76 लाख पढ़े-लिखे बेरोज़गार हैं।

भारत की कुल जनसंख्या का 75 प्रतिशत भाग गाँवों में रहता है। गाँवों में मुख्य धन्धा खेती है। कुछ छोटे-मोटे धन्धे और भी हैं, जो या तो खेती पर निर्भर हैं या खेती में सहायक हैं। विकसित देशों की भाँति हमारे देश के गाँवों में उद्योगों का विकास अभी तक नहीं हो पाया है और सभी गाँववासियों के पास जमीन नहीं हैं, अत: हमारे देश के गाँवों में पर्याप्त संख्या में लोग बेरोज़गार पाए जाते हैं।

हमारे नगरों में या उनके आस-पास उद्योग-धन्धों का बड़ी तेजी से विकास हो रहा है—भारी उद्योगों का इतना नहीं, जितना लघु उद्योगों का, फिर भी नगर-निवासियों में अधिकांश लोग लिपिक (क्लर्क) हैं या छोटे दुकानदार हैं। शिक्षा के प्रसार के साथ-साथ नौकरियों की माँग बढ़ती जा रही है और माँग को पूरा करने की शक्ति न तो सरकार में है और न बड़े पूँजीपतियों में। यद्यपि दोनों क्षेत्रों की ओर से देश की बेकारी दूर करने का प्रयत्न किया जा रहा है और स्वतन्त्रता के बाद हमारे यहाँ नौकरियों के लिए पदों की संख्या में भारी वृद्धि हुई है, फिर भी तेजी से बढ़ती जनसंख्या के मुकाबले में हमारा देश नौकरियों के अवसर प्राप्त नहीं कर पाया है। हमारे देश की केन्द्रीय सरकार का श्रम तथा पुनर्वास विभाग बेरोज़गार की समस्या को हल करने का भरसक प्रयत्न कर रहा है, फिर भी इस समस्या का समाधान नहीं हो रहा है। योजना आयोग के प्रतिवेदन में कहा गया था कि देश की चौथी योजना के अन्त में, देश में दो करोड़ बेरोज़गार होंगे। परन्तु इन आँकड़ों में उनकी गिनती नहीं थी जो अर्ध-बेरोज़गार हैं अर्थात् बहुत कम वेतन पाते हैं या कम वेतन पर काम करते हैं अथवा वर्ष में केवल कुछ महीनों के लिए ही काम पाते हैं। भूमिहीन किसान, पारिवारिक महिलाएँ, नौकरी और दुकान से रहित शहरी शिक्षित बेरोज़गार इसी कोटि में आते हैं। ऐसे व्यक्तियों की संख्या करोड़ों में है।

गाँवों में बेरोज़गारी के दो कारण हैं—1. वर्ष में केवल दो फसलों का होना तथा 2. सुनियोजित ग्रामोद्योगों का अभाव। यदि कृषि को विज्ञान की सहायता मिले तो वर्ष में दो से अधिक फसलें उगाई जा सकती हैं। बंजर पड़ी लाखों एकड़ भूमि को उपजाऊ बनाया जा सकता है। संगठित ग्रामोद्योगों की व्यवस्था से ग्रामवासियों की बेरोज़गारी दूर करने का प्रयास किया जा सकता है। सहकारी खेती द्वारा भी बेरोज़गारी को दूर करने में सहायता मिल सकती है।

नगरों में बेरोज़गारी के दो कारण हैं—1. योजना का अभाव, 2. शिक्षितों की औद्योगिक कार्यों में लगने की अनिच्छा। योजना के अभाव इससे प्रकट हैं कि अनेक कार्यालयों में काम कम है और कर्मचारी अधिक तथा कई कार्यालयों में काम अधिक है और कर्मचारी इतने कम हैं कि वे काम के तले पिस रहे हैं। एक तीसरा कारण विज्ञान का अति सहारा लेना भी है। मशीनीकरण के नाम पर बिलों, जीवन-बीमा और जीवन-बीमा निगम आदि में स्वचालित यंत्र की स्थापना के कारण भी बेरोज़गारी में वृद्धि हुई है। परन्तु इन सब बातों से बड़ा कारण यह है कि शहरी व्यक्ति शिक्षा प्राप्त करने के उपरान्त आराम की कुर्सी चाहता है। वह क्लर्क बनकर दो सौ रुपये मासिक पसन्द करता है परन्तु डीजल

इंजन का ड्राइवर बनकर चार-पाँच सौ रुपये मासिक कमाना पसन्द नहीं करता। कारण, उनके कपड़े सफेद नहीं रहते। शहरों की आबादी में भी अब क्रान्ति आ रही है। धड़ाधड़ लघु-उद्योग खुल रहे हैं। हमारी शिक्षा-व्यवस्था में ही इस प्रकार की क्रान्ति लाने की आवश्यकता है, जिससे लड़के-लड़कियाँ केवल कला पढ़कर आराम की नौकरी की ही कामना न करें, बल्कि उद्योगों और उद्योग-धन्धों की व्यावहारिक शिक्षा प्राप्त करके कॉलेजों से बाहर आएँ और किसी तरह के भी काम में झिझक का अनुभव न करें।

भ्रष्टाचार, नौकरशाही, मुनाफ़ाखोरी और भाई-भतीजावाद का भी देश की बेरोज़गारी में भारी हाथ है। देश के सरकारी कागजों में तथा पूँजीपतियों के बैंक-खातों में विकास होता रहा, परन्तु जन-जीवन को उन्नत करने की जिम्मेदारी किसी ने नहीं निभाई। आठ पंचवर्षीय योजनाओं के बाद भी देश की प्रति व्यक्ति आय में उतनी वृद्धि नहीं हुई, जितनी होनी चाहिए थी। फलत: महँगाई और बेकारी बढ़ती ही जा रही है।

अपनी विशाल जनसंख्या को देखते हुए तथा वैज्ञानिक प्रगति में पिछड़ा होने के कारण हमें यह मानना पड़ेगा कि हमारी अर्थ-व्यवस्था में गृह-उद्योगों का महत्त्वपूर्ण स्थान है। इस विषय में हम जापान से शिक्षा ग्रहण कर सकते हैं।

बेरोज़गारी की समस्या को दूर करने के लिए हमारे देश के सभी केन्द्रीय मंत्रियों, सभी राजनैतिक दलों के नेताओं, सभी केन्द्रीय मंत्रालयों के सचिवों, सभी राज्यों के मुख्य मन्त्रियों तथा सभी मुख्य उद्योगपतियों का एक महासम्मेलन बुलाना चाहिए। उसमें इस समस्या पर गम्भीरता से विचार-विमर्श होना चाहिए।

यह राज्य का अधिकार है कि व्यक्ति की योग्यता के अनुसार उससे काम ले और यह व्यक्ति का अधिकार है कि कल्याणकारी राज्य से सम्मानपूर्ण जीविका की सुविधा की माँग करे। क्या हमारे देश के कर्णधार इस समस्या का शीघ्र ही समाधान करेंगे?

62. भारत : प्रजातंत्र की कसौटी पर

प्रजातन्त्रीय व्यवस्था के लिए जिन मूल तत्त्वों की आवश्यकता होती है, उनको भारतीय संविधान ने भारत में उत्पन्न करने का प्रयास किया है। इन तत्त्वों से यह स्पष्ट होता है कि भारत में प्रजातन्त्र अपने श्रेष्ठतम रूप में स्थापित किया गया है। संविधान ने स्वतन्त्रता तथा समानता की, जो प्रजातन्त्र के आधारभूत स्तम्भ हैं, पूर्ण रूप में स्थापना की है। संविधान में व्यवस्था की गई है कि नागरिकों में धर्म, जाति, रंग, वर्ण, लिंग आदि के आधार पर कोई भेद-भाव नहीं किया जाएगा। सभी को देश की शासन-व्यवस्था में भाग लेने का तथा ऊँचे-से-ऊँचा पद प्राप्त करने का समान अधिकार प्राप्त होगा। केवल इतना ही नहीं, जो वर्ग पिछड़े हुए हैं, उन्हें उन्नत करने के लिए विशेष सुविधाएँ प्रदान की जायेंगी। कानून के समक्ष सभी समान होंगे। इस प्रकार संविधान ने समानता के सिद्धान्त को पूर्ण रूप में क्रियान्वित किया है। संविधान के दूसरे अनुच्छेद द्वारा ऐसी व्यवस्था की गई है कि शासन लोकतन्त्र की अवहेलना न कर सके और उसके प्रति

उत्तरदायी हो सके। इसके लिए नागरिकों को सरकार की नीति और कार्यों की मुक्त तथा उपयुक्त आलोचना का अधिकार प्रदान किया गया है। जनता नित्य समाचार-पत्रों आदि द्वारा सरकार की आलोचना करके उसका ध्यान लोकमत के प्रति आकृष्ट कर सकती है। चीन में जनता को इस प्रकार का कोई अधिकार नहीं है। वहाँ जनता सरकार की नीति की कोई आलोचना नहीं कर सकती।

तीसरे अनुच्छेद ने सार्वभौम वयस्क मताधिकार की व्यवस्था की है। प्रत्येक वयस्क को रंग, जाति, धर्म, लिंग आदि के भेद-भाव के बिना निर्वाचनों में मत देने का अधिकार है।

चौथे अनुच्छेद ने नागरिकों की स्वतन्त्रताओं की सुरक्षा की पूरी गारण्टी दी है। इसके लिए भारत में स्वतन्त्र न्यायपालिका की व्यवस्था की गई है। इस बात की पूरी गारण्टी दी गई है कि प्रशासन स्वेच्छाचारी होकर नागरिकों की स्वतन्त्रताओं का उल्लंघन न करने लगे। सर्वोच्च न्यायालय को इस बात का अधिकार दिया गया है कि वह संसद् द्वारा पास किए गए ऐसे कानूनों को असंवैधानिक घोषित कर सकता है, जो नागरिकों के मूल अधिकारों का उल्लंघन करते हों। सर्वोच्च न्यायालय को मूल अधिकारों का 'प्रहरी' बनाया गया। यदि सर्वोच्च न्यायालय को इस प्रकार का अधिकार न दिया गया होता तो यह सम्भव था कि देश के प्रतिनिधि संसद् में मिलकर नागरिकों की स्वतन्त्रताओं के विरोधी कानून बना लेते और शासन उन्हें कठोरता के साथ लागू कर देता।

विकेन्द्रीकरण को भी भारतीय शासन-प्रणाली में उचित स्थान दिया गया है। विकेन्द्रीकरण को प्रभावशाली बनाने के लिए कई प्रकार के उपाय काम में लाए गए हैं। पहली बात तो यह है कि संघात्मक शासन की व्यवस्था की गई है और प्रान्तीय तथा स्थानीय महत्त्व के विषयों को प्रान्तीय सरकारों को सौंप दिया गया है। शक्तियों को और भी अधिक विकेन्द्रित करने के लिए पंचायती राज की व्यवस्था की गई है। पंचायती राज के अन्तर्गत ग्रामों को भी स्वायत्त शासन अधिकार प्रदान कर दिए हैं।

संविधान में राज्य के नीति-निदेशक तत्त्वों की जो व्यवस्था की गई है, वह भी सामाजिक प्रजातन्त्र की स्थापना की एक विशेषता है। नीति-निदेशक तत्त्वों में उन बातों का उल्लेख किया गया है जो एक सम्पन्न तथा सभ्य समाज के जीवन के लिए आवश्यक हैं। इसमें यह भी कहा गया है कि राज्य इस बात का प्रयास करेगा कि सबको काम मिल सके। स्त्रियों और पुरुषों को समान कार्य के लिए समान वेतन मिले। भारत ने अपने समक्ष लोक-हितकारी राज्य की स्थापना का जो लक्ष्य रखा है, वह इस बात का प्रमाण है कि भारत का अन्तिम लक्ष्य समाजवादी समाज की स्थापना करना ही है। देश को आर्थिक क्षेत्र में उन्नत बनाने के लिए पंचवर्षीय योजनाओं का आयोजन किया गया है।

यह कहा जा सकता है कि कार्यान्वयन में कुछ त्रुटियाँ तथा प्रशासन में कुछ भ्रष्टाचार होने के बावजूद, भारत प्रजातन्त्र की कसौटी पर खरा उतरा है।

63. राष्ट्र-निर्माण में नारी का योगदान

नारी समाज का एक महत्त्वपूर्ण तथा आवश्यक अंग है, किन्तु वह अपनी स्थिति से बहुत असन्तुष्ट है। केवल नारी के दृष्टिकोण से ही नहीं, बल्कि सारे समाज के दृष्टिकोण से भी भारतीय नारी की वर्तमान स्थिति और उसके विद्रोह की समस्या पर विचार किया जाना चाहिए।

इस युग में स्त्री के सहयोग की जितनी आवश्यकता घर के अन्दर है, उतनी ही बाहर के क्षेत्र में भी हैं। राजनैतिक व्यवस्थाओं तथा सामाजिक कार्यों में अनेक ऐसी आवश्यकताएँ हैं, जिनमें स्त्री की सहानुभूतिपूर्ण सहायता की नितान्त आवश्यकता है। निरक्षरता के अभिशाप से समाज को बचाने के लिए स्त्री बहुत-कुछ कर सकती है। पुरुषों की अपेक्षा कोमल स्वभाव वाली स्त्रियाँ बालिकाओं के लिए ही नहीं, बालकों के लिए भी शिक्षा के क्षेत्र में अधिक श्रेष्ठ एवं सफल अध्यापिकाएँ सिद्ध हो सकती हैं।

बालक-बालिकाएँ ही नहीं, किशोर अवस्था की कन्याओं और युवतियों की शिक्षा के लिए अध्यापिकाएँ ही अधिक उपयुक्त हो सकती हैं। परन्तु वे ऐसी होनी चाहिएँ, जिन्हें अपनी संस्कृति तथा गृह-जीवन का पूर्ण ज्ञान हो। ऐसी न हों कि कल्पनाओं से उनके मस्तिष्क भरकर उन्हें स्वच्छन्द बना दें। अत: ऐसी अध्यापिकाएँ चाहिएँ जो गृह-स्त्रियाँ भी हों। किशोरियों के सामने मुक्त विचार रखकर ऐसे नागरिकों के उदाहरण देने की आवश्यकता है, जो आकाश के वातावरण में स्वच्छन्द भाव से अधिक-से-अधिक ऊँचाई तक उड़ने की शक्ति रखकर भी बसेरे को प्यार करने वाले पंछी की तरह कार्य-क्षेत्र में स्वाधीन हों, परन्तु फिर भी घर के आकर्षण से आबद्ध हों।

यह मिथ्या और थोथी दलील है कि स्त्री के पास घर के काम-धन्धे के बाद, बाहर कुछ करने का समय नहीं होता। जब किसान की स्त्री घर पर सारा काम सँभालने के बाद खेत पर जाकर पति के काम में पूरा हाथ बँटा सकती है, तो नगर की स्त्रियाँ ऐसा क्यों नहीं कर सकतीं।

यह सच है कि हमारे देश में ऐसी स्त्रियाँ कम हैं जो घर पर काम करने के बाद शिक्षा-क्षेत्र आदि में जाकर काम कर सकें, परन्तु इसका कारण हम स्वयं ही हैं। हमने उन्हें अशिक्षित रखकर स्वयं ही पंगु बना रखा है।

यह धारणा भी पुरुष का भ्रम ही है कि आधुनिक शिक्षिता नारी आदर्श गृहिणी नहीं बन सकती। विवाह के बाद स्त्री एक परिचित संसार को छोड़कर एक नए संस्कार वाले संसार में प्रवेश करती है। पुरुष के लिए उसका प्रतिदिन कार्य-व्यवहार वही होता है, परन्तु स्त्री को नए कार्य-व्यवहार में अपने को ढालना पड़ता है। संयुक्त परिवार में तो वह जल्दी अपनी स्थिति समझ लेती है, किन्तु अलग परिवार में वह पिंजरे के पंछी की तरह अकेली पड़ जाती है। इससे उसे एक अभाव खलने लगता है। अत: उसे घर से बाहर काम करने की छूट देने से उसके उस अभाव की पूर्ति की जा सकती है।

स्त्री बाहर काम करेगी तो घर (कुल) की मर्यादा नष्ट हो जाएगी, यह भी पुरान और गलत विचार है। क्या किसानों और श्रमजीवियों की स्त्रियाँ घर से बाहर काम नह करतीं?

बड़े घरों की स्त्रियाँ कारों में घूमती हैं, कुत्ते-बिल्ली पालती हैं, पार्टियों की शो बढ़ाती हैं, तब यदि घर की मर्यादा नष्ट नहीं होती तो क्या समाज के बच्चों को शिक्षि करने जैसे उपयोगी कार्य से ही घर की मर्यादा नष्ट होगी?

शिक्षा के अतिरिक्त चिकित्सा के काम में भी स्त्री भारी सहयोग दे सकती संसार के अधिकतर रोगों का सम्बन्ध स्त्रियों तथा बच्चों से ही है। माताओं के अज्ञ के कारण ही आज भी असंख्य बच्चे काल के गाल में चले जाते हैं। यदि स्त्रियाँ चिकित के कार्य में खुल कर भाग लें तो बाल-मृत्यु को बहुत हद तक रोका जा सकता अस्पतालों में नर्स का काम महिलाएँ ही अधिक भली प्रकार से कर सकती हैं।

पुरुष अपने स्वार्थ के लिए ही नारी को कानून के क्षेत्र से दूर रख रहा है। उ डर है कि कानून के क्षेत्र से सम्बद्ध होकर नारी कहीं कानून की ही बातें न करती र या अपने ही अधिकार न माँगने लगे। परन्तु वकालत के धन्धे में जाकर भी नारी समा के लिए बहुत उपयोगी सिद्ध हो सकती हैं।

"घर से बाहर काम करने वाली नारी संतान का भली भाँति पालन-पोषण नही कर सकेगी"—यह धारणा भी व्यर्थ ही है। बल्कि घर से बाहर काम करने वाली नारी की जानकारी अधिक विस्तृत होती है। वह अपनी तथा अपनी संतान की अधिक देखभाल कर सकती है। कहने का तात्पर्य यह है कि पुरुष को अब यह मान लेना चाहिए कि शिक्षा, रुचि और अवसर के अनुसार नारी को घर से बाहर का काम अवश्य करना चाहिए। राष्ट्र-निर्माण में नारी का योगदान उतना ही महत्त्वपूर्ण है, जितना पुरुष का।

64. मेरा देश भारत

हर एक देश का निवासी अपने ही देश को सबसे अच्छा मानता है। किन्तु मेरा भारत ऐसा है, जिसे दूसरे देश के वासी भी सबसे अच्छा मानते हैं। यही तो मेरे देश की विशेषता है।

अभी संसार में सभ्यता का सूर्योदय भी नहीं हुआ था, जब भारत के ऋषि वेदों की रचना कर रहे थे। ऋषि-मुनियों ने सर्वप्रथम ज्ञान का प्रकाश देकर विश्व के मनुष्य को जीवन का पथ दिखाया था। उपनिषदों के ज्ञान से मानवता को नया 'दर्शन' मिला था।

आध्यात्मिक दृष्टि से ही नहीं, भौतिक सम्पदा की दृष्टि से भी भारत संसार का अग्रगण्य देश रहा है। संस्कृत-साहित्य के अध्ययन से पता चलता है कि विज्ञान, गणित, नक्षत्र विज्ञान, वैद्यक चिकित्सा, अर्थशास्त्र आदि विषयों के प्राचीन विद्वान् भारतवर्ष के ही थे, जिन्होंने इन क्षेत्रों में अरब, यूनान, रोम, चीन आदि प्राचीन सभ्यताओं के विकास से भी पहले संसार को शिक्षा प्रदान की थी।

मेरा देश भारतवर्ष है। यही वह पवित्र पुण्य भूमि है, जहाँ पर जन्म लेने के लिए स्वर्ग के देवता भी तरसते रहते हैं। भगवान् भी इसी धरती पर अवतार लेता है। दूसरे देशों के यात्री मैगस्थनीज़, फाह्यान आदि कष्टदायक यात्राएँ करके जिसकी मिट्टी का तिलक करने आए ; चीन, जापान, कोरिया, हिन्देशिया, सुमात्रा, जावा, चम्पा, सुवर्णभूमि, श्री लंका, कम्बोडिया आदि के निवासी आज भी जिस देश का ऋण मानते हैं ; जहाँ के तीर्थों की यात्रा करके अपने जीवन को कृतार्थ करते हैं, वही भारतवर्ष मेरा देश है।

मेरा देश भारतवर्ष है, जिसकी सभ्यता और संस्कृति का साम्राज्य किसी समय समस्त पूर्वी-दक्षिणी एशिया में फैला हुआ था ; जिस देश की सीमाएँ कभी पश्चिम में ईरान, पूर्व में बर्मा, दक्षिण में श्रीलंका और उत्तर में तिब्बत को छूती थीं ; जिस देश के साहसी व्यापारी समुद्रों को पार करके सुदूर पूर्व और पश्चिम में रोम, मिस्र तथा अरब देशों में अपना माल बेचते थे ; जिस देश के कूटनीतिक सम्बन्ध इन सभी देशों के साथ हजारों वर्ष पूर्व स्थापित हो चुके थे, वही देश मेरा देश है।

जिस देश में गंगा बहती है, वही भारतवर्ष मेरा देश है। उत्तर में संसार का सबसे ऊँचा पर्वत हिमालय अपनी रुपहली चोटियों के साथ हीरे-चाँदी के श्वेत मुकुट के समान जिसके मस्तक की शोभा बढ़ा रहा है ; गंगा, यमुना, ब्रह्मपुत्र, सिन्धु जैसी नदियाँ जिसके गले में मोतियों की माला की तरह लटकती हुई शोभा देती हैं ; हिन्द महासागर की लाल लहरें प्रतिक्षण जिसके चरण-कमलों को धोकर प्रशंसा के मधुर गीत गाया करती हैं ; बद्रीनाथ, केदारनाथ, जगन्नाथपुरी, गया, वाराणसी, प्रयाग जैसे महान् और पवित्र तीर्थ-स्थान जिसके अंक में बसे हुए हैं, वही भारतवर्ष मेरा देश है।

प्रकृति का समस्त सौंदर्य जिस देश की स्थायी सम्पत्ति है ; पृथ्वी का स्वर्ग कश्मीर जिसे केसर के फूल भेंट करता है ; संसार का आठवाँ आश्चर्य ताजमहल जिसकी कला का विज्ञापन विश्व भर में किया करता है ; अजन्ता और ऐलोरा की विख्यात गुफाएँ जिसके अतीत गौरव को सँजोए हुए हैं ; महाराष्ट्र की भूमि, राजस्थान का इतिहास, बंगाल और पंजाब की वीरगाथाएँ जिसकी स्वतन्त्रता की साक्षी हैं ; कुरुक्षेत्र, अयोध्या, मथुरा, नालन्दा, लखनऊ, दिल्ली जैसी नगरियों में जिसकी विविध पुण्य स्मृतियाँ आज भी जीती हैं, वही राम, कृष्ण, बुद्ध और नानक की जन्म-भूमि मेरा देश है।

भारतवर्ष को 'जगद्गुरु' की उपाधि मिली थी। इसे 'सोने की चिड़िया' कहा जाता था। संसार के कोने-कोने के विद्यार्थी विद्या ग्रहण करने यहाँ आते थे। अशोक, विक्रमादित्य, हर्ष, स्कन्दगुप्त जैसे चक्रवर्ती सम्राट् इसके रक्षक थे। वाल्मीकि, कालिदास, तुलसीदास आदि महाकवियों ने इसी का अन्न-जल खाकर विश्व के अमर साहित्य की रचना की थी। राणा प्रताप और शिवाजी ने इसकी मान-मर्यादा के लिए जीवन भर तपस्या की थी। लक्ष्मीबाई, ताँत्या टोपे से लेकर तिलक, गाँधी, सुभाष और नेहरू जैसे वीर सपूतों ने जिसको विदेशी शासन से मुक्त कराने के लिए स्वतन्त्रता संग्राम में अपना तन-मन-धन न्यौछावर कर दिया, मैं उसी देश का वासी हूँ।

आज मेरा भारतवर्ष विश्व का एक विशाल प्रजातन्त्रात्मक गणराज्य है। परतन्त्रता

की काली रात्रि के पश्चात् जब से स्वतन्त्रता का सुनहरा सबेरा हुआ है, यह देश विकास की सीढ़ी पर धीरे-धीरे, परन्तु दृढ़ता के साथ आगे बढ़ता ही जा रहा है। रास्ते में बाधाएँ आती हैं, तूफान भी रोकते हैं, कठिन समस्याएँ भी आड़े आती हैं, कभी-कभी मानवता के शत्रु इसकी शान्तिप्रिय नीति का अनुचित लाभ उठाकर अनाधिकार चेष्टा भी करते हैं, फिर भी मेरे देश की आजादी को कोई शक्ति छीन नहीं सकती। मेरा देश महान् है।

65. स्वदेश के प्रति हमारा कर्त्तव्य

महर्षि वाल्मीकि ने भगवान् रामचन्द्र जी के मुख से निकले इस वाक्य का कितने मान से निरूपण किया है–

जननी जन्मभूमिश्च स्वर्गादपि गरीयसी।

(वा०रा० : लंका काण्ड)

अर्थात् माँ और मातृ-भूमि स्वर्ग से भी श्रेष्ठ हैं।

जिस देश की मिट्टी में जन्म लिया, दूध, पानी, अन्न, गर्मी, बरसात, सुख-दु:ख लेकर हँसे-रोये, खेले-कूदे उस मातृ-भूमि के प्रति जिस व्यक्ति का हृदय करुणा और श्रद्धा के आँसुओं से नहीं धुलता, उस कृतघ्न मनुष्य को किस श्रेणी में रखा जाएगा, यह कौन बता सकता है। समय सदा करवट बदलता है। इस 'सोने की चिड़िया' को ऐसी नज़र लगी कि विदेशियों के कठोर हाथों ने इस अमृत फल को सारी शक्ति से निचोड़ा और इसका रस पिया। भारत माता अपने घर में परदेसिन हो गई। माता के साहसी पुत्रों ने उसके बंधन तोड़ने के लिए प्राणों तक की बाजी लगी दी। यहाँ अनेक संस्कृतियाँ आईं और भारतीय संस्कृति ने ऐसा साहचर्य गाँठा कि वे सभी भारतीय संस्कृति का अटूट अंग बन गईं। ग्रीक, शक, हूण, यूनानी, अंग्रेज़ी न जाने कितनी संस्कृतियाँ यहाँ आईं। भारत माता के पुत्र जागे। सूर और तुलसी ने जन-सामान्य के हृदय को जगाया तो भूषण कवि ने उनकी भुजाओं में वीर रक्त का संचार कर दिया। भारतेन्दु, मैथिलीशरण गुप्त, और दिनकर ने क्रमश: 'भारत-दुर्दशा', 'भारत-भारती' और 'नगपति हिमालय' की रचना की।

हर काली रात के बाद प्रात:काल की प्रभा मुस्कराती है। संघर्षों के बाद देश स्वतन्त्र हुआ। देश की स्वतन्त्रता वरदान लेकर उपस्थित हुई। इस वरदान में देश की करोड़ों जनता की उन्नति छिपी हुई थी।

जहाँ प्रसन्नता आती है वहाँ उत्तरदायित्व भी साथ आते हैं। स्वतन्त्रता-प्रेमी होने के नाते हमें ज्ञान होना चाहिए कि स्वदेश के प्रति हमारा क्या कर्त्तव्य है। किसी भी स्वतन्त्र देश का नागरिक यदि वह अपने देश के विकास में सहयोगी नहीं है, तो वह देश-द्रोही और कृतघ्न है। अब व्यक्ति और समाज का प्रश्न नहीं है, अब समूचे राष्ट्र की लाज हमारे हाथ है। आज सारा संसार हमारी ओर आँख लगाए है। हमारी थोड़ी-सी उदासीनता और आलस्य हमारे इतिहास पर काली स्याही बिखेर सकता है।

हम स्वाधीन भारत के सच्चे नागरिक हैं। नागरिक होने के नाते इस देश की सामाजिक, राजनैतिक, बाहरी एवं भीतरी उन्नति और अवनति के लिए हम उत्तरदायी हैं। हमारा प्रथम कर्त्तव्य है कि भारत की प्राचीन संस्कृति के सेवा और त्याग के आदर्श को अपनाएँ। व्यक्ति का स्वार्थ नष्ट होना चाहिए, और व्यक्ति को अपने स्वार्थ की अपेक्षा परिवार के हित को, परिवार के हित की अपेक्षा समाज के हित को और समाज के हित की अपेक्षा राष्ट्र के हित को श्रेष्ठ समझना चाहिए।

हमारा कर्त्तव्य है कि जाति-पाँति और वर्ण के बन्धनों को तोड़कर प्रत्येक मनुष्य को गले लगाएँ। धूल में पड़े फूल को उठाकर माला में गूँथें और हृदय में स्थान दें। मध्य युग को रूढ़िवादी परम्परा ने मानव के विकास में जो बाधाएँ उपस्थित की हैं, उन्हें हटाएँ। मनुष्य को परखने का दृष्टिकोण आधुनिक हो। आज के जीवन को देखते हुए हम यथासंभव देश की प्रगति और विकास में सहयोग प्रदान करें।

प्रत्येक मनुष्य का कर्त्तव्य है कि वह देखे कि ऐसी कौन-सी भावना है जो मनुष्य को मनुष्य से अलग कर रही है। यदि यह भावना सत्य से प्रेरित नहीं है तो कष्ट उठाकर भी उसका त्याग कल्याणकारी सिद्ध होगा। अभी हमारे देशवासी कष्ट सहने के अभ्यासी नहीं हैं। ईमानदारी, जिम्मेदारी और वफ़ादारी का जो रूप आना चाहिए वह अभी तक हमसे दूर है। आये दिन प्रत्येक व्यक्ति अपने व्यक्तिगत जीवन में यह अवश्य अनुभव करता है कि आज प्रयत्न करने पर असली वस्तु पाना कठिन है। क्योंकि ऐसा सोचने वाला स्वयं में ईमानदार नहीं है।

स्वदेश के प्रति कर्त्तव्य में अनेक नाम गिने जा सकते हैं। जीवन के अनेक रूप हैं। इस अनेकता में जीवन का सौन्दर्य है। सहनशीलता का गुण भारतीय संस्कृति का चिरकालीन गुण है। जाति की एकता तभी हो सकती है, जबकि सबका लक्ष्य एक हो। एक झंडा, एक राष्ट्र-गीत, एक मानवीय स्वर होना चाहिए। महाभारत के एक प्रसंग में अर्जुन के मुख से कैसी राष्ट्रीय एकता की बात कहलाई गई है–

वयं पंच, वयं पंच, वयं पंच शतं च ते।
अन्यैः साकं विरोधे तु वयं पंचोत्तरं शतम्।।

हम पाँच हैं परन्तु शत्रुओं के सामने हम एक सौ पाँच हैं। आज हमारे देश को ऐसी ही एकता की आवश्यकता है। हम सारे आपसी विरोध छोड़कर एक मानव के मन्दिर में आत्मा का दीपक जलाएँ। चाहे हमारे पथ भिन्न हों, परन्तु लक्ष्य एक ही हो। हम जिस रूप में अर्थात् धर्म, अर्थ, साहित्य, कला, विज्ञान किसी भी क्षेत्र में रुचि रखने वाले हों, हमारा कर्त्तव्य है कि देश की सेवा करें। बड़े-बड़े महानुभाव तिलक, गोखले, महात्मा गाँधी, सुभाष और पटेल के मस्तिष्क में देश की जो मूर्ति बसी हुई थी, वही मूर्ति हमें अपने हृदय में स्थापित करनी चाहिए।

जिसको न निज गौरव तथा निज देश का अभिमान है।
वह नर नहीं, नर-पशु निरा है, और मृतक समान है।।

66. अध्ययन का आनन्द

अपने ही प्रयत्नों द्वारा अपने को सुधारने, सुसंस्कृत बनाने का एक मुख्य साधन है—अध्ययन। संसार के प्रतिभावान व्यक्तियों ने मनुष्य-जाति के सुख और कल्याण के लिए जो सिद्धान्त बनाए हैं, उन्हें एकमात्र स्वाध्याय से ही जाना जा सकता है। अनपढ़ व्यक्ति शताब्दियों से संचित (जमा किए गए) ज्ञान-भण्डार से बिल्कुल अनभिज्ञ रहता है। उसके लिए अतीत काल अन्धकारग्रस्त है। वह जो कुछ सामने देखता है, उसे ही जानता है और शिक्षा की कमी के कारण वह प्रत्यक्ष को भी अच्छी तरह देख नहीं सकता। वह अपने ही फैलाए हुए अहंकार में, टेढ़ी-मेढ़ी पगडण्डियों में भटकता रहता है। वह नहीं जानता कि मनुष्य के श्रम से जीवन का एक समतल और सीधा मार्ग तैयार हो चुका है।

स्वाध्याय के एक-दो अत्यन्त प्रत्यक्ष लाभ तो ये ही हैं कि इससे इतिहास तथा काव्य से हमारी जानकारी होती है। इसके द्वारा अतीत की घटनाओं से हम परिचित हो जाते हैं। संसार के बड़े-बड़े राज्यों की उत्पत्ति, वृद्धि और पतन का हमें ज्ञान होता है। हमें पता चलता है कि किस तरह मनुष्य-जाति की सभ्यता का प्रवाह विभिन्न दिशाओं में मुड़ता हुआ—कभी रुकता, कभी बँधता और कभी आगे बढ़ता—यहाँ तक आ पहुँचा है। पढ़ने से ही हमें ज्ञात होता है कि किस प्रकार क्रूर और पशुवत् व्यवहार करने वाली जातियों ने बौद्ध धर्म को अपनाया और फिर उनके रहन-सहन में कितना परिवर्तन हुआ। पुस्तकों से हमें यह भी मालूम होता है कि किन-किन कारणों से और किन-किन दशाओं में एक जाति प्रताप और शक्ति से वंचित होती है और दूसरी जाति प्रताप तथा शक्ति से सम्पन्न होती है।

अध्ययन से हम बड़े-बड़े विद्वानों एवं महापुरुषों के गहरे तथा गंभीर विचारों को जान सकते हैं और उनकी सत्संगति का लाभ उठा सकते हैं। इस विषय में समय तथा स्थान कोई रुकावट नहीं डाल सकते। अध्ययन जहाँ हमें यूनान, रोम, अरब आदि देशों की विचारधाराओं एवं परम्पराओं का परिचय कराता है, वहाँ हमें भारत के बहुमूल्य भंडार से भी तृप्त कराता है। हम भवभूति और कालिदास को मृत कैसे कहें ? वे तो अपने दिव्य काव्यों द्वारा हमारे सम्मुख अभी भी विद्यमान हैं। हमारा जब भी जी चाहता है, जायसी का 'पद्मावत' काव्य पढ़कर हम आनन्द-विभोर हो जाते हैं और कभी हम सूरदास के प्रेमपूर्ण पदों (गीतों) के रस में डूब जाते हैं और कभी चित्रकूट के घाट पर बैठे राम-लक्ष्मण के दर्शन करते हुए तुलसी की गम्भीर वाणी से अपने मन को शान्त करते हैं। कभी हम अद्वैतवादी शंकराचार्य की गर्जना सुनते हैं और कभी महाकवि भूषण को देखते हैं जो मराठों के बीच बैठे अन्याय को नष्ट करने के लिए उन्हें उत्तेजित कर रहे हैं। जहाँ इतने महान् व्यक्तियों की संगति हमें प्राप्त है, वहाँ और कोई साथी न रहे तो क्या? पुस्तकों से प्रेम रखने वाले व्यक्तियों को कभी भी संगी-साथियों की कमी नहीं खल सकती। उसकी कोठरी में सदा ऐसे लोगों का वास रहता है, जो अमर हैं। कवि, दार्शनिक और

सभी महात्मा सदा उसकी बातें सुनते हैं और उसकी शंकाओं का समाधान करने के लिए तैयार रहते हैं।

किसी महापुरुष को हम पुस्तकों के अध्ययन द्वारा जितना जान सकते हैं उतना उसके मित्र बनकर भी नहीं जान सकते। जो साहित्यकार अपने जीवन में आस-पास के लोगों से मिलने-जुलने में संकोच करते हैं, पढ़ने वाले पुरुष के निकट एकान्त में वे अपनी पुस्तकों के द्वारा अपना दिल खोलकर रख देते हैं।

अध्ययन करते समय हमें प्रतिभाशाली पुरुषों के मनोहर वाक्यों, विचारों और चमत्कारपूर्ण उक्तियों को हृदय पर अंकित करते जाना चाहिए, ताकि समय पड़ने पर हम उनसे उत्साह और शक्ति प्राप्त कर सकें।

सच्चा विद्या-प्रेमी अपने तथा दूसरों के हित-साधन के लिए ज्ञान प्राप्त करता है। प्रसिद्ध अंग्रेज़ी लेखक बेकन का कथन है कि– *''हमें विवेक और विचार के लिए पढ़ना चाहिए।''* आगे चलकर उसने पठन, वार्तालाप और लेखन में भेद (अन्तर) समझाया है कि पढ़ने से पूर्णता, वार्तालाप से तत्परता और लेखन से यथार्थता आती है।

बातचीत और लिखना दोनों बहुत हैं लेकिन विद्यानुरागी के लिए अध्ययन भी एक बहुत भारी मन्त्र है। इससे चिरकाल का संचित ज्ञान-भण्डार पाठक के सामने खुल पड़ता है।

67. विद्यार्थी और राजनीति

विद्वानों, शिक्षा-शास्त्रियों, चिन्तकों और विचारकों के लिए यह विषय बड़ा विवादग्रस्त रहा है कि विद्यार्थियों का राजनीति में भाग लेना उचित है अथवा अनुचित। वस्तुत: किसी भी तथ्य को उचित और अनुचित की तुला पर एकदम रख देना अपने आप अनुचित और अवैधानिक है। उचित-अनुचित का वस्तुपरक निर्णय सदैव किसी सापेक्षित भूमिका में रहना ही अधिक उपयुक्त और उचित है। अतएव कुछ जाति अथवा राष्ट्रीय परिस्थितियाँ ऐसी होती हैं, जिनमें विद्यार्थियों के लिए राजनीति में भाग लेना उचित ही है, वरन् चारित्रिक और नैतिक दृष्टि से भी उसमें भाग लेना आवश्यक है, जबकि कुछ ऐसी परिस्थितियाँ भी होती हैं, जिनमें विद्यार्थियों के लिए राजनीति विषैली, अनुचित और हानिकारक है। हम उन परिस्थितियों की तुलनात्मक मीमांसा करके देखें तभी किसी समुचित निष्कर्ष पर पहुँच सकेंगे।

सर्वप्रथम हम उन कारणों और परिस्थितियों पर विचार करेंगे, जिनमें विद्यार्थियों के लिए राजनीति में भाग लेना उचित और आवश्यक है।

जब कभी राष्ट्र और जाति पर कोई बाहरी संकट उपस्थित होता है ; जब अस्तित्व-रक्षा का ही प्रश्न मुँह फैलाकर सामने आ खड़ा होता है ; जब राष्ट्रीय गौरव और स्वाभिमान नीलाम होने लगता है ; जब देश के नागरिकों, महिलाओं और बच्चों को नारकीय जीवन बिताने पर विवश किया जा रहा होता है, उस समय किसी भी देश के युवक-युवतियों

का तटस्थ होकर बैठे रहना न केवल अनुचित ही है, वरन् अवैधानिक और कायरतापूर्ण भी है। कलिंग-युद्ध के समय कलिंग के न केवल तरुण-तरुणियों ने ही सम्राट् अशोक की विशाल वाहिनी का सामना किया था, वरन् छोटे-छोटे नि:सहाय बच्चों ने भी साहसपूर्वक मातृ-भूमि की बलिवेदी पर अपने प्राण न्यौछावर कर दिए थे। द्वितीय विश्व-युद्ध में इंग्लैंड के किशोर बालकों ने अनेक महत्त्वपूर्ण कार्यों द्वारा अपने देश की सेवा की थी। दूर क्यों जाइए—भारत के मुक्ति-संग्राम में सर्वाधिक महत्त्वपूर्ण भूमिका देश के तरुण वर्ग ने ही सम्पन्न की थी। गाँधी जी के एक आह्वान को सुनकर उन्होंने विद्यालयों और विश्वविद्यालयों का बहिष्कार करके सक्रिय आन्दोलन की राजनीति में भाग लिया था। वास्तविकता यह है कि तरुण वर्ग के सक्रिय योगदान के बिना कभी कोई राजनैतिक आन्दोलन सफल-सशक्त नहीं हो पाया। जब कभी भी किसी देश में कोई राजनैतिक चेतना जाग्रत हुई, उसके मूल में उस देश के तरुण युवक-युवतियाँ ही थे। तरुणों में भावावेश होता है, शक्ति और कर्म-शौर्य होता है। वे व्यापारिक लाभ-हानि की तुला पर आदर्शों और निष्ठाओं को नहीं तौलते, बलिदान और कुर्बान होने के लिए वे आगे-पीछे नहीं देखते। उनके प्राणों में जब क्रान्ति-शिखा धूँ-धूँ करके जल उठती है तो उसमें सभी कुछ भस्म हो जाता है ; उनकी शक्ति-गंगा के प्रवाह में प्रत्येक बाधा-अवरोध टूटकर, उखड़ कर बह जाता है ; नये भोर की नयी धूप में आशा-विहंगी अपने पंखों को खोलती है। बड़े-बूढ़ों की राजनीति में बौद्धिक दाँव-पेंच और शतरंजी मोहरों के हथकण्डों के अतिरिक्त और हो ही क्या सकता है? उनमें दूरदर्शिता अवश्य होती है, किन्तु उच्च-उज्ज्वल आदर्शों का वहाँ अभाव ही रहता है। उनकी राजनीति केवल जोड़-तोड़ की राजनीति होती है, समझौते की व्यवस्था होती है, क्रान्तिकारी परिणामों की आशा उनसे नहीं की जानी चाहिए।

दूसरी ओर जो लोग छात्र-छात्राओं के राजनैतिक कार्यक्रमों और हलचल में भाग लेने के विरुद्ध हैं, उनके तर्क भी कुछ कम जानदार और सारहीन नहीं हैं। उनका मत है कि विद्यार्थीकाल जीवन की तैयारी का काल होता है। यह वह समय होता है जब विद्यार्थी की सारी गतिविधियों का केन्द्र केवल अध्ययन को ही बना देना चाहिए। अध्ययन एक साधना है, एक तपस्या है और कोई भी साधना-तपस्या बिना एकाग्रता के या यूँ कहिए कि बिना योग के संभव नहीं होती। अतएव अपनी समस्त इन्द्रियों को समेट कर बगुले की भाँति ध्यानमग्न और उद्देश्यरत विद्यार्थी ही अपने भावी जीवन में सुख-सफलता अर्जित कर पाते हैं। जिनकी साधना विश्रृंखलित हो गई, जिनकी एकाग्रता बैठ गई और जिनकी शक्ति विभाजित हो गई, उनका अपने भव्य उद्देश्यों में सफल हो पाना सरल नहीं है।

दूसरी बात जो इस सम्बन्ध में विचाराधीन है वह यह है कि विद्यार्थी काल एक भावना-प्रधान समय होता है, जिसमें जोश की प्रधानता और होश का अभाव होता है। तरुण छात्र-छात्राओं की गतिविधियों का नियन्त्रण मस्तिष्क नहीं, बल्कि मन करता है। भावनाओं के अति वेग में वे यथार्थ से इतना दूर निकल जाते हैं कि उसका दामन पूर्णत:

उनके हाथ से छूट जाता है और व्यक्तिगत जीवन की भाँति ही वे राजनीति में भी स्वप्नदर्शी अथवा आकाश-विहारी ही बने रहते हैं। इस प्रकार राजनीति ठोस सत्य और सक्रिय निर्माण न होकर सस्ती गरमा-गरम नारेबाजी बन कर रह जाती है। अतएव अनुभवहीन तरुण वर्ग का सक्रिय राजनीति में पदार्पण जहाँ स्वयं उनके व्यक्तित्व और भविष्य के लिए हानिकारक है, वहाँ देश और समाज के लिए भी अत्यन्त घातक है।

तीसरी बात भी स्वयं में महत्त्वपूर्ण है। वह यह है कि विद्यार्थी बहुत शीघ्र ही किसी बहाव-विशेष में बह जाता है। आकर्षक और स्वप्निल कार्यक्रम तथा आवेशपूर्ण नारेबाजी से प्रभावित होकर ही वह अपनी भावी दिशा का निश्चय कर बैठता है। वह उस दिशा-विशेष के गुण-दोषों की परख तक करने का कष्ट उठाने की आवश्यकता अनुभव नहीं करता और यदि करता भी है तो गम्भीर अध्ययन और अनुभव के अभाव में वह वैसा कर नहीं पाता।

दोनों ही विचार पक्ष अपने-अपने स्थान पर महत्त्वपूर्ण लगते हैं और किसी भी एक को सर्वथा तथ्यहीन नहीं कहा जा सकता। अतएव हमारी अपनी सम्मति में विद्यार्थियों को राजनीति में सीमित रूप से भाग लेना चाहिए—केवल इतना ही जितने से उनके अध्ययन-क्रम में भी कोई व्यवधान उपस्थित न हो और देश-जाति के महत्त्वपूर्ण कार्यक्रमों की धारा से भी वे सर्वथा अलग-थलग कटकर न रह जाएँ।

68. भारत की नवीन शिक्षा-पद्धति

'शिक्षा-प्रणाली' का अर्थ है 'शिक्षा देने की पद्धति'। वर्तमान शिक्षा-प्रणाली से अभिप्राय है शिक्षा का वह ढंग जो आजकल हमारे स्कूलों और कॉलेजों में प्रचलित है। आज जिस रीति से हमारे विद्यालयों में शिक्षा दी जा रही है, वह भारतीय रीति नहीं है। अंग्रेज़ों के शासन काल में इस प्रणाली का आरम्भ हुआ और देश के स्वतन्त्र हो जाने के 49 वर्ष बाद भी हम उसी प्रणाली को अपनाए हुए हैं।

प्राचीन काल में हमारा देश अपनी शिक्षा और ज्ञान के आधार पर प्रसिद्ध था। दूर-दूर से लोग शिक्षा प्राप्त करने के लिए यहाँ आया करते थे। यहाँ बड़े-बड़े विश्वविद्यालय थे, जिनमें से तक्षशिला और नालन्दा का नाम प्रायः सभी लोग जानते हैं। अंग्रेज़ों के आने से पूर्व ही यह शिक्षा-प्रणाली प्रायः समाप्त हो चुकी थी। मुसलमानों के सुदीर्घ शासनकाल में इस शिक्षा-प्रणाली का ह्रास आरम्भ हो गया था।

शिक्षा का उद्देश्य क्या है? यदि इस प्रश्न पर विचार किया जाए तो आधुनिक शिक्षा-प्रणाली से इसका कोई सन्तोषजनक उत्तर नहीं मिलता। आज के शिक्षा-विशेषज्ञ कहते हैं कि शिक्षा का उद्देश्य बालक के व्यक्तित्व का बहुमुखी विकास है, पर विद्यालयों के शिक्षाक्रम और विद्यार्थियों की रुचि को देखते हुए तो ऐसा प्रतीत होता है कि आज की शिक्षा का उद्देश्य नौकरी तक ही सीमित रह गया है। शिक्षार्थी परीक्षार्थी बन गए हैं। विद्यार्थी तो बहुत कम दिखाई देते हैं। सभी को यह धुन लगी रहती है कि किसी

तरह अमुक परीक्षा पास कर ली जाए और उसके बाद अमुक नौकरी मिल जाए तो हमारी मेहनत सफल होगी।

आये दिन विद्यार्थी की अनुशासनहीनता के समाचार पढ़ने को मिलते हैं। ऐसा प्रतीत होता है जैसे आज की शिक्षा-प्रणाली के कारण आज का विद्यार्थी आदर्श-भ्रष्ट हो गया है। उसे स्वयं पता नहीं कि देश के प्रति या समाज के प्रति उसका उत्तरदायित्व क्या है? देश-भक्ति की भावना उसमें बहुत कम दिखाई देती है। नारे लगाने के लिए या हड़ताल करने के लिए वह सदा तैयार रहता है। प्राचीन विद्यार्थी के समान उसमें ज्ञान प्राप्त करने की या कुछ सीखने की चाह नहीं है। जितना समय वह विद्यालय में बिताता है, उतने समय तक परीक्षा की पिशाचिनी उसका खून चूसती रहती है। यदि सौभाग्य से वह इससे छुटकारा पाने में सफल हो गया तो नौकरी दानवी मुँह खोलकर उसका ग्रास बनाने के लिए उद्यत दिखाई देती है। बड़े दुःख का विषय है कि आज की शिक्षा हमारे अभावों को दूर करने की बजाय हमारे अभावों का कारण बन रही है।

आज का शिक्षित अपने-आपको न जाने क्या समझने लग जाता है। मज़दूरी से उसे नफ़रत है। खेती-बाड़ी, दुकानदारी आदि पिता-दादा के धन्धे उसे अपने मान के अनुकूल नहीं प्रतीत होते। संक्षेप में, आज की शिक्षा-प्रणाली हमारे अच्छे गुणों का विकास न करके, हममें झूठा अभिमान पैदा कर रही है। शिक्षा से प्राप्त होने वाली नम्रता उसमें नहीं है।

देश के नेताओं, विद्वानों और शिक्षा-शास्त्रियों को जितना इस विषय में चिन्तन करना चाहिए था, वे उतने चिन्तित प्रतीत नहीं होते। आचार्य विनोबा भावे के शब्दों में, *"सेना पर 800 करोड़ रुपया खर्च होता है, वह भी मुझे उतना खतरनाक मालूम नहीं होता, जितनी खतरनाक आज की शिक्षा-प्रणाली मालूम होती है।"* वास्तव में परीक्षाएँ ही शिक्षा का माध्यम बन गई हैं, जो किसी प्रकार से योग्यता और परिश्रम का मापदण्ड नहीं हैं। आज जिन लोगों के हाथ में शासन है, यदि ठीक समय पर उन्होंने शिक्षा-प्रणाली में क्रान्तिकारी परिवर्तन न किए तो हमारा प्रजातन्त्र खतरे में पड़ जाएगा। प्रजातन्त्र की सफलता इसी में है कि देश की जनता शिक्षित हो और अपने मत का मूल्य समझे।

वर्तमान शिक्षा-प्रणाली को सुधारने के लिए निम्नलिखित बातों को अपनाना आवश्यक होगा :

(क) विद्यालयों में पढ़ाये जाने वाले विषयों का दैनिक जीवन में महत्त्वपूर्ण स्थान हो। उन विषयों की जीवन में उपयोगिता हो, ताकि शिक्षा समाप्त होने के पश्चात् आजीविका पैदा करने में उन विषयों से कुछ सहायता प्राप्त हो सके।

(ख) शिक्षा-क्रम में औद्योगिक तथा शिल्प-सम्बन्धी विषयों का स्थान हो, जिनसे शिक्षा और प्रतिदिन के जीवन में कामों के प्रति निकटता बनी रहे।

(ग) शिक्षा में शारीरिक परिश्रम-सम्बन्धी विषयों को भी उचित स्थान दिया जाए, जिससे सभी वर्ग के विद्यार्थी लाभ उठा सकें। कृषि-सम्बन्धी तथा इस प्रकार के अन्य विषयों को पढ़कर विद्यार्थी मज़दूरी से घृणा नहीं करेंगे और पढ़-लिखकर केवल कुर्सी

की नौकरी के लिए भटकते नहीं रहेंगे। इस दिशा में बहु-उद्देश्यीय विद्यालय विशेष रूप से सहायक हो सकते हैं।

(घ) शिक्षा का माध्यम मातृ-भाषा हो। सभी विषयों को आजकल अंग्रेज़ी भाषा में पढ़ने वाले विद्यार्थी पचास प्रतिशत बातें तो इसलिए नहीं समझ पाते क्योंकि अपने विषय उन्हें विदेशी भाषा में पढ़ने होते हैं।

(ङ) शिक्षालयों में व्यक्तिगत चरित्र-निर्माण और सदाचार-सम्बन्धी बातों का कोई भी आवश्यक प्रबन्ध होना चाहिए। अध्यापक लोग सच्चे अर्थों में शिक्षक हों—चरित्र-निर्माता हों।

69. महँगाई की समस्या

महँगाई से जहाँ पूँजीपति दोनों हाथों से धन बटोरकर जीवन के सर्वश्रेष्ठ भौतिक सुख का भोग कर रहे हैं, वहाँ दूसरी ओर उन करोड़ों भूखे-नंगे साधन-विहीन मनुष्यों का निर्माण हुआ है, जिनके पास न भोजन जुटाने के लिए पर्याप्त धन है, न तन ढाँपने के लिए कपड़ा ; न यात्रा के साधन हैं और न बीमार होने पर चिकित्सा की सुविधा।

महँगाई को नियन्त्रण में लाने के लिए बड़े-बड़े नारे लगे हैं। ठोस कदम उठाये गए हों, यह तो नहीं कहा जा सकता, परन्तु यदि कोई कदम उठाया भी गया, तो उसमें महँगाई की जड़ काटने की अपेक्षा रोकथाम पर बल दिया गया और महँगाई का निरन्तर बढ़ता वृक्ष उस नियन्त्रण को साथ-साथ निगलता गया।

दिनोंदिन बढ़ती महँगाई के कारणों और उनकी रोकथाम के उपायों पर जनता, जन-नेता, सामाजिक कार्यकर्ता अपने-अपने दृष्टिकोण से सोचते रहे हैं, परन्तु सबने मिलकर भारत से इस भूत को भगाने का कभी प्रयत्न नहीं किया।

एक जन-सेवक का, जो कि सरकार में नहीं है, मत है कि—*''मैं यह नहीं मानता कि आर्थिक दृष्टि से विकसित होने वाले देश में महँगाई अवश्य बढ़ती है। महँगाई का कारण होता है विकसित खरीद-क्षमता के अनुपात में उत्पादन की कमी। इस कारण को उत्तरोत्तर बढ़ाने में वितरण की दोषयुक्त प्रणाली ही सहायक होती है। हमारे देश में दुर्भाग्य से जनता की माँग से अधिक उत्पादन आज तक नहीं बढ़ पाया और यदि किसी क्षेत्र में उत्पादन बढ़ा भी, तो वह गलत आँकड़ेबाजी का शिकार हो गया और फिर निर्यात का शिकार हो गया। जिस देश में हर मन्त्री और हर अधिकारी के साथ-साथ नीतियाँ और योजनाएँ भी बदलती रहती हैं, वहाँ ऐसा होना भी स्वाभाविक है।''* यदि आर्थिक प्रगति वाले सिद्धान्त को ही सही मान लिया जाए, तो भी महँगाई का कारण समझ में नहीं आता। हमारी राष्ट्रीय आय और प्रति व्यक्ति आय के अनुपात से महँगाई का अनुपात कई गुना अधिक है।

देश की विभिन्न योजनाओं में 'पब्लिक सेक्टर' (सार्वजनिक क्षेत्र) तथा 'प्राइवेट सेक्टर' (निजी क्षेत्र) के अलग-अलग दृष्टिकोण से विचार करने के कारण भी महँगाई बढ़ी है। देश के अधिकांश उद्योग प्राइवेट सेक्टर में हैं। कच्चे माल पर मूल्य-नियन्त्रण

लादते समय प्राइवेट सेक्टर के लाभ को देखना होता है। आज देश की अधिकांश उपभोक्ता वस्तुओं का उत्पादन प्राइवेट सेक्टर पर निर्भर है। बड़े मूल्य के कच्चे माल को व्यवहृत करके पब्लिक सेक्टर बेशक अपने लाभांश में कमी कर दे, किन्तु प्राइवेट सेक्टर इस कमी को बर्दाश्त नहीं कर सकता और उसी अनुपात में मूल्य-वृद्धि करने को विवश हो जाता है।

खाद्यान्न में महँगाई का एक कारण यह भी है कि आज के किसान में संग्रह करने की शक्ति बढ़ी है और उसमें समय पर लाभ कमाने की प्रवृत्ति उत्पन्न हो गई है।

खपत से अधिक उत्पादन होने पर भी कई बार वस्तुओं के दाम बढ़ जाते हैं। इसका कारण उत्पादन के विषय में तदर्थ नीति का अभाव है। हम कभी किसी वस्तु पर से नियंत्रण हटाते हैं और कभी लगाते हैं। हमारे निर्णय किसी योजना के अन्तर्गत नहीं होते। चीनी का निर्यात होते ही देश में उसकी कमी पड़ जाती है। जब सीमेंट का निर्यात हुआ तो उसकी यहाँ कमी हो गई। देश में वास्तविक खपत के अनुसार ही वस्तुतः निर्यात नीति बनाई जानी चाहिए।

चुनाव से पूर्व की राजनीति का भी महँगाई पर असर पड़ा है। चुनावों में कागज व दवाइयों की कमी हो गई थी। हालांकि आँकड़े काफी उत्पादन की ओर संकेत करते थे।

बिल्डिंग मैटीरियल, कागज, बिजली का सामान, कार, बढ़िया कपड़े आदि की कमी और इन पर बढ़ती महँगाई काले धन के कारण है। यह कृत्रिम है। खाने-पीने के लिए अन्न तथा तन ढँकने के सादे कपड़े पर महँगाई ही वास्तविक है, जिसके कारण करोड़ों लोग तंग हैं, विलास-सामग्रियाँ न मिलें, तो आज की जनता को उसका कोई दुःख नहीं।

महँगाई पर अंकुश कई प्रकार से लगाया जा सकता है। सरकार उत्पादन की योजना सही लाभ और समुचित वितरण को ध्यान में रखकर बनाये। अखिल भारतीय लदान की समुचित व्यवस्था करे और संग्रह तथा मुनाफ़ाखोरी की प्रवृत्ति की रोकथाम के लिए कठोर उपाय काम में लाये।

70. आधुनिक समाज में नारी का स्थान

समाज में नारी और पुरुष दोनों का एक समान महत्त्व है। जिस प्रकार एक पहिए से गाड़ी नहीं चल सकती, वैसे ही समाज रूपी गाड़ी चलाने के लिए पुरुष और नारी की स्थिति समान होनी आवश्यक है। दोनों में से यदि एक भी निर्बल है, तो समाज की उन्नति सुचारु रूप से नहीं हो सकती।

एक समय था जब भारतीय समाज में नारी का स्थान बड़ा आदरणीय था। समाज के प्रत्येक कार्य में उसका समान अधिकार था। पुरुष के समान ही सभा, उत्सव और अन्य कामों को स्त्री के बिना अपूर्ण ही माना जाता था। उस समय नारी सच्चे अर्थों में पुरुष की अर्धांगिनी थी। कोई भी कार्य उसकी सम्मति के बिना नहीं होता था। उस

समय समाज की चेष्टा नारी को हर प्रकार से उत्तम बनाने की ओर रहती थी। नारी भी अपना गौरव समझती थी और अपना चरित्र आदर्श रूप में उन्नत रखने का प्रयत्न करती थी। देश में सीता, सावित्री जैसी देवियाँ घर-घर पाई जाती थीं। समाज में स्त्री-शिक्षा का भी खूब प्रचार था। मैत्रेयी, गार्गी, अपाला, विद्यावती जैसी विदुषियों से देश गौरवान्वित था। उस युग की नारी वास्तविक अर्थों में देवी थी। समाज के लिए उस युग की नारी गौरव की वस्तु थी। उस समय साहित्य में स्पष्टतः नारी को पूजनीय माना जाता था और इसीलिए मनु आदि मनीषियों ने व्यवस्था की थी—

यत्र नार्यस्तु पूज्यन्ते, रमन्ते तत्र देवताः।

अर्थात् जहाँ नारी की पूजा होती है, वहाँ देवता विचरण करते हैं।

समय परिवर्तनशील है। देश में अनेक परिवर्तन आए, अनेक धार्मिक, सामाजिक तथा राजनैतिक क्रान्तियाँ आईं और इन सबका प्रभाव नारी समाज पर भी पड़ा। मध्य युग में आकर नारी का पूर्ववत् आदर न रहा। पूजनीया और आदरणीया के स्थान पर वह केवल मनोरंजन की ही वस्तु रह गई।

इधर देश की राजनैतिक स्थिति में भी महान् परिवर्तन हो रहे थे। विदेशी आक्रमण प्रबल होते जा रहे थे। इन विदेशियों का इस देश की सभ्यता और संस्कृति पर गहरा प्रभाव पड़ा। नारी पर अनेक सामाजिक बन्धन लगने लगे। उसकी स्वतन्त्रता अब केवल घर की चारदीवारी तक ही सीमित रह गई। उस युग में सामाजिक दृष्टि से अनेक बन्धन लगे।

वह वैदिक युग की पूजनीया नारी, जिसकी पूजा के कारण देवता भी इस भूमि पर वास करने को लालायित रहते थे, अब 'सहज अपावन' बन गई। उसे केवल ताड़ना पाने का ही अधिकारी मान लिया गया।

नारी के पतन की सीमा न रुक सकी। मुस्लिम शासन ने इस देश में अपनी नींव दृढ़ कर ली। शासक दरबार लगाते, महफ़िलें जमतीं, सुरा के दौरा-दौर होते, वहाँ पायल की झनकार भी होती। नारी अब कवि के शृंगार और सौन्दर्य की वस्तु बन गई।

अंग्रेज़ी शासन की स्थापना के उपरान्त नारी-जागरण की नई लहर भी इस देश में आई। आधुनिक युग जागृति का युग है। देश में जहाँ सामाजिक और राजनैतिक क्रान्ति आई, वहाँ नारी समाज को भी उन्नति का अवसर मिला। यह युग समानता का युग है। नारी ने अपने खोए अधिकारों के लिए समाज के साथ प्रबल संघर्ष किया। पाश्चात्य नारी के अधिकारों के समान ही भारतीय नारी को भी समाज के सभी क्षेत्रों में स्थान मिलने लगा और मध्य युग में लगे कठिन बन्धन धीरे-धीरे कम होने लगे। भारतीय स्वतन्त्रता संघर्ष में नारी ने पूरा सहयोग दिया। कठिन मुसीबतें सहीं, घर का आँगन छोड़कर जेल के बन्धन स्वीकार किए, अनेक यातनाएँ अपने सिर पर झेलीं। नारी के इस त्याग एवं सहनशील स्वभाव तथा सहन-शक्ति को देखकर विवश हो समाज ने उसकी शक्ति को स्वीकार किया। सामाजिक, राजनैतिक, साहित्यिक और सभी क्षेत्रों में अब नारी पूर्ण स्वतन्त्रता के साथ भाग लेने लगी। इस स्थिति को देखकर देश के वर्तमान कर्णधारों ने उसकी महानता को स्वीकार करते हुए पुरुष के समान ही उसका पद भी मान लिया। रहे-सहे

बन्धनों के विरुद्ध एक प्रबल आन्दोलन की ध्वनि कवि पन्त की इन पंक्तियों में व्यक्त होती है—

मुक्त करो नारी को, चिर-बन्दिनी नारी को।

सत्य तो यह है कि जब तक नारी का उत्थान नहीं होगा, तब तक देश और समाज की भी उन्नति असम्भव है। एक नारी की महानता समस्त परिवार को महान् बना देती है। देश की सभी महान् विभूतियों के निर्माण में नारी का पूर्ण हाथ रहा है। अब समय आ गया है कि नारी-समाज के साथ लगी सभी कुप्रथाओं को समाप्त किया जाए। अब विधवा-विवाह होने लगे हैं। नगरों में बाल-विवाह नहीं होते—गाँवों से भी यह कुप्रथा दूर होती जा रही है। पिता की समस्त सम्पत्ति में कन्या के अधिकारों को माना गया है। परन्तु यह प्रायः कागजों तक ही सीमित है—व्यवहार में नहीं आया। शिक्षा के क्षेत्र में बाधाएँ तथा पर्दा प्रथा आदि जितने भी बन्धन हैं, आज उन सबको समाप्त किया जा रहा है और नगरों में प्रायः पर्दा नहीं रहा, किन्तु गाँवों में अब तक प्रायः इसका बोलबाला है। यदि समाज नारी की महत्ता को स्वीकार करके उसके सभी अधिकार पुनः लौटा देता है तो देश फिर से अपने उसी प्राचीन गौरव को प्राप्त कर सकता है।

71. विज्ञान : अभिशाप या वरदान

आधुनिक युग विज्ञान का युग है। चारों ओर अनुसन्धानों एवं आविष्कारों की धूम मची हुई है। विज्ञान ने संसार के स्वरूप की काया-पलट कर दी है। उसने मनुष्य-जीवन में क्रान्तिकारी परिवर्तन कर दिया है।

विज्ञान का अभिप्राय है—प्राकृतिक शक्तियों का विशेष ज्ञान। इससे स्पष्ट है कि विज्ञान पदार्थ जगत् का ऊपरी अध्ययन न करके प्रत्येक तत्त्व की तह तक पहुँचने का प्रयत्न करता है। विज्ञान भौतिक जगत् की घटनाओं का, सूर्य-चन्द्र-ग्रह-नक्षत्रों आदि का, चिकित्सा का, जीव-वनस्पति, पशु-पक्षी और मनुष्य-जगत् का एक प्रकार से अध्ययन करता है। पृथ्वी के गर्भ में स्थित नाना धातुओं, मिट्टी के विभिन्न प्रकारों, वातावरण के विचित्र परिणामों, गहराइयों और ऊँचाइयों का भी अध्ययन करता है। चिन्तन, तर्क, प्रयोग एवं परीक्षण के बिना विज्ञान किसी बात को ठीक नहीं मानता। विज्ञान प्रत्यक्ष जगत् में विश्वास रखता है, परोक्ष में नहीं। आज के युग में प्रकृति का कोई भी विषय ऐसा नहीं, जहाँ तक विज्ञान की पहुँच न हो। निरन्तर अनुसन्धान, छानबीन और आविष्कार के द्वारा विज्ञान ने ऐसे साधन मनुष्य को प्रदान किये हैं, जो अत्यन्त चमत्कारपूर्ण हैं, साथ ही उनके कारण जीवन सुख-सुविधामय हो गया है।

आज विज्ञान द्वारा रेलवे ट्रेन, मोटर, ट्राम, जलयान, वायुयान, हेलीकॉप्टर, रॉकेट आदि बनाये जा चुके हैं, जिनके द्वारा स्थान की दूरी बहुत कम कर दी गई है। जिन स्थानों पर मनुष्य वर्षों और महीनों में पहुँचता था, वहाँ अब दिनों और घंटों में पहुँच जाता है। रॉकेट इतना तीव्रगामी यान है कि उस पर सवार होकर मनुष्य ढाई लाख मील

दूर चन्द्र की भी यात्रा कर आया है और अब एक करोड़ मील दूर मंगल पर जाने की तैयारी कर रहा है।

विज्ञान के साधनों द्वारा हम केवल दूर-से-दूर स्थान पर ही नहीं पहुँच सकते, अपितु सहस्रों मीलों की दूरी पर स्थित वस्तु को दूरदर्शक यन्त्र की सहायता से देखने में भी समर्थ हो गए हैं। अणुवीक्षण यन्त्र द्वारा हम सूक्ष्मातिसूक्ष्म अदृश्य पदार्थों को देखने की सामर्थ्य प्राप्त कर चुके हैं। रेडियो द्वारा न केवल हज़ारों मीलों पर स्थित नगर के समाचार क्षण भर में सुन सकते हैं, अपितु टेलीविज़न की सहायता से वहाँ पर बोलने वाले का चित्र भी अपने कमरे में प्रत्यक्ष देख सकते हैं। टेलीविज़न द्वारा कोई भी चित्र, दृश्य या अभिनय सैटेलाइट की सहायता से हज़ारों मीलों की दूरी पर ज्यों-का-त्यों प्रदर्शित किया जा सकता है।

विज्ञान ने समाचार-संप्रेक्षण (संचार) के क्षेत्र में कम आश्चर्यजनक चमत्कार नहीं किया। तार, टेलीफ़ोन, टेलीप्रिंटर, बेतार के तार आदि यन्त्रों द्वारा दिन-रात समाचारों का एक स्थान से दूसरे स्थान पर संचार किया जाता है।

अब पलक झपकते ही कैमरे द्वारा चित्र खींच लिया जाता है और असंख्य चित्रों की माला चलचित्र बन जाती है। इनके द्वारा व्यक्तियों को चलते-फिरते, चेष्टाएँ और अभिनय करते, साथ ही प्रत्यक्ष बोलते दिखाना विज्ञान का ही चमत्कार है।

आज मुद्रण-यन्त्र जरा-सी देर में समाचार-पत्र या पुस्तक की सहस्रों प्रतियाँ छाप देते हैं, रोटरी मशीनें एक रात में समाचार-पत्र की लाखों प्रतियाँ छाप देती हैं। ऑफ़सेट मशीनें चित्रों, विज्ञापनों, कैलेण्डरों को धड़ाधड़ छाप देती हैं।

एक्स-रे भी विज्ञान का एक अद्‌भुत चमत्कार है। इसकी सहायता से लकड़ी, चमड़ा, लोहा, हड्डी आदि के अन्दर की वस्तु का चित्र लिया जा सकता है। एक्स-रे की सहायता से ही डॉक्टर लोग (रेडियोलोजिस्ट) शरीर के अन्दर छिपे रोगों (पथरी आदि) का फोटो लेकर उसकी निश्चित जानकारी प्राप्त कर लेते हैं।

विज्ञान ने मनोरंजन तथा आमोद-प्रमोद के लिए नाना प्रकार के चमत्कारपूर्ण साधनों को जन्म दिया है। इनमें ग्रामोफ़ोन, सिनेमा और रेडियो सर्वविदित हैं।

विद्युत् भी विज्ञान का एक अद्‌भुत चमत्कार है। इसके द्वारा एक महान् शक्ति मनुष्य के वश में हो गई है। इनके बल पर बल्ब और ट्यूबें प्रकाश करती हैं, पंखे हवा देते हैं, हीटर खाना तैयार करते हैं, भट्ठियाँ धातुओं को पिघलाती हैं, ढालती और जोड़ती हैं। इसी शक्ति से तकलियाँ सन-रेशम-ऊन कातती हैं और 'पावरलूम' खड्डियाँ कपड़ा बुनती हैं। इसी की शक्ति से रेलगाड़ियाँ भी चलती हैं, लिफ़्ट के द्वारा ऊँचे भवनों की ऊँची मंजिल पर पल भर में पहुँचा जाता है। ट्रामें शहरों में इसी की शक्ति से दौड़ती फिरती हैं।

भाप की शक्ति से रेलवे और जलयान चलते हैं। पेट्रोल से मोटरें तथा वायुयान चलते हैं। डीज़ल से रेल के इंजन तथा ट्रैक्टर चलते हैं।

परन्तु विज्ञान से जहाँ इतने लाभ हुए हैं, वहाँ हानियाँ भी कुछ कम नहीं हुईं। बन्दूक,

रिवॉल्वर, मशीनगन, टैंक, डायनामाइट, पनडुब्बी माइन, विमान-वेधक तोपें, बमवर्षक वायुयान, विषैली गैसें, परमाणु बम और उद्जन बम आदि संहारक अस्त्र भी विज्ञान के ही चमत्कार हैं। इसलिए मनुष्य आज सोच में पड़ गया है कि विज्ञान मानव का शत्रु है या उपकारक मित्र? विज्ञान मानव के लिए वरदान है या एक अभिशाप?

परन्तु यह तो सदुपयोग तथा दुरुपयोग पर आश्रित है। मनुष्य को विज्ञान से मानव-हितकारी काम ही लेने चाहिएँ। मानव को नष्ट करने वाले शस्त्रों की रचना और प्रयोग से हमें दूर ही रहना चाहिए। वैज्ञानिक अनुसंधानों तथा यन्त्रों का प्रयोग रचनात्मक कार्यों में ही किया जाना चाहिए।

72. भारत की आर्थिक समस्याएँ

समस्त विश्व की जनसंख्या का केवल 1/7 भाग ही विकसित देशों में निवास करता है, शेष मनुष्य विकासमान अथवा अविकसित देशों में ही रहते हैं। एशिया, अफ्रीका तथा लेटिन अमरीका के देशों में विश्व की 70 प्रतिशत जनता निवास करती है। परन्तु इन 70 प्रतिशत मनुष्यों के हिस्से कुल विश्व की आय का केवल 8.20 प्रतिशत ही आता है। इसके विपरीत, संयुक्त राष्ट्र अमरीका में समस्त विश्व के सिर्फ़ 6 प्रतिशत लोग रहते हैं, किन्तु उनके हिस्से समस्त विश्व की आय का 30 प्रतिशत आसानी से आ जाता है। इसी तरह पश्चिमी यूरोप के देश, जहाँ विश्व की सिर्फ़ 9 प्रतिशत जनता निवास करती है, विश्व की आय का 22 प्रतिशत हथिया लेते हैं। विश्व का सबसे धनी देश अमरीका है। वहाँ की प्रति व्यक्ति आय विश्व के सबसे निर्धन देश नेपाल की अपेक्षा 60 गुनी अधिक है। संयुक्त राष्ट्र अमरीका तथा कनाडा की प्रति व्यक्ति आय 1938 से लेकर आज तक दुगुनी से भी ज्यादा हो गई है, किन्तु भारत, इंडोनेशिया, आदि अल्पविकसित देशों में यह वृद्धि काफी नहीं हुई, परिणामत: इन देशों के लोगों के रहन-सहन में कोई उल्लेखनीय परिवर्तन नहीं हुआ।

हमारे देश भारत में एक ओर तो अधिक मात्रा में मानव-श्रम व्यर्थ पड़ा है और दूसरी ओर अपरिमित प्राकृतिक साधन विद्यमान होते हुए भी वे अप्रयुक्त हैं।

संसार के सबसे धनी देश हैं—संयुक्त राष्ट्र अमरीका, कनाडा और स्विट्जरलैण्ड। संयुक्त राष्ट्र अमरीका की प्रति व्यक्ति आय 3,814 डॉलर है। स्विट्जरलैण्ड की प्रति व्यक्ति आय 2,455 डॉलर और कनाडा की 2,247 डॉलर है। इसके विपरीत, नेपाल की प्रति व्यक्ति आय (प्रति वर्ष) 66 डॉलर है। मनमार की 67 डॉलर और भारत की 73 डॉलर। इसका अर्थ यह हुआ कि संयुक्त राष्ट्र अमरीका की प्रति व्यक्ति आय भारत की प्रति व्यक्ति आय की अपेक्षा लगभग 50 गुनी अधिक है। जिन देशों की प्रति व्यक्ति आय 1,200 डॉलर प्रति वर्ष से अधिक है, वे विकसित देश माने जाते हैं। इनमें कुछ गिने-चुने देश ही आते हैं, जैसे—संयुक्त राष्ट्र अमरीका, कनाडा, आस्ट्रेलिया, न्यूजीलैण्ड और पश्चिमी यूरोप के कुछ देश।

जिन देशों की प्रति व्यक्ति आय 500 डॉलर से 1,200 डॉलर तक है, वे मध्यम श्रेणी में गिने जाते हैं। इस श्रेणी में भी बहुत कम देश ही आते हैं, जैसे—जापान, इटली, इज़राइल, आइसलैण्ड आदि।

जिन देशों में प्रति व्यक्ति आय 500 डॉलर (प्रति वर्ष) से भी कम है, वे अल्पविकसित देशों की श्रेणी में आते हैं। जापान, इज़राइल और कुवैत को छोड़कर एशिया के तमाम देश, अफ्रीका महाद्वीप के सभी देश तथा दक्षिणी अमेरिका के अल्प-विकसित देश तीसरी श्रेणी में आते हैं।

भारत, चीन, मिस्र तथा फिलीपाइन में प्रति व्यक्ति उत्पादन-मूल्य 25 से 50 पौण्ड के बीच है। इसके विपरीत, आस्ट्रेलिया, न्यूजीलैण्ड, अमरीका, कनाडा और अर्जेण्टाइना में प्रति व्यक्ति उत्पादन मूल्य 500 से 1,000 पौण्ड के बीच है। इसका अर्थ यह है कि गरीब देश का किसान प्रति वर्ष जितना उत्पादन करता है, धनी देश का किसान उससे 40 गुना अधिक उत्पादन करता है।

अमरीकी कारखाने में मज़दूर की उत्पादक शक्ति भारतीय कारखाने के मज़दूर की अपेक्षा सात गुना अधिक है। अर्थशास्त्रियों का मत है कि जिन देशों के किसान अधिक कार्यक्षम, प्रतिभावान, प्रशिक्षित तथा दक्ष हैं, उन्हीं की उत्पादकता अधिक है। इसके अतिरिक्त, उन्नत देशों में अधिक सशक्त तथा भारी मशीनों का प्रयोग होता है, जिससे प्रति व्यक्ति कृषि उत्पादन अधिक होता है। अविकसित एवं अर्ध-विकसित देशों में पूँजी की कमी या अभाव के कारण यन्त्रों का प्राचुर्य नहीं, अतः किसानों को हाथ के औज़ारों पर ही अधिकांशतः निर्भर रहना पड़ता है, अतः उत्पादन कम होता है।

औद्योगिक क्षेत्र में भी निर्धन देशों का उत्पादन धनवान देशों की अपेक्षा कम है, जिसके अनेक कारण हैं।

ऐसी दशा में हम भारतीयों का क्या कर्त्तव्य है? अपने देश में हम कैसे वांछित आर्थिक परिवर्तन ला सकते हैं? इस विषय पर भारतीय अर्थशास्त्री निरन्तर विचार-विमर्श करते रहते हैं, और उनके विचारों का निष्कर्ष इस प्रकार है—

भारी उद्योगों तथा औज़ारों को प्रोत्साहन, पूँजी-निर्माण, तकनीकी प्रशिक्षण, कृषि-निर्भरता में कमी, पशु-पालन, मुर्गी-पालन, मत्स्य-पालन तथा मधुमक्खी-पालन आदि को बढ़ावा देना आदि। देश में कुछ राष्ट्रीय उत्पादन का लगभग 45 प्रतिशत भाग कृषि क्षेत्र से प्राप्त होता है। इसके विपरीत, संयुक्त राष्ट्र अमरीका और इंग्लैण्ड में कृषि का कुल राष्ट्रीय उत्पादन में योगदान लगभग चार-पाँच प्रतिशत ही है।

हमें कृषि तथा उद्योगों की पुरानी रूढ़िवादी तकनीकों को छोड़कर नई तकनीकें अपनानी पड़ेंगी। अपने प्राकृतिक साधनों का अधिकतम उपयोग करना होगा। शहरों तथा गाँवों के बीच के जीवन-स्तर को कम करना होगा। आय के वितरण में विषमता कम करनी होगी। बेरोज़गारी तथा अल्प रोज़गार की बीमारी को दूर करना होगा। हमारे देश में ऐसे व्यक्तियों की संख्या बहुत अधिक है, जो काम करने के इच्छुक हैं, परन्तु उन्हें कोई काम नहीं मिलता। कई स्थलों पर आदमियों के बिना काम अधूरा पड़ा रहता है

और दूसरी ओर, काम के अभाव में आदमी भूखे पड़े रहते हैं। काम-दिलाऊ संपर्क-साधनों में पर्याप्त सुधार करना होगा। कृषि तथा खनिज पदार्थों (कच्चे माल) के अधिक निर्यात की अपेक्षा हमें औद्योगिक उत्पादनों का निर्यात बढ़ाना और कच्चे माल का निर्यात कम करना होगा। यह सब कुछ हम तभी कर सकते हैं, जब हम अशिक्षा को दूर करें।

73. महाशिवरात्रि पर्व

विश्व को विनाश से बचाने के लिए भगवान् शिव विष पीकर नीलकंठ कहलाए। उनके नीलकंठ कहे जाने के पीछे कहानी कुछ भी हो, लेकिन यह सत्य है कि हर महान् कार्य के पीछे त्याग, उत्सर्ग और बलिदान की कहानी जुड़ी रहती है। महान् कार्य से जुड़े लोगों में से किसी को सूली पर चढ़ा दिया गया, किसी को ज़हर का प्याला पीने को विवश किया गया, किसी को पागल कहकर उस पर पत्थरों की वर्षा की गई, किसी को बंदी बनाकर यंत्रणाएँ दी गईं, और किसी को गोलियों से भून दिया गया।

एक पौराणिक कथा के अनुसार देवताओं और राक्षसों के संयुक्त प्रयास से समुद्र-मंथन किया गया। इस समुद्र-मंथन से चौदह रत्नों में अमृत और विष भी निकले। अमृत तो सभी पीना चाहते थे, लेकिन विष को कौन पिए? यह एक बहुत बड़ी समस्या थी। भगवान् शिव ने विष को पीकर संसार को बचा लिया। इसीलिए भगवान् शिव महान् कल्याणकारी देवता कहलाए।

सत्य और असत्य, धर्म और अधर्म, घृणा और प्रेम, पाप और पुण्य के बीच हमेशा संघर्ष जारी रहता है। असत्य पर सत्य की, अधर्म पर धर्म की, घृणा पर प्रेम की, पाप पर पुण्य की विजय के लिए महान् आत्माओं को आगे आना पड़ता है, और हर बलिदान के लिए उन्हें तैयार रहना पड़ता है। महाशिवरात्रि के इस पर्व पर भगवान् शिव की नीलकंठ के रूप में पूजा उन समस्त बलिदानियों की पूजा है जिन्होंने मानवता की रक्षा के लिए अपने जीवन की बलि दी। आज विश्व में शिवत्व की कमी के कारण हर तरफ असन्तोष का वातावरण व्याप्त है। **'सत्यं शिवं सुंदरम्'** से मानव-समाज दूर हटता जा रहा है। आज वैज्ञानिक उपलब्धियों में विश्व चाहे काफी अग्रणी हो गया है, फिर भी विश्व के समस्त प्राणी एक भयंकर असुरक्षा की भावना से ग्रसित हैं। सुरक्षा के लिए जितना ही हथियारों का जखीरा तैयार किया जा रहा है, असुरक्षा की भावना उतनी ही अधिक बढ़ती जा रही है। आज विश्व-समाज की चेतना शुद्ध नहीं रह गई है, उसमें शिवत्व की कमी आ गई है, जिससे प्रकृति में असंतुलन तेजी से बढ़ रहा है। रोगों की संख्या भी उतनी ही अधिक बढ़ती जा रही है। शुद्ध चेतना न रहने से समाज सत्य पर आधारित नहीं रह गया है। यदि इस स्थिति से शीघ्र नहीं उबरा गया तो विश्व किसी भी समय विध्वंस का शिकार हो सकता है।

सारे विश्व के लोग आज ऐसे युद्ध की संभावना से बेचैन हैं, जिससे सारी विश्व-संस्कृति के विनष्ट होने की संभावना है। इसका एकमात्र कारण यह है कि विश्व

के कुछ शक्तिशाली राष्ट्रों की सामूहिक चेतना में तामसिक प्रवृत्तियों की प्रधानता हो गई है। उन देशों ने हथियारों की अपनी दुकानदारी तेज करके मानवीयपन को पूर्णतः नजरअंदाज कर दिया है। उन्होंने छोटे-छोटे राष्ट्रों को व्यापक रूप से आपस में भिड़ाकर उन्हें हथियारों की दुकानदारी के लिए बाध्य किया है। सम्पन्न राष्ट्र भौतिक सम्पन्नता के पीछे इतने दीवाने हैं कि आत्मिक सम्पन्नता की उन्हें कोई फ़िक्र ही नहीं है और यह सभी राजनैतिक समस्याओं का मूल कारण है।

आज महाशिवरात्रि के अवसर पर भगवान् शिव के दार्शनिक पक्ष के साथ-साथ उनके व्यावहारिक पक्ष पर भी विचार करने की आवश्यकता है। इस महापर्व पर आध्यात्मिक, आदि दैविक तथा आदि भौतिक चेतना को एकत्व प्रदान करने की दिशा में संकल्प लेने की आवश्यकता है, क्योंकि इन तीन चेतनाओं का एकत्व ही शुद्ध ज्ञान है। यह शुद्ध ज्ञान ही शिव है। वह सृष्टा, संरक्षक, संहारक भी है। वह अरूप, अनन्त है और उसका व्यक्तित्व असीमित है। सर्वोच्च यथार्थता को 'शिव' कहा गया है। शुद्ध चेतना शिव है। इस असाधारण व्यक्तित्व के कारण ही शिव के प्रति भारतीय जन-मानस का आकर्षण बढ़ा है और वह उन पर मुग्ध हो गया है। भगवान् शिव अपने विविध रूपों, स्वरूपों और कार्य-कलापों के कारण भारत ही नहीं, भारत के बाहर भी पूजे गए। नेपाल में पशुपतिनाथ के शिव मंदिर मात्र नेपालियों के लिए ही नहीं, बल्कि भारत के शिव-भक्तों के लिए भी एक अत्यन्त पवित्र स्थान है। जापान में आज भी भगवान् शिव सबसे अधिक लोकप्रिय देवता के रूप में पूजे जाते हैं। संसार के अन्य अनेक देशों में भी भगवान् शिव की मूर्ति और शिवलिंग को अत्यन्त पवित्र भावना से देखा जाता है। पोप के वेटिकन सिटी के संग्रहालय में आज भी शिवलिंग शिव की महिमा को बता रहा है। यही कारण है कि शिव के जितने मंदिर विदेशों में बने हैं उतने किसी भी भारतीय देव के नहीं बने।

महायोगेश्वर शिव विशुद्ध एवं चैतन्य हैं। विशुद्ध प्रज्ञा का दूसरा नाम ही शिव है। विश्व की एकमात्र सत्ता शिव है, जो अनन्त चैतन्य स्वरूप तथा अनियंत्रित स्वातंत्र्य स्वरूप है। इसकी अन्य भी विशेषता है, जैसे—सर्वव्यापकता, नित्यता, निराकारता, अव्यक्त मूल में शुद्ध ज्ञान सत्ता जो एक और तीन (ब्रह्मा, विष्णु, महेश) हैं, शिव सत्ता हैं, अनुभवकर्त्ता भी हैं और दृष्टा भी। भगवान् शिव नित्य हैं, क्योंकि वे काल के द्वारा सीमित नहीं हैं। वे सर्वव्यापक हैं। वे अपनी शक्ति के द्वारा कार्य करते हैं और वह शक्ति जड़ होकर चेतन शक्ति है। वही ईश्वर का देह है। शक्ति ही शिव रूपी विशुद्ध चेतन, जड़ तथा प्रकृति के मध्य एक कड़ी है। परम सत्ता, शुद्ध चेतन की सत्ता अपने आप में शिव है, और पदार्थों के सम्बन्ध में वही शक्ति के नाम से पुकारा जाता है। जैसे तना, पत्ता और फल, जो बीज में निहित हैं, बीज से उत्पन्न होते हैं। जिस प्रकार काल से पृथ्वी हमेशा शिव-माया के विकास के रूप में आती है।

मन जब विशुद्ध चेतन सत्ता से जुड़ता है, तब वह शिव की सत्ता हो जाती है और तब प्रकृति में जितने नियम सृष्टि के विकास में लगे हुए हैं, वे सब उसी सत्ता के आधार पर काम करने लगते हैं। जैसे रस, रस से पत्ता, फूल, डाली बनाने वाले नियम हैं, इन

सब में उसी रस के स्तर पर काम कर रहे हैं। शिवत्व सारे विश्व ब्रह्माण्ड में धारण किए हुए हैं। प्रकृति में जितने नियम सृष्टि और सृष्टि के विकास से सम्बद्ध हैं, वे सब उसी सत्ता के स्तर पर कार्य कर रहे हैं। इसी प्रकार, जब मन शिवसत्ता से सत्तावान हो जाता है फिर प्रकृति के समस्त नियम साकार हो जाते हैं, फिर उसकी इच्छा-शक्ति सारी सृष्टि की इच्छा होती है, तब काम प्रकृतिपोषित होते हैं। सब उसके योग-क्षेम स्वयं भगवान् शिव धारण कर लेते हैं। शिव की सबसे अधिक पूजा शिवलिंग-रूपी पत्थर के रूप में की जाती है।

फाल्गुन कृष्ण चतुर्दशी की रात्रि को 'महाशिवरात्रि' कहते हैं। प्रायः पूरे देश में इसे उपवास, रात्रि-जागरण एवं आराधना के रूप में एक महापर्व के रूप में मनाते हैं।

74. भारतीय समाज में नारी का स्थान

व्यक्तियों के समूह को समाज की संज्ञा दी जाती है। पुरुष एवं नारी इसके दो प्रमुख अंग हैं। दोनों के लिए समान अधिकारों एवं सहयोग के बिना समाज रूपी गाड़ी बिना रुकावट उन्नति के पथ पर अग्रसर नहीं हो सकती। यही कारण है कि प्रत्येक समाज में नारी का विशेष स्थान रहता है।

भारतीय समाज में प्राचीन काल से ही नारी को विशेष महत्त्व दिया जाता रहा है। हमारे प्राचीन शास्त्रों में नारी 'गृह-लक्ष्मी' तथा 'गृह-स्वामिनी' के नाम से सम्मानित की गई है। यह कहावत भी है कि **'बिना गृहिणी गृह भूत का डेरा'** अर्थात् नारी ही घर की शोभा है। मनु जी महाराज लिखते हैं कि 'उपाध्याय' की अपेक्षा 'आचार्य' का महत्त्व दस गुना अधिक है। आचार्य से सौ गुना अधिक महत्त्व पिता का और माता का महत्त्व पिता से सहस्र गुना अधिक है। अधिकतर प्रत्येक समाज में आचार्य का स्थान सबसे अधिक, गौरवमय, प्रतिष्ठित तथा उच्च माना जाता है। परन्तु मनु महाराज के अनुसार माता का महत्त्व आचार्य से एक लाख गुना अधिक है। यह है वह पद जिस पर प्राचीन काल में नारी को सुशोभित किया गया।

वैदिक काल में नारी को समाज में जो महत्त्वपूर्ण स्थान मिला था उसका उदाहरण किसी और समाज में मिलना दुर्लभ है। नारी को शिक्षा ग्रहण करने का पुरुषों के समान अधिकार था। उनका चरित्र बहुत उच्च था और वे काव्य रचयित्री, चतुर एवं बुद्धिमती हुआ करती थीं। उदाहरणस्वरूप, सती-साध्वी सीता का राज-भवन के सुखों से वंचित होकर वन में जाना और फिर रावण जैसे पापी के यहाँ रहने पर भी सतीत्व की रक्षा करना, आत्रेयी का अपने क्रोधी पति की क्रोध की ज्वाला को अपने शांत स्वभाव से शीतल जल के रूप में बदलना एवं मैत्रेयी का अपने पति से आत्म-दर्शन का उपदेश ग्रहण करना आदि उसके इन गुणों के साक्षात् प्रमाण हैं।

वैदिक शिक्षा के पुट ने तो नारी को कर्त्तव्य-पालन का प्रतीक बना दिया था। पुत्री, भगिनी, भाभी तथा माता—ये उसकी जीवनरूपी पुस्तक के चार अध्याय थे। यदि

वह पत्नी थी तो पतिदेव पर, यदि भगिनी थी तो भाइयों पर और यदि माता थी तो पुत्रों पर उसने अपना स्नेह उड़ेलने में कोई कसर नहीं उठा रखी थी। कठोर-से-कठोर कर्त्तव्य का पालन करने में उसे आनन्द का अनुभव होता था। नारी के इन सभी गुणों को ध्यान में रखकर मनु जी ने कहा, **"जहाँ नारी की पूजा होती है, वहाँ देवता निवास करते हैं।"**

नारी का पतन वैदिक काल में ही आरम्भ हो गया था। महाभारत काल में उसका अधोपतन हुआ। उसको पुरुष की सम्पत्ति समझा जाने लगा। उसके साथ बुरे-से-बुरा व्यवहार किया गया। जुए की बाजी में नारी को दाँव पर लगाया गया। उसके बाद तुलसीदास ने भी कहा–**"ढोल, गँवार, शूद्र, पशु, नारी। ये सब ताड़न के अधिकारी।"** सती प्रथा, बाल-विवाह, पर्दा प्रथा आदि अनेक प्रथाएँ स्त्रियों में प्रचलित हुईं। उनको शिक्षा से वंचित करके घर की चार-दीवारी के भीतर सड़ाया गया। पुरुषों ने उसे पैरों की जूती कहकर पुकारा। संक्षेप में, शारीरिक, मानसिक तथा बौद्धिक दुर्बलता के कारण नारी जाति समाज में नीच बन गई। परन्तु सब कुछ खोने पर भी उसने अपनी चारित्रिक शक्ति को न खोया।

अंग्रेज़ों के राज के स्थापित होने के साथ-साथ नारी की उन्नति पुनः प्रारम्भ हुई। अनेक बड़े-बड़े नेताओं ने नारी के भाग्य को पलटने में महत्त्वपूर्ण भूमिका निभाई जिनमें राजा राममोहन राय, स्वामी दयानन्द सरस्वती, महात्मा गाँधी आदि वर्णन करने योग्य हैं। इस नव-चेतना के फलस्वरूप नारी को समान अधिकार मिला। शिक्षा-दीक्षा के प्रारम्भ तथा सती प्रथा के अन्त से उसकी प्रतिभा को विकसित होने का अवसर मिला। लक्ष्मीबाई तथा दुर्गावती ने अपने बाहुबल से ब्रिटिश साम्राज्य की नींव को क्षीण किया। सरोजिनी नायडू तथा विजयलक्ष्मी पंडित ने राजनीति में यश प्राप्त किया। महादेवी वर्मा ने साहित्य के क्षेत्र में ख्याति प्राप्त की।

आज के युग में नारी किसी भी क्षेत्र में पुरुषों से पीछे नहीं है। उसकी पूर्ण स्वतन्त्रता एवं समान अधिकारों के पक्ष में अनेक कानून बनाये जा रहे हैं। आज के नेता यह भली भाँति जानते हैं कि जनसंख्या का 50 प्रतिशत हिस्से को गुलाम रखा जाये तो स्वतन्त्रता का कोई महत्त्व नहीं तथा देश की उन्नति असम्भव है। यही कारण है कि आज शिक्षा का क्षेत्र हो या राजनीति का, विज्ञान का क्षेत्र हो अथवा साहित्य का, नारी उत्सुकता से भाग लेती दृष्टिगोचर होती है और बड़ी सीमा तक सफलताएँ प्राप्त करती है। वह उन्नति के शिखर पर पहुँचने के लिये तीव्र गति से चल रही है।

75. न्यूट्रॉन बम

लॉर्ड रदरफ़ोर्ड तथा अन्य वैज्ञानिकों ने यह सैद्धान्तिक स्थापना की थी कि परमाणु के नाभिक में (बिजली के आवेश से युक्त प्रोटॉनों के अलावा) कोई आवेशरहित कण रहता है और विलियम ड्रेपर हार्किंस ने इस कल्पित कण को 'न्यूट्रॉन' नाम दिया।

1932 तक न्यूट्रॉन केवल सैद्धान्तिक वस्तु बना रहा। उस समय ब्रिटिश जेम्स चैडविक ने प्रयोग करके असंदिग्ध रूप से यह दिखा दिया कि न्यूट्रॉन का अस्तित्व सचमुच है। इस युगान्तरकारी देन के लिए चैडविक को 1935 में भौतिकी का नोबल पुरस्कार दिया गया।

हम कह सकते हैं कि न्यूट्रॉन की खोज केवल विज्ञान के लिए ही नहीं, बल्कि एक तरह से सम्पूर्ण मानव-समाज के लिए भी नया मोड़ सिद्ध हुई। न्यूट्रॉन की खोज के छः वर्षों के भीतर ही न्यूट्रॉनों से प्रेरित होकर नाभिकीय विस्फोट का भी पता चल गया। उसने दुनिया को बिल्कुल ही बदल दिया।

असल में न्यूट्रॉन है क्या चीज? न्यूट्रॉन एक अत्यन्त सूक्ष्म कण है, जो परमाणु के नाभिक यानी केन्द्र में प्रोटॉनों के साथ रहता है। न्यूट्रॉन का द्रव्यमान प्रोटॉन के द्रव्यमान से जरा-सा ही ज्यादा होता है। लगभग 60 खरब (अर्थात् 6 के बाद 13 शून्य) न्यूट्रॉनों का सम्मिलित भार एक ग्राम होता है। स्वतन्त्र न्यूट्रॉन (विकिरणशीलता) क्षय होकर एक प्रोट्रॉन और एक इलेक्ट्रॉन में परिवर्तित हो जाता है।

नाभिक के भीतर न्यूट्रॉन सामान्यत: अपने रूप में स्थिर रहता है। मगर विकिरणशील नाभिक में न्यूट्रॉन अस्थिर हो सकता है। स्वतन्त्र न्यूट्रॉन का औसत जीवन काल लगभग 20 मिनट है। कितनी विचित्र बात है कि इतना छोटा-सा और इतना अल्पजीवी होते हुए भी न्यूट्रॉन इतनी तबाही मचा सकता है कि जिसकी मिसाल नहीं।

प्रचलित किस्म के परमाणु या एटम बम में नाभिकीय ऊर्जा मुख्यतया विस्फोटक के रूप में विमुक्त होती है और इस विस्फोट से ही विनाश होता है। एटम बम में (जैसे हिरोशिमा तथा नागासाकी पर गिराए गए थे) ऊर्जा न्यूट्रॉन की अभिप्रेरणा से नाभिक का विखण्डन होने से निकलती है, जबकि हाइड्रोजन बम से वह निकलती है ड्यूटेरियम या ट्रीशियम जैसे हल्के नाभिकों के संलग्न से।

जब न्यूट्रॉन बम फूटता है, तो बहुत छोटे दायरे में ही इमारतें आदि नष्ट होती हैं। मगर विस्फोट के दौरान विराट् संख्या में पैदा हुए न्यूट्रॉन ज्यादा दूर तक जाकर पहुँचते हैं और बड़े दायरे में जन-हानि करते हैं। बख्तरबन्द गाड़ियों में बैठे आदमी भी उससे मर सकते हैं क्योंकि न्यूट्रॉन भारी कवचों को भी भेदने में समर्थ है।

इस बम के बनाए जाने का मुख्य कारण ही यह है कि यह सीमित क्षेत्र में भारी जन-हानि कर सकता है, मगर इस तरह कि यह इमारतों आदि को क्षति न पहुँचाए। इसे सीमित सामरिक हथियार माना जाता है जिसे पास-पड़ोस के मित्र देशों में किसी प्रकार का नुकसान पहुँचाये बिना सीमित क्षेत्र पर गिराया जा सकता है।

शायद आप सोचें कि न्यूट्रॉन बम ने नयी समस्या उत्पन्न कर दी है। असल में उसने पहले से मौजूद समस्या के सुझाव को तुरन्त ज़रूरी बना दिया है, बस।

प्रचलित परमाणु बम और हाइड्रोजन बमों की तुलना में न्यूट्रॉन बम छोटा है। एक न्यूट्रॉन बम से एक हज़ार टन टी०एन०टी० के बराबर ऊर्जा निकलती है, जबकि नाभिकीय बमों से कई लाख टन टी०एन०टी० के बराबर ऊर्जा निकलती है।

इसका यह छोटापन ही शायद समस्या खड़ी करेगा। हो सकता है कि छोटा होने के कारण यह छोटे-मोटे युद्धों में भी काम में लाया जाने लगे और यह प्रवृत्ति ही उन भारी न्यूक्लीय बमों के उपयोग की नौबत ला दे, जिनकी तुलना में न्यूट्रॉन बम ऐसा ही है, जैसे कि मशीन-गन की तुलना में बच्चों की शॉट-गन।

76. लोकतंत्र और चुनाव

अथवा

प्रजातन्त्र और निर्वाचन

प्रजातन्त्र शासन की सफलता का मूल रहस्य 'निर्वाचन' है, जिसमें जनता को शासन के लिए अपना प्रतिनिधि चुनने की पूरी स्वतन्त्रता रहती है। 26 नवम्बर सन् 1949 को भारतीय संविधान-परिषद् में भारत के संविधान को स्वीकार किया गया और उस समय से देश में प्रजातांत्रिक ढंग का निर्वाचन प्रारम्भ हुआ।

प्रजातंत्र के लिए महत्त्वपूर्ण—वर्तमान युग में भारत या प्रजातंत्र देशों के लिए निर्वाचन एक प्रधान साधन है। अब तो संसद् से लेकर ग्राम पंचायतों के पंचों तक के चुनाव का कार्य निर्वाचन द्वारा होता है। निर्वाचन में जिस व्यक्ति को सबसे अधिक मत प्राप्त होते हैं, वही विजयी घोषित होता है। निर्वाचन में मत प्राप्त करने के लिए उम्मीदवार विभिन्न प्रणालियों का अनुसरण करते हैं। सूचना, पोस्टर, माइक्रोफ़ोन आदि तरह-तरह के प्रचार-साधन काम में लाये जाते हैं। प्रत्येक क्षेत्र में इन्हीं साधनों द्वारा व्यक्ति और दल अपने पक्ष में प्रचार करते हैं। जनता को अपने पक्ष में करने के लिए सार्वजनिक सभायें की जाती हैं। खड़े हुए उम्मीदवार प्रतिद्वंद्वी बनकर सरगर्मी के साथ अपने पक्ष में प्रचार करते हैं। इस प्रकार प्रजातंत्र की सफलता का श्रेय निर्वाचन को ही है, जिसमें प्रत्येक व्यक्ति अपने विचार के अनुसार मतदान करता है। उसे पूरा अधिकार है कि वह चाहे जिस दल के उम्मीदवार को अपना मत दे। जनता द्वारा निर्वाचित ये प्रतिनिधि जनता के हितों के रक्षक और उनके सुख एवं उन्नति के व्यवस्थापक होते हैं। यदि ऐसा न करें तो दूसरे निर्वाचन में वे जनता के सम्मुख जाने लायक नहीं रह जाते और उसका विश्वास खो देते हैं।

भारत में निर्वाचन-प्रणाली—भारतीय संविधान में प्रत्येक भारतीय नागरिक को मताधिकार प्राप्त है जिसकी आयु अट्ठारह वर्ष या उससे अधिक है। निर्वाचन-नामावली में धर्म, जाति, वंश, लिंग आदि के आधार पर किसी को अपात्र नहीं ठहराया जा सकता। संसद् और राज्य सभाओं में सदस्यों के निर्वाचन के लिए प्रत्येक क्षेत्र के मतदाताओं की नामावली प्रस्तुत करने और उसे मुद्रित करने की व्यवस्था है। देश भर में निर्वाचन की व्यवस्था के लिए निर्वाचन आयोग की व्यवस्था की गई है। मतदाता-सूची तैयार होने के पश्चात् उसे छपवाया जाता है और उसके बाद एक अवधि निश्चित कर दी जाती है ताकि कोई व्यक्ति जिसका नाम छूट गया हो, अपना नाम अंकित करा ले। नामांकन-पत्र की स्वीकृति के पश्चात् लगभग एक सप्ताह का समय दिया जाता है, जिसमें उम्मीदवार

अपना नाम वापस ले सकते हैं और उसके बाद अन्तिम रूप से निर्वाचन में खड़े हुए व्यक्तियों की अधिकारिक घोषणा कर दी जाती है तथा चुनाव-चिह्न भी निश्चित कर दिए जाते हैं।

निर्वाचन की तैयारी—सभी दल और स्वतंत्र उम्मीदवार अपना प्रचार-कार्य प्रारम्भ कर देते हैं। गाँव-गाँव में कार्यकर्ताओं का समूह पहुँचता है। ग्रामीण क्षेत्रों में झंडे और लाउड-स्पीकरों की भरमार हो जाती है। अपनी विजय के लिए उम्मीदवार किसी भी साधन को शेष नहीं छोड़ते हैं और अन्धाधुंध प्रचार द्वारा अपनी जन-प्रियता का प्रचार करके विजय के मंसूबे बाँधते हैं।

निर्वाचन-प्रणाली से लाभ—वर्तमान शासन-प्रणालियों में प्रजातंत्र से उत्तम दूसरी कोई प्रणाली नहीं है क्योंकि उसमें जनता को स्वयं यह अधिकार प्राप्त होता है कि वह अपने प्रतिनिधियों को चुनकर भेज सके। ऐसे प्रत्यक्ष चुनाव में प्रायः वही व्यक्ति चुना जाता है जिसका सार्वजनिक जीवन अच्छा हो और जो जनता की सेवा करता हो। इस प्रणाली में जनता को यह अधिकार है कि यदि वह किसी दल से और शासन-सम्बंधी उसके कार्यों से असंतुष्ट है तो दूसरी बार उस दल को अपना मत न दे। इस प्रणाली में विरोधी दलों का महत्त्व शासक दल से किसी भी प्रकार कम नहीं होता। निर्वाचन के फलस्वरूप एक-दलीय शासन बार-बार नहीं चलता और विरोधी दलों को भी शासन चलाने का अवसर प्राप्त होता है। जनता मतदान द्वारा अपने अधिकारों को भी पहचानती है और वह अनुभव करती है कि उसी के बल पर देश का शासन चलता है। इस प्रणाली से बढ़कर और कोई उत्तम प्रणाली अब तक आविष्कृत नहीं हुई जिससे जनता का अधिक कल्याण हो और वह शासन-कार्य में भाग लेकर अपने उत्तरदायित्व का अनुभव कर सके।

77. स्वास्थ्य-रक्षा

अथवा

पहला सुख निरोगी काया

मनुष्य का शरीर यदि बलवान है तो वह संघर्ष का डटकर मुकाबला कर सकता है। यदि शरीर दुर्बल है तो वह एक ही बार के संघर्ष में लड़खड़ा जाता है। स्वास्थ्य का निर्माण एकदम नहीं हो जाता, बचपन से ही स्वास्थ्य के नियमों का निरन्तर पालन करते रहने से शरीर को स्वस्थ आदतें पड़ती हैं। धीरे-धीरे शरीर पुष्ट और बलवान बनता जाता है और युवावस्था में उसका पूर्ण विकास होता है।

जीवन-संघर्ष में वही सफल होता है, जो स्वास्थ्य-सम्बन्धी नियमों का सदा ध्यान रखता है और उनका पालन करता है। इसके लिए अपने मन को और अपनी इन्द्रियों को वश में रखना पड़ता है। सही ढंग से सोचने, ठीक ढंग से और उचित पदार्थ खाने-पीने से और उठने-बैठने, सोने-जागने, खेलने-कूदने, नहाने-धोने, वस्त्र पहनने आदि जीवन के प्रत्येक व्यवहार में नियमों का पालन करने से मनुष्य आप से आप स्वस्थ रहता है।

यह ठीक है कि कुछ बालक जन्म के समय दुर्बल होते हैं और उस समय उनको सबल बनाने की जिम्मेदारी माता-पिता आदि दूसरे लोगों पर होती है, परन्तु बालक ज्यों ही होश सँभालता है, त्यों ही उसमें ऐसी शक्ति आ जाती है कि वह चाहे तो अपने स्वास्थ्य को उत्तम बना ले। उस समय उसे स्वास्थ्य-सम्बंधी नियम बतलाना माता-पिता, बड़े भाई-बहिन या अध्यापक आदि का कर्त्तव्य होता है। किन्तु होश सँभालने के बाद जो बच्चे अस्वस्थ होते हैं, उनकी जिम्मेदारी माता-पिता पर उतनी नहीं होती जितनी कि उनके स्वयं के ऊपर होती है।

एलोपैथिक डॉक्टरों का मत है कि–*''कोई मनुष्य उसी समय तक स्वस्थ कहा जा सकता है, जब तक कि उसके शरीर के अंग तथा अवयव अपने कर्त्तव्यों का ठीक-ठीक पालन करते रहें। शरीर के अंगों के कार्यों में किसी प्रकार का भी विकार, चाहे वह स्थायी हो या अस्थायी, रोग कहलाता है।''*

सादा भोजन नियत समय पर करना चाहिए। दिन-रात शुद्ध वायु में साँस लेनी चाहिए। प्रतिदिन कुछ समय व्यायाम करना चाहिए। रात्रि को आठ घण्टे सोना चाहिए। प्रतिदिन शरीर के मल-मूत्र का त्याग करना चाहिए। दिन भर मेहनत करनी चाहिए। दैनिक कार्य से निपट कर नित्य तेल-मालिश व व्यायाम को जीवन का अभिन्न अंग बनाना चाहिए।

रात्रि का भोजन करने के एक घण्टे के उपरान्त दूध पीना चाहिये। रात्रि में लेट कर पढ़ना स्वास्थ्य के लिये हानिकारक होता है। रात्रि में पढ़ते वक्त मेज़-कुर्सी पर बैठकर पढ़ें व रोशनी बायीं ओर से आनी चाहिये।

किसी भी रोग को छोटा न समझते हुए उसका उपचार समय पर अच्छे व कुशल डॉक्टर से करवाना चाहिये। नित्य-प्रति स्वच्छ वस्त्र पहनने से चर्म रोग नज़दीक नहीं आते। कहा जाता है कि यदि इन्सान गरीब होते हुए भी स्वस्थ है, निरोग है, तो वह संसार का सबसे धनी व्यक्ति है।

78. समय अमूल्य धन है

अथवा

समय का सदुपयोग

मनुष्य का जीवन क्षणभंगुर है। अतः जीवन के प्रत्येक क्षण को मूल्यवान समझ कर कार्य में जुटे रहना चाहिए। मानव-जीवन की सफलता का रहस्य समयरूपी रत्न के सदुपयोग में ही छिपा है। जो व्यक्ति अपने अमूल्य समय का लाभ नहीं उठाते और अवसर पाकर चूक जाते हैं, वे बाद में पश्चात्ताप करते और हाथ मलते रह जाते हैं और लोग 'अब पछिताए होत का, जब चिड़िया चुग गई खेत' कहकर उनका मज़ाक उड़ाते हैं।

समय बड़ा बलवान होता है। समय को परखने वाला रंक से राजा हो जाता है

और समय की उपेक्षा करने वाला राजा से रंक हो जाता है। अतः हमें समय की गति और स्वभाव को पहचानना चाहिए ; एक-एक क्षण का मूल्य समझना चाहिए। प्रत्येक व्यक्ति के जीवन में कुछ ऐसे क्षण आते हैं, जिन पर उसके भाग्य का बनना या बिगड़ना निर्भर होता है। यदि उसने समय को पहचान कर उसका सदुपयोग कर लिया तो सफलता उसके चरण चूमेगी और यदि थोड़ा-सा भी आलस्य किया तो बात सदा के लिए बिगड़ जायेगी।

आज का काम आज कर डालिये तो कल उससे आगे का काम करने का अवसर मिलेगा। लेकिन जो काम कल पर छोड़ा, समझो वह गया। बीत गया सो बीत गया, और भविष्य किसने देखा है। अतः जो कुछ है बस वर्तमान में ही है। वर्तमान समय का सदुपयोग करिये।

हर काम के लिए एक निश्चित समय होता है। खाने, सोने, खेलने, पढ़ने, मनोरंजन करने, भजन-पूजा करने, सबका एक निश्चित समय होता है। कोई भी कार्य असमय नहीं करना चाहिये। निश्चित समय पर सब काम करने से जीवन में नियमितता आती है जो एक अच्छी आदत तो है ही, साथ ही सफलता की कुंजी भी है।

आलस्य और अकर्मण्यता मनुष्य के सबसे बड़े शत्रु हैं। कुछ लोगों की निठल्ले बैठे-बैठे काम करने की आदत ही समाप्त हो जाती है और फिर यदि आवश्यकता पड़े और वे करना भी चाहें तो काम नहीं कर पाते। दूसरे, खाली बैठे मन बुरी बातों की ओर जाता है। कहा भी है—"शून्य मस्तिष्क शैतान की कार्यशाला है।"

दुर्भाग्य की बात है कि हम लोग समय का महत्त्व नहीं समझते। समय की पाबंदी का हम ध्यान नहीं रखते। उत्सव आदि में देर से पहुँचना हमारे स्वभाव में शामिल हो गया है। इसलिए 'भारतीय समय' बदनाम हो गया है। अन्य देशों में समय की पाबंदी सराहनीय है। जापान में एक बार एक सभा में एक वक्ता 5 मिनट देर से पहुँचे। एक श्रोता ने कहा कि आपने एक हज़ार लोगों के पाँच-पाँच मिनट अर्थात् राष्ट्र के पाँच हज़ार मिनट नष्ट किये हैं। हमारे यहाँ तो किसान छः महीने पैर पसार कर सोता है। भारतीय विद्यार्थी भी सारे वर्ष असावधान रहता है और परीक्षा निकट आने पर ही सचेत होता है। फिर परिणाम तो भयानक होना ही है।

कुछ लोग मिनटों की चिन्ता नहीं करते। लेकिन केवल एक मिनट की देर हो जाए तो गाड़ी छूट जाती है। कुल पाँच मिनट का शून्य पहचानने के कारण ही आस्ट्रेलिया वालों ने नेपोलियन से मात खाई। दूसरी ओर नेपोलियन के साथी ग्रुशि के पाँच मिनट देर से युद्ध-भूमि पर पहुँचने के कारण नेपोलियन पकड़ा गया और हार गया। महात्मा गाँधी ने समय के अमूल्य रत्न को पहचान कर अपने निश्चित दैनिक कार्यक्रम का आदर्श प्रस्तुत किया।

समय सबसे बड़ी निधि है। खुशी, सफल और शांत जीवन के लिए समय का सदुपयोग और नियमित जीवन आवश्यक है। रुपये-पैसों के हिसाब की तरह हमें एक डायरी में अपने समय और कार्यक्रम का ब्यौरा रखना चाहिए। इस प्रकार धीरे-धीरे हमें समय के सदुपयोग का अभ्यास होता जायेगा और सफलता के सभी मार्ग खुलते जायेंगे।

79. भारत की सामाजिक समस्याएँ

भारतीय समाज विभिन्न धर्मों, सम्प्रदायों एवं जातियों का समूह है। यहाँ धार्मिक दृष्टि से हिन्दू, बौद्ध, मुसलमान तथा ईसाई ; साम्प्रदायिक दृष्टि से सनातन धर्म, आर्य समाज, ब्रह्म समाज, सिक्ख, जैन, शिया, सुन्नी, कैथोलिक तथा प्रोटेस्टेण्ट रहते हैं। जातियाँ तो अनगिनत हैं। देश की सर्वाधिक जनसंख्या हिन्दू-धर्मावलम्बियों की है, अत: 'भारतीय' शब्द 'हिन्दू' शब्द का पर्यायवाची बन गया है।

बीसवीं सदी का भारतीय समाज असाध्य रोगों से ग्रस्त, कुप्रथाओं से पीड़ित, अन्ध-विश्वासों से दलित और प्राचीन परम्पराओं से प्रताड़ित है। आज के वैज्ञानिक युग में भी वह अपने कुसंस्कारों तथा कुप्रथाओं को छोड़ने के लिए तैयार नहीं। अन्य देश मंगल ग्रह तक पहुँच गए हैं और भारतीय समाज का रास्ता आज भी बिल्ली काट जाती है।

समाज में फैले अन्य अन्ध-विश्वासों को ही लीजिए। यदि किसी ने छींक दिया या बिल्ली रास्ता काट गई, तो यात्रा के लिए अपशकुन हो गया। पानी भरा लोटा हाथ से गिर गया या पीछे से किसी ने आवाज़ दे दी तो समझिए कार्य नहीं होगा। मार्ग में यदि काना मिल गया और दुर्भाग्य से वह ब्राह्मण हो तो समझिए अशुभ हो गया—"प्राण जाहिं बरु संशय नाहीं।"

जादू-टोना की तो और भी भयंकर स्थिति है। बीमारी में ओझाओं, गुनियों एवं मन्त्र फूँकने वालों को बुलाना, गंडे-ताबीज़ पर आस्था और पोए-पीर-पूजा में श्रद्धा वैज्ञानिक प्रगति का घोर अपमान है। इसमें लाखों पाखंडियों को आश्रय मिलता है, जिनमें साधना का बल नहीं, ज्ञान की ज्योति नहीं, ब्रह्मचर्य की सात्विकता नहीं।

'यत्र नार्यस्तु पूज्यन्ते, रमंते तत्र देवता:' का उद्घोष करने वाला भारतीय समाज नारी पर भिन्न-भिन्न रूपों में अत्याचार कर रहा है। पर्दा प्रथा, अनमेल विवाह, बाल-विवाह, विधवा-विवाह का निषेध, रूढ़िवादिता तथा बहु-विवाह के आक्रमण नारी की निरीहता पर विवशता को प्रकट करते हैं। सहिष्णुता की साक्षात् प्रतिमा कर्त्तव्यशीलता की वेदी पर बलि चढ़ जाती है। शारदा एक्ट के बावजूद उत्तर प्रदेश और बिहार में बाल-विवाह धड़ल्ले से हो रहे हैं। अधिक परतंत्रता के कारण नारी घर की कारा में आजीवन बन्द रहती है। उसका भोग-विलास की प्रतिमा और घर की नौकरानी से अधिक मूल्य नहीं। मुस्लिम समाज में नारी का और भी बुरा हाल है। बहु-विवाह, बाल-विवाह, पर्दा प्रथा तथा तलाक-पद्धति ने मुस्लिम नारी की स्थिति अत्यन्त शोचनीय बना दी है।

शिक्षा के क्षेत्र में नारी ने जो प्रगति की है, उसने नारी की रूढ़ि-कारा को तो तोड़ा, किन्तु उसे उच्छृंखलता की अग्नि में झोंक दिया। फ़ैशन की मारी, धन के नशे में अपने-आपको विस्मृत करने वाली तथा भोग-विलास को चरम ध्येय मानने वाली नारी भारतीय समाज के लिए गर्व की वस्तु नहीं।

दहेज प्रथा भारतीय समाज पर कोढ़ है, जो समाज को कुरूप कर रहा है। दहेज

जुटाने में कन्या के माता-पिता का आत्म-पीड़न, उचित दहेज न मिलने पर लालची सास-ससुर तथा पति के अत्याचार निरीह नव-विवाहिता को जीवित ही नरक में ढकेल देते हैं। वर-पक्ष को उसके जीने से घृणा होने लगती है, तो आग लगाकर, मकान की छत से गिराकर या नदी में धक्का देकर उसकी हत्या करने में भी वे नहीं झिझकते। अनेक समाज-सुधारक दहेज प्रथा पर शोर तो खूब मचाते हैं, किन्तु अपने बेटों को वे भी बेचते हैं। ऐसे अत्याचारी समाज का भला तभी होगा, जब कोई चाणक्य अपनी शिखा खोलकर दृढ़ प्रतिज्ञा करके इनके पीछे पड़ जाएगा।

इस शताब्दी का भारतीय समाज वैयक्तिकता, स्वार्थ और भ्रष्टाचार की ओर रॉकेट की तीव्र गति से बढ़ रहा है। गुण्डा किसी सज्जन को पीट रहा है, उसकी हत्या कर रहा है, जेबकतरा किसी की जेब काट रहा है, किसी नारी का आभूषण झपट रहा है, किन्तु साथ में खड़ा समाज सम्पूर्ण कुकृत्य को देखते हुए भी इस पीड़ित का साथ नहीं देता। आज का मानव इतना स्वार्थी है कि अपने तुच्छ लाभ के लिए दूसरे को बड़ी-से-बड़ी हानि पहुँचा सकता है। भ्रष्टाचार तो भारतीय समाज में इतना घुल-मिल गया है कि जीवित रहने के लिए भी उसका सहारा अनिवार्य है।

यह भारतीय समाज है जहाँ दिन-दहाड़े चोरी होती है, छाती ठोंककर डाके डाले जाते हैं, नारी की अस्मत और आभूषण लूटे जाते हैं, बसों और कारों को लूटा जाता है, ठोंक-पीटकर वेश्या और भिखारी बनाए जाते हैं, झूठे मुकदमे गढ़े जाते हैं, सदाचारी को जीवन का अधिकार प्राप्त नहीं है।

जातिवाद भारतीय समाज का रक्षक भी है और नाशक भी। कर्म के आधार पर कभी जातिवाद रहा होगा, किन्तु आज जातिवाद जन्मत: है। जातियों में उपजाति, उपजाति में उपश्रेणी, उपशृंखलाएँ, विभाजन और विशृंखलता की सीमा नहीं। इसी प्रकार धर्म के विविध अंगों, शाखा-प्रशाखाओं की भी गिनती नहीं की जा सकती। फिर भी, जिस प्रकार वृक्ष में फूलों और पत्तियों का विकास उसका विभेदक नहीं, उसी प्रकार हिन्दू-समाज की विविधताएँ भी विघटन की सूचक नहीं हैं। हाँ, कट्टरता अवश्य कष्टप्रद है। शूद्रों से दुर्व्यवहार सामाजिक खोखलेपन को प्रकट करता है। इन्हें प्यास बुझाने के लिए पानी न देना, देव-दर्शन से वंचित रखना, उनसे स्पर्श होने पर भी आत्म-ग्लानि उत्पन्न होना समाज-पतन का परिचायक है। गाँवों में तो हरिजनों का इससे भी बदतर हाल है। वहाँ वे सवर्ण हिन्दुओं के रहमोकरम पर जीते हैं। उच्च शिक्षा और विदेशी सम्पर्क सम्भवत: हरिजनों को इस दशा से छुटकारा दिला दे।

भारतीय समाज कुशिक्षा और अशिक्षा से पीड़ित है। अशिक्षा के कारण वह भले-बुरे, कायदे-कानून और जीवन के विकास से वंचित है। कुशिक्षा के कारण वह भारतीय सभ्यता और संस्कृति से दूर भाग रहा है। जीवनोपयोगी न होने के कारण आधुनिक शिक्षा ने भारतीय समाज में बेरोज़गारों की पलटन खड़ी कर दी है।

सामाजिक बुराइयों को मिटाने के लिए समाज-सुधारकों की भी समाज में कमी

नहीं। वे दिन-रात भाषण देकर, लेख लिखकर, संस्थाएँ खड़ी करके समाज-उद्धार का बीड़ा उठाए हुए हैं, फिर भी निकट भविष्य में सामाजिक परिवर्तन की कोई सम्भावना दिखाई नहीं देती। इस दिशा में अत्यन्त क्रान्तिकारी प्रयत्नों की आवश्यकता है।

80. विश्व-शान्ति और भारत

विश्व-शान्ति संसार की समृद्धि और प्रगति की सूचक है ; मानव-कल्याण के लिए नित्य-प्रति चिन्तन और अन्वेषण का उद्‌गम है ; विश्व के राष्ट्रों में परस्पर प्रबल सहयोग की कामना है। विश्व-शान्ति विकासशील देशों में अपने पाँव पर खड़े होने की सहायता की शर्त है। यह नए-नए शस्त्रास्त्रों की खोज और निर्माण का कारण है। विश्व-शान्ति ही औद्योगिक प्रगति और हरित क्रान्ति का माध्यम है।

भारत वैदिक काल से ही **'सर्वे भवन्तु सुखिनः, सर्वे सन्तु निरामयाः'** (सब सुखी हों तथा सभी नीरोग हों) की कामना करता आया है। **'वसुधैव कुटुम्बकम्'** उसका सिद्धान्त-वाक्य है। अहिंसा का वह प्रचारक है। त्याग और परोपकार उसको घुट्टी में मिले हैं। **'बहुजनहिताय'** उसकी कामना है तथा **'कृण्वन्तो विश्वमार्यम्'** उसका लक्ष्य है।

भारत विश्व-शान्ति का प्रबल समर्थक है। विश्व के किसी भी भाग में युद्धरत देशों के मध्य वह संधि करवाने के लिए सदा तत्पर रहता है। भारत राष्ट्रों के मतभेदों को वार्ता से निपटाने का हिमायती है, शीत युद्ध तथा शस्त्र-युद्ध का प्रबल विरोधी है, संहारक शस्त्रास्त्र-निर्माण के विरुद्ध है, वैज्ञानिक आविष्कारों को मानव-कल्याण के लिए प्रयोग का इच्छुक है।

किन्तु विश्व-शान्ति की कामना करने वाला भारत विश्व-युद्ध को रोक नहीं सकता। विश्व-युद्ध क्या, परस्पर राष्ट्रों के युद्ध अथवा शीत-युद्ध को रोकना भी भारत की शक्ति और सामर्थ्य के बाहर है। वह शान्ति-स्थापनार्थ शोर मचा सकता है, शान्ति-मिशन भेज सकता है, निरर्थक दौड़-धूप कर सकता है, किन्तु अपने साहस और शक्ति के बल पर युद्धरत राष्ट्रों को धमकी नहीं दे सकता और न ही वह युद्धरत राष्ट्रों के बीच पड़कर आत्माहुति दे सकता है। भूतपूर्व अमरीकी राष्ट्रपति कैनेडी ने एक बार रूस को अल्टीमेटम दिया। उस अल्टीमेटम पर रूस सिहर उठा। उसने अपनी सेनाएँ गंतव्य पर पहुँचने से पूर्व ही वापिस बुला ली। यह है शान्ति-प्रयास का प्रमाण।

शान्ति की जोरदार अपील से, विदेश-मन्त्री-वार्ताओं से तथा राष्ट्राध्यक्षों की काना-फूसी से विश्व-शान्ति का अपहरण रुकने वाला नहीं। विश्व-शान्ति रूपी भगवती सीता का महाप्रतापी अमरीका और महाबलशाली रूस रूपी रावण जब अपहरण करेंगे, तो भारत जैसा विकासशील देश जटायु की तरह अपने पंख कटवाकर लहू-लुहान होते हुए अपनी स्वतंत्रता भले ही खो दे, किन्तु विश्व-शान्ति रूपी सीता के अपहरण को रोक नहीं सकेगा। इज़राइल-अरब युद्ध, उत्तर-दक्षिणी वियतनाम युद्ध, दक्षिणी

अफ्रीका-नामीबिया युद्ध, तंजानिया-युगांडा संघर्ष, वियतनाम-कम्पुचिया संघर्ष, रूस द्वारा हंगरी और अफ़गानिस्तान में घुसपैठ तथा ईरान-ईराक एवं इज़राइल-फिलिस्तीनी युद्ध में भारत की स्थिति इस कथन का प्रमाण है।

विश्व-शान्ति में भारत की भूमिका पिटे हुए के आँसू पोंछने तथा मरणासन्न को जीवित करने की इच्छा तक सीमित रही है। राष्ट्र संघ के तत्त्वावधान में उसने दक्षिण कोरिया, वियतनाम, मिस्र और कांगो में अपनी सेना भेजकर युद्ध-विराम को सफल बनाने का प्रयास किया, तो पाकिस्तान-बँगला देश युद्ध में भागे हुए लाखों बंगालियों को अपने यहाँ शरण देकर और उन पर एक ओर 300 करोड़ रुपया वार्षिक खर्च करके अपनी आर्थिक स्थिति को बहुत नाजुक बना दिया, तो दूसरी ओर अपने देश के एक भाग असम में गृह-युद्ध की स्थिति उत्पन्न कर ली।

शान्ति सबल की सखा है, तो निर्बल-दुर्बल से उसका कोई सम्बन्ध नहीं। भारत विश्व-शान्ति की भूमिका तब निभाएगा, जब वह अपने पड़ोसी राष्ट्रों से निपट ले। पाकिस्तान के शस्त्र-संग्रह पर भारत गला फाड़-फाड़कर चिल्ला रहा है, पर कौन सुनता है? भारत-भूमि पर ही खड़े होकर ब्रिटेन की प्रधानमन्त्री श्रीमती थैचर के इस तर्क ने भारत को अनुत्तर कर दिया कि—"अपने राष्ट्र की सुरक्षा करना वहाँ (पाकिस्तान) की सरकार का कर्त्तव्य है, सुरक्षात्मक उपायों के लिए अस्त्र खरीदना उसका धर्म है।" दूसरी ओर 1947 के आक्रमण में पाकिस्तान ने कश्मीर का 3/8 भाग दबा लिया था, जिसे हम आज तक हस्तगत नहीं कर सके।

श्रीलंका सरकार ने 3.30 लाख भारतीयों को निकाल कर भारत भेज दिया। फिर भारत अपने को तटस्थ राष्ट्र कहता है, किन्तु रूस द्वारा हंगरी पर अधिकार तथा 1970 में तटस्थ राष्ट्र अफ़गानिस्तान में रूस के सशस्त्र हस्तक्षेप के विरुद्ध बोलने में उसका गला दुखता है। राजनैतिक भाषा में रूस के समर्थ मत्स्य न्याय को उचित ठहराता है। कहाँ रही हमारी तटस्थता।

भारत विश्व के अनेक राष्ट्रों का कर्ज़दार है। कर्ज़दार राष्ट्र अपने को कर्ज़ा देने वाले राष्ट्र के बारे में निष्पक्ष मत नहीं दे सकता, उसके विरुद्ध मुँह नहीं खोल सकता। विश्व-युद्ध को रोक सकना तो भारत के लिए मरुभूमि में जल की चाहना करते-करते मृत्यु का आह्वान है।

भारत के महान् औद्योगिक संस्थान विश्व के अनेक राष्ट्रों की दया और कृपा पर जीवित हैं। उनका संचालन, संवर्द्धन और उत्पादन उनके इंगित इशारों पर होता है। अमेरिका द्वारा यूरेनियम-सप्लाई की रोक ने भारत की असमर्थता को नग्न कर दिया है। यदि ये राष्ट्र चाहें तो कुछ क्षणों में बिना युद्ध, बिना शस्त्र भारत के उत्पादन को जाम कर सकते हैं। अरब राष्ट्र चाहें तो 'तेल बंद' की धमकी देकर भारत से नाक रगड़वा सकते हैं, उसे बैलगाड़ी के युग में ढकेल सकते हैं। ऐसी स्थिति में दूसरों की दया और कृपा पर जीवित राष्ट्र विश्व-शांति का माध्यम कैसे बन सकता है!

81. धर्म-निरपेक्षता

'धर्म-निरपेक्षता' एक नारा नहीं, कुछ मूल्यों का नाम है, एक जीवन-पद्धति का नाम है। वर्तमान साम्प्रदायिक दंगों की प्रतिक्रिया नहीं, ऐतिहासिक और शाश्वत प्रक्रिया है।

विभिन्न धर्मों में पारस्परिक सहिष्णुता धर्म-निरपेक्षता है। धार्मिक उन्माद को रोकने का नाम है धर्म-निरपेक्षता। यह कार्य अनादिकाल से चल रहा है और यह यज्ञ अनन्तकाल तक चलता रहेगा।

'धर्म-निरपेक्षता' का नारा कांग्रेस पार्टी का नारा नहीं, भारतीय संस्कृति में विद्यमान मन्त्र है। क्या भारत की स्वाधीनता के बाद भारत को हिन्दू-राष्ट्र घोषित नहीं किया जा सकता था? जबकि पाकिस्तान ने अपने को मुस्लिम राष्ट्र घोषित किया। भारत भी यह कर सकता था। किन्तु ऐसा नहीं हुआ। कारण, भारतीय संस्कृति इसकी अनुमति नहीं देती।

स्वयं हिन्दुत्व में अनेक उपासना-पद्धतियाँ हैं। भारतीय संस्कृति ने कभी ऐसा नहीं कहा—"अमुक पुस्तक को मानो, अमुक व्यक्ति में ईमान लाओ, नहीं तो दोज़ख में जाना पड़ेगा।" सत्य एक है, लेकिन विद्वान् उसकी व्याख्या भिन्न-भिन्न रूपों में करते हैं। परमात्मा एक ही है, लेकिन उसकी प्राप्ति के अनेकानेक मार्ग हो सकते हैं। वस्तुतः धर्म-निरपेक्षता कोई नीतिवाचक अवधारणा नहीं, सकारात्मक अवधारणा है। इसका अर्थ धर्म-विरोधी या अधार्मिक भी नहीं। सीधे-सादे रूप में इसका अर्थ है सभी धर्मों, आस्थाओं और विश्वासों के प्रति सम्मान तथा नास्तिकवाद सहित किसी भी धर्म को चुनने और पालन करने के अधिकार का प्रयोग। इस अधिकार का प्रयोग इस प्रकार होना चाहिए कि वह दूसरे व्यक्ति द्वारा इस अधिकार के प्रयोग के रास्ते में आड़े न आए। धर्म-पालन सार्वजनिक व्यवस्था, नैतिकता और स्वास्थ्य के अनुरूप हो।

धर्म-निरपेक्ष राज्य भले ही स्वयं को किसी विशेष धर्म के साथ न जोड़े, किन्तु उसे वह वातावरण उपलब्ध करना होगा, जिसमें सभी नागरिक इच्छानुकूल उपासना-पद्धति के अधिकार का प्रयोग कर सकें।

लोकतन्त्र में धर्मतन्त्र का कोई मूल्य नहीं। लोकतान्त्रिक और धर्मतान्त्रिक राज्य साथ-साथ नहीं चल सकते। उदाहरणतः, पाकिस्तान में लोकतन्त्र पद्धति असफल रही। अरब राष्ट्रों ने इस पद्धति को स्वीकार ही नहीं किया। भिन्न-भिन्न धर्मानुयायियों के बीच भेद-भाव बनाने वाला राज्य लोकतान्त्रिक होने का दावा कैसे कर सकता है? क्योंकि यह बात सभी नागरिकों को समान मानने की लोकतन्त्र की आधारभूत मान्यता के विपरीत है। इसलिए कहा जा सकता है कि लोकतन्त्र और धर्म-निरपेक्ष राज्य का भविष्य परस्पर सम्बद्ध है।

धर्म-निरपेक्षता राजनैतिक विवशता नहीं। न ही धर्म-निरपेक्षता का अर्थ 'हिन्दू-विरोध' होना चाहिए। राष्ट्र का कानून सब नागरिकों पर समान रूप से लागू हो। हिन्दू-कोड बिल तो बने, किन्तु मुसलमान को चार शादियाँ करने का अधिकार हो, यह उचित नहीं।

परिवार-नियोजन कार्यक्रम केवल हिन्दुओं की नसबन्दी तक सीमित नहीं रहना चाहिए। बैंड-बाजे नमाज़ में खलल डालते हैं, तो मन्दिर में उपासना की एकाग्र चित्तता को भी भंग करते हैं। स्कूटर चलाते हुए हेलमेट हिन्दू नारी के लिए अनिवार्य है, तो सिक्ख नारी के लिए क्यों नहीं? यह धर्म-निरपेक्षता के विरुद्ध है।

दुर्भाग्य से भारत में हिन्दुत्व की बात करना साम्प्रदायिकता मानी जाती है। मात्र धर्म पर आधारित मुस्लिम लीग, अकाली दल, मुनेत्र कडगम जैसे दल राष्ट्रीय हैं। हिन्दू युवती मुसलमान से विवाह कर ले, तो भारत का राष्ट्रपति आशीर्वाद देने पहुँचता है, किन्तु मुसलमान लड़की हिन्दू से विवाह करे, तो साम्प्रदायिकता की बू आती है, झगड़े होने का भय होता है। वस्तुतः धर्म को राजनीति से जोड़ना धर्म-निरपेक्षता का गला घोंटना है।

भारत में शासक धर्म-निरपेक्षता की रट तो लगाते हैं, किन्तु उनका आचरण धर्माधारित होता है। वे रब्बात जैसे विशुद्ध मुस्लिम धार्मिक सम्मेलन में भाग लेने पहुँचते हैं, तो सिक्खों की धार्मिक भावनाओं को उभारते हैं। पंजाब में सिक्ख उग्रवाद का कारण शासक दल का प्रोत्साहन ही था, जो भस्मासुर बनकर प्रधानमन्त्री श्रीमती इन्दिरा गाँधी को खा गया। दक्षिण में ईसाइयत के सम्मुख घुटना-टेक नीति ने तो भारत की धर्म-निरपेक्षता के मुख पर तमाचा जड़ दिया है।

कांग्रेस विशुद्ध साम्प्रदायिक दल मुस्लिम लीग और अकाली दल से हाथ मिलाती है। प्रान्तीय शासन में साझेदारी करती है। इतना ही नहीं, जब धर्म-निरपेक्षता के ठेकेदार मुस्लिम लीग और अकाली दल भी धर्म-निरपेक्षता की वकालत करते हों, तब धर्म-निरपेक्षता शर्म के मारे अपना मुँह आँचल में छिपा लेती है।

भारत एक विशाल राष्ट्र है। यहाँ धर्म की विविधता और उपासना-पद्धतियों की विभिन्नता है। भाषा और भूषा की अनेकता है, जीवन-पद्धति और जीवन-स्तर की बहुरूपता है। अतः यहाँ धर्म-निरपेक्षता ही सुख, शान्ति और समृद्धि का अंग है। इसके लिए आवश्यकता है भारतीयकरण की। जीवन के प्रत्येक क्षेत्र में, जन-जन के हृदय में भारतीयत्व का साक्षात्कार और उसके साथ स्वयं को एकाकार करना, यही आज की आवश्यकता है। इस एकता को बलशाली बनाने का नाम है भारतीयकरण। यही धर्म-निरपेक्षता की रीढ़ की हड्डी है।

धर्म-निरपेक्षता का पाठ भारत के शिशु को प्राइमरी पाठशाला से प्रारम्भ करना होगा। शिक्षा में नैतिकता का विषय अनिवार्य करना होगा। सब धर्मों के समान सूत्रों, सभी धर्म-गुरुओं की आप्त वाणी तथा एकेश्वरवाद के सिद्धान्तों को नैतिकता के पाठ्य-क्रम के अन्तर्गत लाना होगा। तभी भारत का युवक सच्चे अर्थों में धर्म-निरपेक्ष होगा, सभी धर्मों के प्रति सहिष्णु होगा।

मुस्लिम धर्म और त्यौहारों में हिन्दुओं का सम्मिलन, समाज की अदायगी सच्ची धर्म-निरपेक्षता नहीं, धर्म में हस्तक्षेप है। विशुद्ध हिन्दी काव्य-पुस्तकों में मुस्लिम शायरों की कविताएँ देना धर्म-निरपेक्षता का भौंडा उदाहरण है।

धर्म-निरपेक्षता हमारे जीवन और जागरण का प्रमाण है ; हमारी गतिशीलता और विकास का द्योतक है। यह इस संकल्प का उद्घोष है कि हम उज्ज्वल अतीत से प्रेरणा लेकर उज्ज्वलतर शान्ति और समृद्धिमय भविष्य का निर्माण करने के लिए सतत प्रयत्नशील हैं।

82. उद्योगों पर ही देश का भविष्य निर्भर है

भारत कृषि-प्रधान देश था और है, किन्तु दीर्घ काल तक यदि पराधीनता के पाश में जकड़ा हुआ न होता तो अन्य देशों की भाँति यह भी औद्योगिक विकास की दिशा ग्रहण कर चुका होता तो आज के समुन्नत राष्ट्रों की श्रेणी में होता जो औद्योगिक प्रगति के कारण शक्तिशाली बने हुए हैं। अंग्रेज़ों ने तो जान-बूझकर भारत में उद्योग-धन्धों को नहीं पनपने दिया, क्योंकि इसमें उसका स्वार्थ निहित था। यदि वे भारत का औद्योगीकरण कर देते तो यहाँ इतने दिन कैसे काट सकते थे? उन्होंने तो विकास के स्थान पर भारतीय उद्योगों के दमन की नीति अपनायी थी, जिससे वे अपने देश का तैयार माल यहाँ भारी मुनाफ़े पर बेच सकें और यहाँ से कच्चा माल बहुत कम कीमत पर अपने देश ले जा सकें।

किन्तु भारत ने स्वाधीनता का अधिकार प्राप्त कर लिया तो स्वतन्त्र भारत की सरकार अपनी जनता के अधिकारों के प्रति सचेत हुई। जीवन की मौलिक आवश्यकताएँ—रोटी, कपड़ा और मकान—तो उसे जनता के लिए पूर्ण करनी ही थीं, राष्ट्र का विकास भी करना था। अपने नव-स्वाधीन राष्ट्र को पराधीनता से प्राप्त कष्टों से बचाकर सुख, समृद्धि और सम्मान की ओर ले जाना था। इसका एक ही उपाय था कि उत्पादन बढ़ाया जाए। कृषि-उत्पादन भी बढ़े और उद्योग उत्पादन भी, तभी राष्ट्रीय आय में वृद्धि हो सकती है, तभी जनता का जीवन-स्तर ऊँचा उठ सकता है, तभी सच्चे अर्थों में स्वाधीनता प्राप्त हो सकती है।

अब समस्या यह थी कि कृषि-उत्पादन बढ़ाने के लिए तो कृषि के आधुनिक यंत्र चाहिएँ, सिंचाई के लिए जल चाहिए, उत्तम खाद का प्रबन्ध होना चाहिए और कृषि-उत्पादन को वितरित करने के लिए शीघ्रगामी सुलभ साधन भी चाहिएँ। इस प्रकार बहुत-से उद्योग तो कृषि का विकास करने के लिए ही चलाने अनिवार्य थे। एक उद्योग पर दूसरा उद्योग खड़ा होता है। आधुनिक यंत्र बनाने का कारखाना खोलें तो लोहा और इस्पात का कारखाना अवश्य खोलना पड़ेगा, अन्यथा बाहर से आयात किए हुए लोहे-इस्पात से बने यन्त्र बहुत महँगे पड़ेंगे। सिंचाई के लिए बड़े-बड़े बाँध बनाने होंगे और नहरें निकालनी होंगी तथा जलकूपों का निर्माण करना होगा। बाँधों के लिए इस्पात और सीमेंट के कारखाने अनिवार्य होंगे और जलकूपों का निर्माण करने के लिए भारी मशीनें बनाने के कारखानों की आवश्यकता को ध्यान में रखना होगा। कृषि-उत्पादन के वितरण के लिए यातायात के साधनों में वृद्धि करनी होगी और रेल तथा मोटर उद्योग को बढ़ावा देना पड़ेगा।

स्पष्ट है कि औद्योगिक विकास के बिना भारत जैसे विशाल राष्ट्र की एक मौलिक आवश्यकता भी पूरी नहीं हो पाती। फिर वस्त्र, आवास और जीवन-स्तर को ऊँचा उठाने के लिए तो औद्योगिक विकास अत्यन्त आवश्यक था। इससे दोहरा लाभ होता है एक तो जनता की आवश्यकताएँ पूरी होती हैं, देश की समृद्धि बढ़ती है तथा जीवन-स्तर ऊँचा उठता है ; दूसरे, करोड़ों बेरोज़गार लोगों की समस्या का समाधान हो जाता है। स्पष्ट है कि कृषि में इतने बेरोज़गार लोगों को नहीं लगाया जा सकता, अत: उद्योगों का विकास किये बिना देश में फैली बेरोज़गारी की समस्या हल नहीं हो सकती।

अत: भारत का औद्योगीकरण करने के लिए 1951 में पंचवर्षीय योजनाओं का सूत्रपात हुआ। प्रथम पंचवर्षीय योजना में अधिक ध्यान कृषि पर दिया गया और भाखड़ा-नांगल जैसी बहु-उद्देश्यीय परियोजनाओं का निर्माण किया गया। इन परियोजनाओं से केवल कृषि की सिंचाई की समस्या ही हल नहीं हुई, बल्कि कारखानों और अन्य उद्योगों के लिए बिजली मिलने की व्यवस्था भी हुई। द्वितीय पंचवर्षीय योजना में औद्योगिक विकास का लक्ष्य रखा गया और इसकी सफलता के द्वारा हमारे देश की आर्थिक स्थिति में एक नया मोड़ आया। इस योजना में देश में भारी उद्योगों, मशीनों एवं उत्पादन के अन्य साधन पैदा करने वाले उद्योगों की नींव डाली गई तथा बिजली और तेल की प्राप्ति के स्रोतों का भी विकास किया गया। सूती कपड़ा, जूट, सीमेंट, चीनी, वनस्पति तेल आदि के उत्पादन में आशातीत सफलता प्राप्त हुई। आज आठवीं पंचवर्षीय योजना चल रही है और इन योजनाओं से हमारा उद्योग पर्याप्त आगे बढ़ रहा है।

भारत के पास अपना औद्योगीकरण करने के लिए पर्याप्त धन नहीं था। अत: भारत के साथ जिन राष्ट्रों के मधुर सम्बन्ध हैं, उन्होंने भारत को आर्थिक सहायता देकर अपनी सहृदयता का परिचय दिया है। यद्यपि पराधीनता के काल में भारत का स्तर बहुत नीचा रहा है, किन्तु औद्योगीकरण के बाद यह स्तर निस्सन्देह ऊँचा उठा है। औद्योगीकरण के मार्ग में आने वाली कठिनाइयों से भी हमें जूझना पड़ा है। यह संघर्ष अभी जारी है। किन्तु हमें विश्वास है कि हम अपने लक्ष्यों तक बहुत शीघ्र ही पहुँच जाएँगे और वहाँ खड़े होकर अपने विकास के दिगन्तव्यापी लक्ष्यों का पुनर्निर्माण करेंगे, पुन: वहाँ पहुँचेंगे और पुन: आगे बढ़ेंगे।

83. महात्मा गाँधी

गाँधी जी इस युग के महानतम व्यक्ति थे। उन्होंने भारत को ही नहीं, अपितु विश्व की सम्पूर्ण पीड़ित मानवता को सत्य और अहिंसा का अमोघ शस्त्र देकर विश्व को शान्ति का पाठ पढ़ाया। काठियावाड़ के अन्तर्गत पोरबन्दर में करमचन्द गाँधी पहले पोरबन्दर, फिर राजकोट और बीकानेर राज्य में दीवान पद पर रहे। उनकी माता पुतलीबाई बड़ी साधु और धर्मनिष्ठ स्वभाव वाली थीं। इसी दम्पत्ति के यहाँ 2 अक्तूबर 1869 को बालक मोहनदास गाँधी का जन्म हुआ। माता की आस्तिकता तथा सत्य-परायणता की बड़ी गहरी

छाप बालक पर पड़ी। बाल्यकाल में साधारण शिक्षा हुई। बुद्धि भी विशेष तीव्र न थी। संकोचशील होने के कारण वे और भी अधिक साधारण श्रेणी के प्रतीत होते थे, किन्तु वे सत्यनिष्ठ थे।

गाँधी जी बचपन में बड़े शान्त और सरल प्रवृत्ति के थे। किसी से बात करना गाँधी जी को न सुहाता था। उन्होंने मैट्रिक पास किया और उनके कुटुम्बियों ने केवल 13 वर्ष की आयु में उनका विवाह कर दिया। उनको बैरिस्ट्री पास करने के लिए विलायत भेज दिया गया।

भारत लौटने पर उन्होंने अपनी वकालत आरम्भ की और एक मुकदमे की पैरवी के लिए दक्षिण अफ्रीका को प्रस्थान किया। इन्होंने दक्षिण अफ्रीका में भारतीयों की दयनीय दशा देखी। वहाँ भारतीयों के साथ पशुओं जैसा व्यवहार किया जाता था। गोरों और कालों के भेद ने गाँधी जी के हृदय में ज्वाला-सी उत्पन्न की। गाँधी जी ने वैधानिक ढंग से युद्ध छेड़ दिया और नवीन किन्तु अमोघ सत्याग्रह का अस्त्र अपनाया।

दक्षिण अफ्रीका में गाँधी जी जनप्रिय तो हो ही चुके थे, फिर भारतीय राजनीति भी मानो उनका स्वागत करने के लिए तैयार खड़ी थी। लोकमान्य तिलक और गोखले भी मैदान में थे। गाँधी जी भारतीय स्वतन्त्रता के वीर सेनानी बन गए और शनैः-शनैः भारतीय राजनीति के अगुआ बन गए।

सन् 1914 के महायुद्ध में भारत को स्वतन्त्रता देने की शर्त पर गाँधी जी ने ब्रिटिश सरकार को सहयोग दिया, किन्तु युद्ध के बाद अंग्रेजों ने भारत को रौलट एक्ट और जलियाँवाला बाग काण्ड आदि ही पुरस्कार में दिए।

नमक सत्याग्रह के पश्चात् उनको 1931 में गोलमेज़ कॉन्फ्रेंस में आमन्त्रित किया गया। 1937 में उनकी सहमति से कांग्रेस ने विभिन्न प्रान्तों में अपने मन्त्रिमण्डल बनाए और 1939 के महायुद्ध में भारतीयों की सहमति लिए बिना अंग्रेज़ों ने भारत को युद्ध में सम्मिलित राष्ट्र घोषित कर दिया। गाँधी जी ने इसका विरोध किया। वे साम्प्रदायिकता के कट्टर शत्रु थे। उन्होंने प्राणों की बाज़ी लगाकर साम्प्रदायिकता की जड़ को हिला दिया। 1942 में उन्होंने जो आन्दोलन छेड़ा, उससे अंग्रेज़ों ने मन में समझ लिया कि अब हमें भारत से जाना ही होगा। गाँधी जी की नीति की विजय हुई और 15 अगस्त 1947 को भारत स्वतन्त्र हो गया।

30 जनवरी 1948 की संध्या को नाथूराम गौडसे ने रिवॉल्वर की तीन गोलियों से भारत के महान् सन्त, विश्व की पीड़ित मानवता के एकमात्र सहारे और विश्व के महानतम व्यक्ति को इस संसार से विदा कर दिया। जवाहरलाल नेहरू के शब्दों में प्रकाश बुझा नहीं, क्योंकि वह तो हज़ारों, लाखों व्यक्तियों के हृदय को प्रकाशित कर चुका था।

गाँधी जी नेता, विचारक और आध्यात्मिक पुरुष थे। वे हमें स्वतन्त्र करा गए, विश्व को शान्ति और सत्य का मार्ग बता गए तथा भारत की कीर्ति को विश्व में फैला गए। उनकी मृत्यु से विश्व के सभी झण्डे झुक गए। सभी ने उनको श्रद्धांजलियाँ दीं। वे अमर हो गए और भारत की कीर्ति को अमर कर गए। वे इस युग के सबसे महान् पुरुष थे,

यद्यपि शारीरिक गठन के नाते अत्यन्त क्षीण थे तथा उनकी आकृति से कोई भी गुण प्रकट नहीं होता था। उन्होंने शताब्दियों से सोए हुए भारतवर्ष को जाग्रत किया तथा देश में आत्म-सम्मान की लहर दौड़ाई। वे सत्य तथा अहिंसा के पक्षपाती थे। उनका चरित्र केवल भारतवासियों के लिए ही नहीं, अपितु विदेशियों के लिए भी अनुकरणीय है। भारत को एक महान् राष्ट्र बनाने वाले गाँधी जी ही थे। इसीलिए वे 'राष्ट्रपिता' अथवा 'बापू' कहलाए।

84. विश्व-कवि रवीन्द्रनाथ ठाकुर

रवीन्द्रनाथ का जन्म 6 मई 1861 को श्री देवेन्द्रनाथ ठाकुर के यहाँ हुआ था। देवेन्द्रनाथ ठाकुर बंगाल के सम्पन्न ज़मींदारों में से थे और उनका परिवार शिक्षा एवं संस्कृति के लिए प्रान्त भर में प्रसिद्ध था। उनके घर का वातावरण वेद और उपनिषदों से गुंजित रहता था। इस परिवार ने कई लेखकों और सन्तों को जन्म दिया था। उन्होंने समाज में प्रचलित कुप्रथाओं को समाप्त करने के लिए 'ब्रह्म समाज' नामक संस्था का संचालन भी किया था। इस संस्था ने जाति-पाँति के भेद-भाव और पुरानी रूढ़ियों के विरुद्ध आन्दोलन किया था। ऐसे परिवार में, इतने सम्पन्न वातावरण में रवीन्द्र की प्रतिभा साहित्य और कला की ओर झुकी। उन्होंने खूब अध्ययन किया। स्कूलों का वातावरण रवीन्द्र को पसन्द नहीं था। यही कारण था कि स्कूलों व कॉलेजों में वे न पढ़ सके। परन्तु अध्ययन के प्रति उनकी रुचि बढ़ती ही गई। सम्पन्न परिवार, प्राकृतिक वातावरण, अध्ययन तथा भ्रमण ने उन्हें कवि और कलाकार बना दिया।

रवीन्द्रनाथ सन् 1877 ई० में शिक्षा प्राप्त करने के लिए इंग्लैंड गए। वहाँ भी वे शिक्षा की कोई उपाधि न प्राप्त कर सके और घूम-फिरकर स्वदेश लौट आए। स्वदेश लौटने पर उनके पिता जी ने उनको ज़मींदारी की देख-रेख करने के लिए सियालगढ़ भेज दिया। वहाँ पहुँचकर उन्हें फिर एकान्त मिला और उनके कला-प्रेम को पनपने का अच्छा अवसर मिला। यहाँ पर रहकर उन्होंने 'साधना' नामक पत्रिका का प्रकाशन भी शुरू किया। यहाँ पर वे किसानों के भी निकट सम्पर्क में आए और कृषक वर्ग की सेवा की। उन्होंने 1901 में 'विश्व-भारती' की स्थापना की। इस संस्था की स्थापना के पीछे रवीन्द्रनाथ की तत्कालीन नीरस स्कूली शिक्षा के प्रति विद्रोह की भावना भी थी। आजकल यह संस्था शिक्षा के क्षेत्र में उदाहरण और विश्व-बन्धुत्व का प्रतीक बन गई है।

सन् 1902 में पत्नी का स्वर्गवास हो जाने के पश्चात् उन्होंने कुछ कविताएँ पत्नी के वियोग में लिखीं। उनकी ये कविताएँ 'स्मरण' में संकलित हैं। धीरे-धीरे उनकी रचनाएँ यूरोप की पत्रिकाओं में प्रकाशित होने लगीं। इससे विदेशों में उनका नाम हो गया। सन् 1912 में जब अपना इलाज कराने के लिए इंग्लैंड गए तो वहाँ उनका बहुत स्वागत हुआ। इसके पश्चात् वे अमेरिका गए और वहीं उन्होंने अपनी रचनाओं के अंग्रेज़ी अनुवाद

प्रकाशित कराए। सन् 1913 में उनको 'गीतांजलि' पर नोबल पुरस्कार मिला और उनका यश सारे संसार में फैल गया। सन् 1914 में ब्रिटिश सरकार ने उन्हें 'सर' की उपाधि से सम्मानित किया था, परन्तु सन् 1919 में जलिया वाला बाग के काण्ड से क्षुब्ध होकर उन्होंने ब्रिटिश सरकार को 'सर' की उपाधि लौटा दी।

स्वतन्त्रता संग्राम के प्रमुख सेनानी महात्मा गाँधी उनका बड़ा सम्मान करते थे और उनको 'गुरुदेव' कहा करते थे। बाद में रवीन्द्रनाथ 'गुरुदेव' के नाम से प्रसिद्ध हुए।

रवीन्द्रनाथ का जीवन के अनेक क्षेत्रों में प्रवेश था। वे साहित्यकार, विचारक, शिक्षा-शास्त्री, कलाकार और संगीतज्ञ थे। उनकी कुछ प्रसिद्ध रचनाएँ—'काबुलीवाला', 'गोरा', 'आँख की किरकिरी' (उपन्यास), 'घर वापसी' (कहानियाँ), 'चित्रांगदा' (नाटक), 'गीतांजलि' (कविता) आदि हैं। रवीन्द्रनाथ रूसी समाजवाद के भी प्रशंसक थे। उन्होंने अपने निबन्ध 'रूस की चिट्ठी' में समाजवाद की बड़ी प्रशंसा की। सन् 1911 में उन्होंने जो 'जन-गण-मन' गान रचा था, वही स्वाधीनता के बाद भारत का राष्ट्रीय गान बनाया गया। उनकी रचनाओं के अनुवाद लगभग सभी भाषाओं में हो चुके हैं।

8 अगस्त 1941 को 80 वर्ष की आयु में उनका स्वर्गवास हो गया। उनके निधन से भारतवर्ष और विश्व-साहित्य को बहुत हानि पहुँची और सारे विश्व में उनके निधन पर शोक मनाया गया। उन्होंने विश्व-साहित्य में भारतीय साहित्य को जो उच्च स्थान दिलाया, भारतवासी उसके लिए उनके सदा ऋणी रहेंगे।

85. पंडित जवाहरलाल नेहरू

जवाहरलाल नेहरू विश्व के उन इने-गिने महापुरुषों में से एक थे जिन्होंने संसार को युद्ध की आग से बचाये रखा। राष्ट्रीय अथवा अन्तर्राष्ट्रीय, किसी भी दृष्टि से विचार करें तो नेहरू जी ही प्रतिष्ठा के उस महान् गगन को छू सके, जिसे सम्भवत: गाँधी जी के अतिरिक्त और दूसरा कोई नहीं छू सका। यही कारण है कि नेहरू जी तीसरी बार प्रधानमन्त्री के उच्च आसन पर आसीन हुए थे।

इनका जन्म 14 नवम्बर 1889 ई० को एक अत्यन्त समृद्ध परिवार में हुआ। इनके पिता मोतीलाल नेहरू एक प्रभावशाली वकील तथा भारत के प्रतिष्ठित नेताओं में से एक थे। जवाहरलाल की माता का नाम स्वरूप रानी था। 15 वर्ष की अवस्था में जवाहरलाल ने शिक्षा के लिए इंग्लैंड जाकर कैम्ब्रिज विश्वविद्यालय में पढ़ना आरम्भ किया। वहाँ से एम०ए० पास करके इन्होंने कानून की उच्च शिक्षा प्राप्त की।

जब बैरिस्टर बनकर वे भारत आये, उस समय भारत का वातावरण बड़ा अशान्त था। जलियाँवाला बाग का काण्ड, रौलट एक्ट और इस पर भी अंग्रेज़ों का भारतीयों से दुर्व्यवहार—सारी बातें जवाहरलाल के सामने आयीं। पिता ने चाहा था कि पुत्र भी उनकी तरह वकील बने, परन्तु उसके भाग्य में कुछ और ही लिखा था। महात्मा गाँधी का प्रभाव जवाहरलाल पर पड़ा। बस फिर क्या था, 1921 में असहयोग आन्दोलन में पिता और

पुत्र दोनों जेल के यात्री बने। इस आन्दोलन में इन्होंने बड़ा काम किया। विदेशी वस्त्रों का बहिष्कार और खद्दर का प्रचार किया ; अंग्रेज़ों के अन्याय के विरुद्ध आवाज़ उठायी ; निर्धनों, मज़दूरों और किसानों की अवस्था को सुधारने की आवाज़ उठायी।

1918 में इनका विवाह कमला देवी से हुआ था। कमला भी पति के साथ राष्ट्र के कार्यों में जुट गयीं। इनके एक पुत्री हुई जिसका नाम प्रियदर्शिनी (इन्दिरा) रखा गया। एक पुत्र भी हुआ, परन्तु अकाल ही काल-कवलित हो गया। अधिक काम करने के कारण कमला नेहरू को राजयक्ष्मा हो गया। बहुत इलाज किया, फिर भी उनका स्वास्थ्य सुधर न सका। आखिर अकेले नेहरू के कन्धों पर समस्त भार रखकर वे स्वर्ग सिधार गयीं।

1930 में लाहौर कांग्रेस का वार्षिक अधिवेशन हुआ। अध्यक्ष पद पाते ही जवाहरलाल ने रावी नदी के किनारे भारत की पूर्ण स्वतन्त्रता की घोषणा कर दी और तभी से इन्होंने कांग्रेस में एक नयी जान फूँक दी। इसके पश्चात् इनको कई बार जेल जाना पड़ा। सन् 1942 में भारत में 'अंग्रेज़ो! भारत छोड़ो' का नारा लगाया। सरकार ने दमन-चक्र चलाया, किन्तु अन्त में साम्राज्यवादी शक्ति को भारत की शक्ति के आगे झुकना पड़ा। परिणामस्वरूप, 2 सितम्बर 1946 को अन्तरिम सरकार के प्रधानमन्त्री जवाहरलाल नेहरू ही बने। 15 अगस्त 1947 को सारे देश की बागडोर आपके हाथ में आयी। यह बड़ा भारी बोझ था। किन्तु नेहरू जी ने बड़ी योग्यता से इस भार को सँभाला।

भारत स्वतन्त्र हुआ। स्वतन्त्रता के साथ अनेक आपत्तियाँ देश पर आ पड़ीं। चारों ओर रक्तपात, खून-खराबा हुआ। दुर्भिक्ष मुँह बाये खड़ा था। देश पर शत्रु आँख गड़ाये बैठा था। कश्मीर की भीतरी शक्तियाँ भी उलझनें पैदा कर रही थीं। किंतु भारत का साहसिक नेता इन ऊँचाइयों और गहराइयों को पार करता हुआ आगे बढ़ता गया।

1962 में समय ने पलटा खाया जबकि चीन ने हिमालय पार करके इस देश पर एकाएक आक्रमण कर दिया। यह अप्रत्याशित था, क्योंकि चीन मित्रता का दम भरता था। नेहरू जी इस धक्के को सह न सके। इस विश्वासघात के कारण दुखी रहने लगे और परिणामस्वरूप उस परमपिता परमात्मा ने 27 मई 1964 को अपनी इस धरोहर को हमसे वापस ले लिया।

यद्यपि अभी पं० नेहरू की छत्रछाया में रहकर हम भारतवासी भारत के नवनिर्माण के स्वप्न पूरे होते देखना चाहते थे, किन्तु प्रभु की लीला के सामने किसका वश चलता है?

पं० जवाहरलाल नेहरू नेता ही नहीं, एक लेखक भी थे। अपने समय में वे विश्व में अंग्रेज़ी के सबसे श्रेष्ठ पाँच लेखकों में गिने जाते थे। व्यस्त जीवन में भी उन्होंने—मेरी कहानी, विश्व इतिहास की झलक, हिन्दुस्तान की कहानी, पिता के पत्र पुत्री के नाम—आदि कई पुस्तकें अंग्रेज़ी में लिखीं।

नेहरू जी विश्व में 'शांतिदूत' के नाम से प्रसिद्ध थे। अमरीका में उनका सम्मान था ; रूस उन्हें प्यार करता था ; यूगोस्लाविया उनका दोस्त था ; इण्डोनेशिया उनका मित्र

था। मिस्र का नासिर उन्हें अपना राजनैतिक गुरु मानता था। अफ्रीका के नेता उन्हें अपना मार्गदर्शक समझते थे।

द्वितीय विश्व-युद्ध के बाद एक ओर अमरीकी गुट ने तथा दूसरी ओर रूसी गुट (कम्युनिस्ट केप) ने अपनी-अपनी गुटबंदी मज़बूत करके घोर महायुद्ध की तैयारियाँ कर ली थीं। ऐसे में तटस्थ राष्ट्रों के सम्मेलन में पंचशील के पाँच सूत्र रखकर नेहरू जी ने शक्ति-सन्तुलन का काम किया और विश्व को महायुद्ध से बचाए रखा। विश्व-शान्ति के लिए नेहरू जी की यह सबसे बड़ी देन थी।

86. बाबा आम्टे

'भारत जोड़ो' अभियान के सूत्रधार 72-वर्षीय बाबा आम्टे उस समय पंजाब के दिल जालंधर में गए, जब जालंधर में और जालंधर के पूर्व, पश्चिम, उत्तर तथा दक्षिण में लुधियाना, नकोदर, कपूरथला तथा बटाला आदि नगरों में हिंसक एवं खूनी कांड हो चुके थे और लोगों के मन दुःख-दर्द से भरे हुए थे।

बाबा आम्टे का यह अनूठा अभियान 24 दिसम्बर 1985 को कन्याकुमारी से आरम्भ हुआ था और 107 दिन के बाद पाँच हज़ार किलोमीटर की यात्रा तय करके 9 अप्रैल को जम्मू में समाप्त हुआ। इस अभियान में देश के विभिन्न प्रदेशों में घूम-घूमकर वे राष्ट्रीय एकता और भावनात्मक एकीकरण का संदेश सारे देश में फैला रहे थे। भारत के प्रत्येक राज्य के चार-चार युवक-युवतियाँ, जो 21 वर्ष से 35 वर्ष तक की आयु के थे, इस अभियान में भाग ले रहे थे।

बाबा आम्टे को नहीं मालूम था कि जब वे इन युवकों और युवतियों के साथ पंजाब में पहुँचेंगे, तो पंजाब धूँ-धूँ करके जल रहा होगा।

भारत वास्तव में इतना विशाल देश है कि सामान्यतः उत्तर के लोगों को दक्षिण की और दक्षिण के लोगों को उत्तर की खबर लेने की सुध कम ही होती है। कारोबार और सैर-सपाटे के लिए तो लोग उत्तर से दक्षिण और दक्षिण से उत्तर की ओर जाते-आते हैं मगर सामान्य परिस्थितियों में ऐसा नहीं होता। जहाँ तक सैर-सपाटे की बात है, वह भी भारत में पाश्चात्य देशों की तरह सामान्य नहीं है, जहाँ हर शुक्रवार को सप्ताहान्त (वीकएंड) पर लोग सैर-सपाटे के लिए निकल जाते हैं।

इस विशाल देश के लोग परस्पर मिल सकें ; एक-दूसरे के खान-पान, रहन-सहन, बोलचाल एवं रीति-रिवाज़ों के बारे से अवगत हो सकें और यह देश राजनैतिक, सांस्कृतिक तथा भावनात्मक रूप से जुड़ा रहे, इसीलिए प्राचीन समय में अर्द्ध-कुम्भ और कुम्भ आदि पर्वों की व्यवस्था की गई थी और इसीलिए जगद्गुरु आदि शंकराचार्य जी ने देश के चारों कोनों में मठों की स्थापना की थी।

एक समय था जब लोग पेशावर से गंगा सागर तक पैदल या बैलगाड़ियों में यात्रा किया करते थे। इस यात्रा के दौरान कितने ही महीने उन्हें लग जाते थे और रास्ते में

भिन्न-भिन्न प्रदेशों के शहरों और गाँवों से गुजरते हुए तरह-तरह के लोगों से वे मिलते थे। उनकी सभ्यता, संस्कृति, रहन-सहन, खान-पान और भाषा आदि का पता उन्हें चलता था। कितनी ही नदियों का पानी अपनी यात्रा के दौरान वे पीते थे और कितने ही खट्टे-मीठे अनुभव इस बीच उन्हें होते थे।

अत: जब कई-कई महीने घर से बाहर रहकर और तरह-तरह के लोगों से मिलकर वे वापस आते थे, तो उनका दृष्टिकोण सर्वथा बदला हुआ होता था। उनकी सोच बहुत सीधी और स्पष्ट हो चुकी होती थी और प्राणि-जगत् के प्रति उनकी भावनाएँ बदल चुकी होती थीं। उनमें प्यार, आत्मीयता और मैत्री के भाव प्रधान हो चुके होते थे। हरिद्वार में फूल प्रवाहित करने की व्यवस्था भी शायद इसीलिए की गई हो ताकि देश के विभिन्न भागों के लोग इसी बहाने आपस में मिल सकें और एक-दूसरे को जान-पहचान सकें। परन्तु जब से विज्ञान का विकास हुआ है, द्रुतगति गाड़ियाँ चलने लगी हैं और विमान द्वारा यात्रा की सुविधा लोगों को मिल गई है, तबसे यह भावना भी समाप्त हो गई है और द्रुतगति गाड़ियों तथा विमानों में यात्रा करने वाले लोग सामान्यत: बग़ैर एक-दूसरे से बातचीत किये ही चुपचाप अपने गंतव्य पर पहुँच जाते हैं।

जो युवक और युवतियाँ 'भारत जोड़ो' अभियान के सिलसिले में कर्मयोगी बाबा आम्टे के नेतृत्व में यात्रा कर रहे थे, वे निश्चित ही बड़े भाग्यशाली हैं। देश के कितने ही प्रदेशों, नगरों, गाँवों, खेतों, नदियों और लोगों को उन्होंने अपनी इस यात्रा में देखा। विशाल भारत का यह रूप देखकर निश्चित ही उनका मन पुलकित और आनन्दित हुआ होगा। केवल किताबों की शिक्षा में फँसकर रह जाना ही काफी नहीं है, ज़रूरत तो इस बात की है कि देश के लोग एक-दूसरे को जानें, एक-दूसरे को पहचानें और उनमें परस्पर भाई-चारे की भावना पैदा हो। यदि ऐसा नहीं होता तो फिर उस किताबी ज्ञान का अर्थ ही क्या है?

एक ओर बाबा आम्टे के नेतृत्व में वे युवक भारत की एकता और अखण्डता की रक्षा के लिए इतनी लम्बी-लम्बी यात्राएँ कर रहे थे, दूसरी ओर पंजाब के कुछ गुमराह युवक इस देश की अखण्डता को खण्ड-खण्ड कर डालने पर तुले हुए थे। एक ओर बाबा आम्टे के अनुयायी युवक अहिंसा, दया, करुणा एवं सर्वधर्म-समभाव का संदेश गाँव-गाँव तथा शहर-शहर में पहुँचा रहे थे और दूसरी ओर पंजाब के गुमराह युवक गाँव-गाँव तथा शहर-शहर में निरीह, निरपराधी एवं निहत्थे लोगों की हत्याएँ कर रहे थे ; बूढ़ों की आँखों की रोशनी छीन रहे थे ; देवियों के माथे का सिन्दूर पोंछ रहे थे ; बच्चों को अनाथ बना रहे थे और तमाम धार्मिक मर्यादाओं को पैरों तले रौंदकर साम्प्रदायिकता का विष समाज में फैला रहे थे।

एक ओर बाबा आम्टे के युवक दिन-रात यह प्रयत्न कर रहे थे कि विघटन, अलगाववादी और देश की एकता-विरोधी दीवारों को हर हालत में तथा हर कीमत पर गिराया जाये, दूसरी ओर पंजाब के भटके हुए युवक सोते-जागते हर समय 'खालिस्तान' के सपने देख रहे थे और अपने ही घर को अपने ही हाथों तोड़ने पर लगे हुए थे। एक

ओर बाबा आम्टे के अनुयायी 'भारत अमर रहे' और 'सारा देश एक हो' के प्रेरणादायी नारे लगा रहे थे, दूसरी ओर पंजाब के भटके हुए युवक 'खालिस्तान जिन्दाबाद' और अन्य राष्ट्र-द्रोही तथा समाज-द्रोही नारे लगाकर प्रदेश एवं देश को तबाह कर डालने का भयावह खेल खेल रहे थे।

72-वर्षीय बाबा आम्टे की रीढ़ की हड्डी टूटी हुई है, फिर भी देश की एकता के लिए वे इतना कठिन संघर्ष कर रहे हैं, जबकि पंजाब के गुमराह युवकों के नेता धर्म के नाम पर जो गुल खिला रहे हैं वे किसी से छिपे नहीं हैं।

बाबा आम्टे के मन में समाज और देश की सेवा की भावना आरम्भ से ही रही है। केवल 35 वर्ष की उम्र में ही कुष्ठ रोगियों की सेवा के लिए 'आनन्दवन' नाम की संस्था उन्होंने शुरू कर दी थी, जो आज एक विशाल रूप धारण कर चुकी है। आनन्दवन के साथ ही जुड़ा हुआ एक अंध विद्यालय भी उन्होंने बनाया और बेसहारा बच्चों को अपने पैरों पर ही खड़ा कर सकने वाला संस्थान 'गोकुल' भी महाराष्ट्र में बाबा की बदौलत स्थापित है।

बाबा आम्टे से प्रेरणा लेकर कितने ही युवक उनके अनुयायी हो गये हैं। इस 'भारत जोड़ो' अभियान में उनके साथ विट्ठल सूर्यवंशी नाम के एक युवक ऐसे भी थे, जिनकी एक टाँग ही नहीं है, फिर भी वे बाबा के साथ चल रहे थे। बाबा आम्टे का कहना है कि मनुष्य कितना भी कुरूप क्यों न हो, वह निर्मल कार्य करके सुन्दर बन सकता है।

बाबा आम्टे की पत्नी श्रीमती साधना भी शुरू से ही उनके साथ सेवा-कार्यों में संलग्न रही हैं और इस यात्रा में भी उनके साथ थीं। अनेक उपाधियाँ बाबा आम्टे को उनकी सेवाओं के कारण अब तक मिल चुकी हैं और अब 'पद्म विभूषण' की उपाधि भी उनमें और जुड़ गई है।

❑❑❑